Wirtschafts- und berufsständische Kammern im europäischen Gemeinschaftsrecht

Beiträge zum nationalen und internationalen öffentlichen Recht

Herausgegeben von Prof. Dr. Burkhard Schöbener

Band 6

PETER LANG
Frankfurt am Main · Berlin · Bern · Bruxelles · New York · Oxford · Wien

André Scheidtmann

Wirtschafts- und berufsständische Kammern im europäischen Gemeinschaftsrecht

PETER LANG
Internationaler Verlag der Wissenschaften

Bibliografische Information der Deutschen Nationalbibliothek
Die Deutsche Nationalbibliothek verzeichnet diese Publikation in der Deutschen Nationalbibliografie; detaillierte bibliografische Daten sind im Internet über <http://www.d-nb.de> abrufbar.

Zugl.: Köln, Univ., Diss., 2007

D 38
ISSN 1613-8406
ISBN 978-3-631-56814-9

www.peterlang.de

Vorwort

Die vorliegende Arbeit wurde im August 2006 abgeschlossen und im Wintersemester 2006/2007 von der Rechtswissenschaftlichen Fakultät der Universität zu Köln als Dissertation angenommen. Im Rahmen einer Aktualisierung wurde neu erschienene Literatur bis November 2006 berücksichtigt, spätere Veröffentlichungen nur noch in Einzelfällen.

Danken möchte ich zunächst meinem Doktorvater, Herrn Professor Dr. Burkhard Schöbener. Er hat die Bearbeitung des Themas angeregt und war während der Erstellung der Arbeit jederzeit ansprechbar. Durch hilfreiche Hinweise zu einzelnen eingereichten Teilen der Arbeit hat er wesentlich zu deren Gelingen beigetragen. Zu Dank bin ich ihm außerdem für die Aufnahme der Dissertation in die von ihm herausgegebene Schriftenreihe verpflichtet.

Weiterhin möchte ich Herrn Professor Dr. Bernhard Kempen, an dessen Institut für Völkerrecht und ausländisches öffentliches Recht ich fast zwei Jahre in sehr angenehmer Atmosphäre als wissenschaftliche Hilfskraft arbeiten durfte, für die äußerst zügige Erstellung des Zweitgutachtens danken.

Vor allem aber danke ich meinen Eltern, die mich – weit über diese Arbeit hinaus – in jeglicher Hinsicht unterstützt haben. Ihnen widme ich diese Arbeit.

Köln, im Januar 2007 André Scheidtmann

Inhaltsverzeichnis

Abkürzungsverzeichnis

a.A.	anderer Ansicht
a.a.O.	am angegebenen Ort
a.F.	alte Fassung
AbfallR	Zeitschrift für das Recht der Abfallwirtschaft
ABl.	Amtsblatt
Abs.	Absatz
ALR	Preußisches Allgemeines Landrecht
AnwBl.	Anwaltsblatt
AöR	Archiv des öffentlichen Rechts
ArchG BW	Architektengesetz für Baden-Württemberg
arg.	argumentum
Art.	Artikel
Aufl.	Auflage
AVR	Archiv des Völkerrechts
Az	Aktenzeichen
BAG	Bundesarbeitsgericht
BayArchG	Bayerisches Architektengesetz
BayObLG	Bayerisches Oberstes Landesgericht
BayVBl.	Bayerische Verwaltungsblätter
BB	Betriebs-Berater
Bd.	Band
Beschl.	Beschluss
BGBl.	Bundesgesetzblatt
BGH	Bundesgerichtshof
BGHZ	Entscheidungen des Bundesgerichtshofs in Zivilsachen
BNotO	Bundesnotarordnung
BORA	Berufsordnung der Rechtsanwälte
BOStB	Berufsordnung der Steuerberater
BRAK-Mitt.	Mitteilungen der Bundesrechtsanwaltskammer
BRAO	Bundesrechtsanwaltsordnung
BT-Drucks.	Bundestags-Drucksachen
BVerfG	Bundesverfassungsgericht
BVerfGE	Entscheidungen des Bundesverfassungsgerichts

BVerfGG	Bundesverfassungsgerichtsgesetz
BVerwG	Bundesverwaltungsgericht
BVerwGE	Entscheidungen des Bundesverwaltungsgerichts
bzw.	beziehungsweise
CE	Constitución Española
CMLR	Common Market Law Reports
d.h.	das heißt
DB	Der Betrieb
dems.	demselben
dens.	denselben
ders.	derselbe
DIHT	Deutscher Industrie- und Handelskammertag
DNotZ	Deutsche Notar Zeitschrift
DÖV	Die Öffentliche Verwaltung
DRiZ	Deutsche Richterzeitung
Drucks.	Drucksache
DStR	Deutsches Steuerrecht
DVBl.	Deutsches Verwaltungsblatt
DZWir	Deutsche Zeitschrift für Wirtschafts- und Insolvenzrecht
ECLR	European Competition Law Review
EG	Europäische Gemeinschaft; (*in Verbindung mit einer Norm*) Vertrag zur Gründung der Europäischen Gemeinschaft
EGMR	Europäischer Gerichtshof für Menschenrechte
EGV	Vertrag zur Gründung der Europäischen Gemeinschaft
Einf.	Einführung
EL	Ergänzungslieferung
ELR	European Law Reporter
ELRev.	European Law Review
EMRK	Europäische Menschenrechtskonvention
endg.	endgültig
EStG	Einkommensteuergesetz
EU	Europäische Union; (*in Verbindung mit einer Norm*) Vertrag zur Gründung der Europäischen Union
EU/EWR-HwVO	Verordnung über die für Staatsangehörige der Mitgliedstaaten der Europäischen Wirtschaftsgemeinschaft oder eines anderen Vertragsstaates

	des Abkommens über den Europäischen Wirtschaftsraum geltenden Voraussetzungen der Eintragung in die Handwerksrolle (*seit 01.01.2004*)
EuGH	Gerichtshof der Europäischen Gemeinschaften
EuGRZ	Europäische Grundrechtszeitschrift
EuLF	The European Legal Forum
EuR	Europarecht (Zeitschrift)
EuRAG	Gesetz über die Tätigkeit europäischer Rechtsanwälte in Deutschland
EUV	Vertrag zur Gründung der Europäischen Union
EuZW	Europäische Zeitschrift für Wirtschaftsrecht
EWG/EWR-HwVO	Verordnung über die für Staatsangehörige der Mitgliedstaaten der Europäischen Wirtschaftsgemeinschaft oder eines anderen Vertragsstaates des Abkommens über den Europäischen Wirtschaftsraum geltenden Voraussetzungen der Eintragung in die Handwerksrolle (*bis 31.12.2003*)
EWGV	Vertrag zur Gründung der Europäischen Wirtschaftsgemeinschaft
EWiR	Entscheidungen zum Wirtschaftsrecht
EWS	Europäisches Wirtschafts- und Steuerrecht
f.; ff.	folgende
FAO	Fachanwaltsordnung
Fn.	Fußnote
FS	Festschrift
GA	Generalanwalt
GewArch.	Gewerbearchiv
GewO	Gewerbeordnung
GG	Grundgesetz
GRCh	Europäische Grundrechte-Charta
GS	Gedächtnisschrift
GWB	Gesetz gegen Wettbewerbsbeschränkungen
HandwO	Handwerksordnung
HdbStR	Handbuch des Staatsrechts
HeilberG NW	Heilberufsgesetz Nordrhein-Westfalen
Heilberufe-KammerG BW	Heilberufe-Kammergesetz Baden-Württemberg
HessAGVwGO	Hessisches Ausführungsgesetz zur Verwaltungsgerichtsordnung
HOAI	Honorarordnung für Architekten und Ingenieure
Hrsg.	Herausgeber

i.d.F.	in der Fassung
i.d.S.	in diesem Sinne
i.S.	im Sinne
i.V.m.	in Verbindung mit
IBR	Immobilien- und Baurecht
IHK	Industrie- und Handelskammer
IHKG	Gesetz zur vorläufigen Regelung des Rechts der Industrie- und Handelskammern
JA	Juristische Arbeitsblätter
JuS	Juristische Schulung
JZ	Juristen-Zeitung
Kap.	Kapitel
KOM	Dokument der Kommission
lit.	litera
m.	mit
m.w.N.	mit weiteren Nachweisen
MDR	Monatsschrift für Deutsches Recht
MIngKG	Musteringenieurkammergesetz
Nachw.	Nachweis
NdsVBl.	Niedersächsische Verwaltungsblätter
NJ	Neue Justiz
NJW	Neue Juristische Wochenschrift
NJW-RR	NJW-Rechtsprechungs-Report
NOvA	Nederlandse Orde van Advocaten
Nr.	Nummer
NVwZ	Neue Zeitschrift für Verwaltungsrecht
NVwZ-RR	NVwZ-Rechtsprechungs-Report
NWVBl.	Nordrhein-Westfälische Verwaltungsblätter
NZBau	Neue Zeitschrift für Baurecht
OLG	Oberlandesgericht
OVG	Oberverwaltungsgericht
PAO	Patentanwaltsordnung
RIW	Recht der Internationalen Wirtschaft
Rn.	Randnummer
Rs.	Rechtssache
S.	Seite; Satz
s.	siehe
s.o.	siehe oben
s.u.	siehe unten
Sart. II	Sartorius II

SeeLG	Seelotsengesetz
Slg.	Rechtsprechungssammlung des EuGH
st. Rspr.	ständige Rechtsprechung
StBerG	Steuerberatungsgesetz
Stbg	Die Steuerberatung
ThürVGRspr.	Rechtsprechung der Thüringer Verwaltungsgerichte
u.	und
u.a.	und andere; unter anderem
UAbs.	Unterabsatz
UWG	Gesetz gegen den unlauteren Wettbewerb
v.	vom; von
VBlBW	Verwaltungsblätter für Baden-Württemberg
verb. Rs.	verbundene Rechtssachen
Verw.	Die Verwaltung
VerwArch.	Verwaltungsarchiv
VG	Verwaltungsgericht
VGH	Verwaltungsgerichtshof
vgl.	vergleiche
VR	Verwaltungsrundschau
VVDStRL	Veröffentlichungen der Vereinigung der deutschen Staatsrechtslehrer
VwGO	Verwaltungsgerichtsordnung
wbl	Wirtschaftsrechtliche Blätter
WiVerw.	Wirtschaft und Verwaltung
WPO	Wirtschaftsprüferordnung
WRP	Wettbewerb in Recht und Praxis
WuW	Wirtschaft und Wettbewerb
z.B.	zum Beispiel
ZESAR	Zeitschrift für europäisches Sozial- und Arbeitsrecht
ZfBR	Zeitschrift für deutsches und internationales Bau- und Vergaberecht
ZLW	Zeitschrift für Luft- und Weltraumrecht
ZNotP	Zeitschrift für die Notarpraxis
ZRP	Zeitschrift für Rechtspolitik

Literaturverzeichnis

Alber, Siegbert — Die Selbstbindung der europäischen Organe an die EU-Charta der Grundrechte
EuGRZ 2001, S. 349-353

Andresen, Ole — Anmerkung zu EuGH, Rs. C-309/99, Wouters
DVBl. 2002, S. 685-688

Arndt, Hans-Wolfgang — Europarecht
8. Aufl.
Heidelberg 2006

Arndt, Hans-Wolfgang/ Fischer, Kristian — Europarecht. 20 Fälle mit Lösungen
5. Aufl.
Heidelberg 2006

von Arnim, Dorothee — Der Standort der EU-Grundrechtecharta in der Grundrechtsarchitektur Europas
Frankfurt a.M. 2006

Becker, Joachim — Das Demokratieprinzip und die Mitwirkung Privater an der Erfüllung öffentlicher Aufgaben – Zum Beschluss des Bundesverfassungsgerichts „Lippeverband und Emschergenossenschaft" vom 5. Dezember 2002
DÖV 2004, S. 910-915

Benda, Ernst/Klein, Eckart — Verfassungsprozessrecht. Ein Lehr- und Handbuch
2. Aufl.
Heidelberg 2001

Bernsdorff, Norbert/ Borowsky, Martin — Grundrechte in Europa – Von der Grundrechtecharta zur Europäischen Verfassung
DRiZ 2005, S. 188-193

Blanke, Hermann-Josef — Die kommunale Selbstverwaltung im Zuge fortschreitender Integration - Aspekte nationaler und supranationaler Verfassungsentwicklung
DVBl. 1993, S. 819-831

Bleckmann, Albert — Der Vertrag über die Europäische Union – Eine Einführung
DVBl. 1992, S. 335-343

Bleckmann, Albert — Europarecht. Das Recht der Europäischen Union und der Europäischen Gemeinschaften
6. Aufl.
Köln 1997

Boesen, Arnold — Pflicht zur Eintragung in die deutsche Handwerksrolle europarechtswidrig?
IBR 2001, S. 94

Brohm, Winfried — Selbstverwaltung in wirtschafts- und berufsständischen Kammern, in: von Mutius, Albert (Hrsg.), Selbstverwaltung im Staat der Industriegesellschaft - Festgabe zum 70. Geburtstag von Georg Christoph von Unruh, Heidelberg 1983, S. 777-807

Burgi, Martin — Europarechtliche Perspektiven der funktionalen Selbstverwaltung, in: Kluth, Winfried (Hrsg.), Jahrbuch des Kammerrechts 2002, Baden-Baden 2003, S. 23-42

Burgi, Martin — Verwaltungsprozeß und Europarecht
München 1996

Buschle, Dirk — Völlig von der Rolle (Bruno Schnitzer, EuGH vom 11. Dezember 2003, C-215/01)
ELR 2004, S. 203-206

Butzer, Hermann/ Epping, Volker — Arbeitstechnik im Öffentlichen Recht
3. Aufl.
Stuttgart u.a. 2006

Calliess, Christian/ Ruffert, Matthias (Hrsg.)
Kommentar zu EU-Vertrag und EG-Vertrag
2. Aufl.
Neuwied, Kriftel 2002

Craig, Paul
The Nature of the Community: Integration, Democracy, and Legitimacy, in: Craig, Paul/de Búrca, Gráinne (Hrsg.), The Evolution of EU Law, Oxford 1999, S. 1-54

Craig, Paul/ de Búrca, Grainne
EU Law: Text, Cases and Materials
3. Aufl.
Oxford 2002

de Witte, Bruno
The Past and Future Role of the European Court of Justice in the Protection of Human Rights, in: Alston, Philip/Bustelo, Mara/Heenan, James (Hrsg.), The EU and Human Rights, Oxford 1999, S. 859-898

Deards, Elspeth
Closed Shop versus one Stop shop: the battle goes on
ELRev. 2002, S. 618-627

Dettmeyer, Reinhard
Verfassungsrechtliche Anforderungen an Zwangsmitgliedschaft und Ärztekammerbeitrag
NJW 1999, S. 3367-3372

Diefenbach, Wilhelm
Einwirkungen des EU-Rechts auf das deutsche Kammerrecht
GewArch. 2006, S. 217-227

Diefenbach, Wilhelm
Das Urteil des Europäischen Gerichtshofs vom 03.10.2000 und die „Registrierung" von Handwerkern
GewArch. 2001, S. 305-310

Diefenbach, Wilhelm
Zu Fragen der Inländerdiskriminierung im Handwerksrecht vor dem Hintergrund der Entscheidungen des österreichischen Verfassungsgerichtshofs vom

09.12.1999 und des Europäischen Gerichtshofs vom 03.10.2000
GewArch. 2001, S. 353-360

Dombek, Bernhard Gefahr aus Brüssel
BRAK-Mitt. 2003, S. 245

Dorf, Yvonne Zur Interpretation der Grundrechtecharta
JZ 2005, S. 126-132

Dreier, Horst (Hrsg.) Grundgesetz. Kommentar. Band I: Präambel, Artikel 1-19
2. Aufl.
Tübingen 2004

Dreier, Horst (Hrsg.) Grundgesetz. Kommentar. Band II: Artikel 20-82
2. Aufl.
Tübingen 2006

Dünchheim, Thomas Die Einwirkungen des Europarechts auf die verwaltungsprozessuale Normabwehr-, Normerlaß- und Normergänzungsklage
DÖV 2004, S. 137-146

Dünchheim, Thomas Verwaltungsprozeßrecht unter europäischem Einfluß
Berlin 2003

Dürr, Wolfram Die Eigenständigkeit zulassungsfreier Handwerksberufe
GewArch. 2005, S. 364-366

Ehlers, Dirk Das Wirtschaftsverwaltungsrecht im europäischen Binnenmarkt
NVwZ 1990, 810-816

Ehlers, Dirk (Hrsg.) Europäische Grundrechte und Grundfreiheiten
2. Aufl.
Berlin 2005

Eichele, Wolfgang Rechtsaufsicht des Bundesjustizministeriums über die Positivbeschlüsse der Satzungsversammlung der Anwaltschaft
NJW 2004, S. 2342-2344

Eichele, Wolfgang Anmerkung zu EuGH, Rs. C-35/99, Arduino
EuZW 2002, S. 182-184

Eichele, Wolfgang/ Happe, Eike Verstoßen die BORA und die FAO gegen das europäische Kartellrecht?
NJW 2003, S. 1214-1219

Eiffler, Sven-R. Der Grundrechtsschutz durch BVerfG, EGMR und EuGH
JuS 1999, S. 1068-1073

Emmerich, Volker Europa 1992 – Europäisches Kartellrecht
JuS 1990, S. 695-702

Epiney, Astrid Umgekehrte Diskriminierungen - Zulässigkeit und Grenzen der discrimination à rebours nach europäischem Gemeinschaftsrecht und nationalem Verfassungsrecht
Köln u.a. 1995

Erdmann, Joachim Aktuelle Fragen zu den Wirtschaftskammern in Niedersachsen
NdsVBl. 1997, S. 4-8

Erichsen, Hans-Uwe/ Ehlers, Dirk (Hrsg.) Allgemeines Verwaltungsrecht
13. Aufl.
Berlin 2006

Ernst, Tobias/ Piotrowski, John Selbstverwaltung und Subsidiarität in der Wirtschaftsverfassung – Wechselwirkungen zwischen zwei modernen Rechtsprinzipien
NVwZ 2004, S. 924-930

Eule, Wolfgang Bedeutung und Folgen der EuGH-Entscheidungen v. 19.2.2002 und v. 21.3.2002 für das deutsche Notariat
ZNotP 2002, S. 226-228

Everling, Ulrich Zum Vorrang des EG-Rechts vor nationalem Recht
DVBl. 1985, S. 1201-1206

Everling, Ulrich Das Niederlassungsrecht in der EG als Beschränkungsverbot – Tragweite und Grenzen
In: Schön, Wolfgang (Hrsg.), Gedächtnisschrift für Brigitte Knobbe-Keuk, Köln 1997, S. 607-625

Eyermann, Erich/ Fröhler, Ludwig Verwaltungsgerichtsordnung. Kommentar
12. Aufl.
München 2006

Fastenrath, Ulrich Inländerdiskriminierung – Zum Gleichbehandlungsgebot beim Zusammenwirken mehrerer (Teil)rechtsordnungen im vertikal gegliederten und international integrierten Staat
JZ 1987, S. 170-178

Fetsch, Johannes Die Vereinbarkeit der HOAI mit der EG-Dienstleistungsfreiheit
NZBau 2005, S. 71-78

Feuerich, Wilhelm E./ Weyland, Dag BRAO. Bundesrechtsanwaltsordnung. Kommentar
6. Aufl.
München 2003

Ficher, Hans Georg Die Rechtsstellung des deutschen Notars im Recht der Europäischen Wirtschaftsgemeinschaft
DNotZ 1989, S. 467-501

Fischer, Lutz Europäisches Gemeinschaftsrecht und Steuerberatung in Deutschland
DStR 1993, S. 1928-1937

Fischer, Hans Georg — Besprechung zu EuGH, Rs. C-58/98, Corsten
JA 2001, S. 457-460

Fleckenstein, Kurt — Wirtschaftsförderung aus der Sicht der Praxis
WiVerw. 1989, S. 103-119

Fleischhauer, Jens — Europäisches Gemeinschaftsrecht und notarielles Berufsrecht
DNotZ 2002, S. 325-367

Franz, Thorsten — Kammerfinanzierung, in: Kluth, Winfried (Hrsg.), Handbuch des Kammerrechts, Baden-Baden 2005, S. 323-422

Frentzel, Gerhard/ Jäkel, Ernst/ Junge, Werner — Industrie- und Handelskammergesetz. Kommentar zum Kammerrecht des Bundes und der Länder
6. Aufl.
Köln 1999

Frenz, Walter — Handbuch Europarecht. Band 1: Europäische Grundfreiheiten
Berlin u.a. 2004

Frenz, Walter — Der Rechtsschutz gegen unmittelbar beeinträchtigende Normen
BayVBl. 1993, S. 483-492

Fröhler, Ludwig/ Kormann, Joachim — Haushaltsaufsicht über die Handwerkskammer – eine erweiterte Rechtsaufsicht?
Alfeld 1983

Frotscher, Werner — Wirtschaftsverfassungs- und Wirtschaftsverwaltungsrecht
4. Aufl.
München 2004

Frowein, Jochen Abr./ Peukert, Wolfgang — Europäische Menschenrechtskonvention. EMRK-Kommentar
2. Aufl.
Kehl, Straßburg, Arlington 1996

Früh, Gudrun Die Inländerdiskriminierung im Handwerksrecht und das Urteil des österreichischen Verfassungsgerichtshofes zur Erleichterung des Gewerbezugangs
GewArch. 2001, S. 58-60

Früh, Gudrun Anmerkung zu EuGH, Rs. C-58/98, Josef Corsten, Slg. 2000, I-7919
EuZW 2000, S. 767-768

Gärditz, Klaus Ferdinand Funktionale Selbstverwaltung und Demokratieprinzip im Recht der Wasser- und Entsorgungsverbände
AbfallR 2004, S. 235-239

Geerlings, Jörg/ Leuze, Elke Pflichtmitgliedschaften in Kammern im Lichte des Europäischen Gemeinschaftsrechts
VR 2004, S. 113-118

Geiger, Rudolf EUV/EGV. Vertrag über die Europäische Union und Vertrag zur Gründung der Europäischen Gemeinschaft. Kommentar
4. Aufl.
München 2004

Gornig, Gilbert Pflichtmitgliedschaft in der Industrie- und Handelskammer – Verfassungsrechtliche und europarechtliche Aspekte
WiVerw. 1998, S. 157-181

Gornig, Gilbert Probleme der Niederlassungsfreiheit und Dienstleistungsfreiheit für Rechtsanwälte in den Europäischen Gemeinschaften
NJW 1989, S. 1120-1127

Grabenwarter, Christoph Europäische Menschenrechtskonvention
2. Aufl.
München 2005

Grabitz, Eberhard/ Hilf, Meinhard
Das Recht der Europäischen Union
Band I-III
31. EL
München 2006

von der Groeben, Hans/ Schwarze, Jürgen (Hrsg.)
Kommentar zum Vertrag über die Europäische Union und zur Gründung der Europäischen Gemeinschaft. Band 1: Art. 1-53 EUV, Art. 1-80 EGV
6. Aufl.
Baden-Baden 2003

von der Groeben, Hans/ Schwarze, Jürgen (Hrsg.)
Kommentar zum Vertrag über die Europäische Union und zur Gründung der Europäischen Gemeinschaft. Band 2: Art. 81-97 EGV
6. Aufl.
Baden-Baden 2003

Groß, Thomas
Selbstverwaltung angesichts von Europäisierung und Ökonomisierung
DVBl. 2002, S. 1182-1194

Groß, Thomas
Was bedeutet Fachaufsicht?
DVBl. 2002, S. 793-800

Grünhagen, Matthias
Anmerkung zu EuGH, Rs. 58/98, Corsten
EuLF 2000/2001, S. 110-111

Hahn, Dittmar
Verwaltungsstreitverfahren zwischen Kammern und ihren Mitgliedern
WiVerw. 2004, S. 178-203

Hailbronner, Kay/ Nachbaur, Andreas
Die Dienstleistungsfreiheit in der Rechtsprechung des EuGH
EuZW 1992, S. 105-113

Hartmann, Josephine
Gesetzesänderungen im Kammerrecht 2003
In: Kluth, Winfried (Hrsg.), Jahrbuch des Kammerrechts 2003, Baden-Baden 2004, S. 241-251

Hartung, Wolfgang — Anmerkung zu EuGH, Rs. C-309/99, Wouters
EWS 2002, S. 133

Hasselbach, Kai — Der Vorrang des Gemeinschaftsrechts vor dem nationalen Verfassungsrecht nach dem Vertrag von Amsterdam
JZ 1997, S. 942-944

Hatje, Armin/ Terhechte, Philipp — Das Bundesverfassungsgericht und die Pflichtmitgliedschaft
NJW 2002, S. 1849-1851

Häußermann, D. — Lockerung personell-organisatorischer Legitimation bei funktionaler Selbstverwaltung
JA 2004, S. 22-25

Heidenhain, Martin — Verwendung des Aufkommens parafiskalischer Abgaben
EuZW 2005, S. 6

Hellwig, Hans-Jürgen — Europäisches Wettbewerbsrecht und freie Berufe
BRAK-Mitt. 2004, S. 19-22

Hellwig, Hans-Jürgen — Perspektiven der deutschen Anwaltschaft ex Europa
NJW 2005, S. 1217-1226

Helm, Thorsten Matthias — Rechtspflicht zur Privatisierung: Privatisierungsgebote im deutschen und europäischen Recht
Baden-Baden 1999

Hendler, Reinhard — Geschichte und Idee der funktionalen Selbstverwaltung, in: Kluth, Winfried (Hrsg.), Jahrbuch des Kammerrechts 2002, Baden-Baden 2003, S. 9-22

Hendler, Reinhard — Selbstverwaltung als Ordnungsprinzip – Zur politischen Willensbildung und Entscheidung im demokratischen Verfassungsstaat der Industriegesellschaft
Köln 1984

Henssler, Martin — Der Richtlinienvorschlag über die Anerkennung von Berufsqualifikationen
EuZW 2003, S. 229-233

Henssler, Martin — Satzungsrecht der verkammerten Berufe und europäisches Kartellverbot
JZ 2002, S. 983-988

Henssler, Martin — Die Freien Berufe im Visier europäischer Wettbewerbshüter
BB 2004, Heft 22, S. I

Henssler, Martin/ Prütting, Hanns — Bundesrechtsanwaltsordnung. Kommentar
2. Aufl.
München 2004

Herdegen, Matthias — Europarecht
8. Aufl.
München 2006

Herrmann, Harald — Recht der Kammern und Verbände Freier Berufe. Europäischer Ländervergleich und USA
Baden-Baden 1996

Hettich, Michael — Die Honorarregelung der HOAI im EU-Binnenmarkt
NZBau 2005, S. 190-195

Heusch, Andreas — Staatliche Aufsicht, in: Kluth, Winfried (Hrsg.), Handbuch des Kammerrechts, Baden-Baden 2005, S. 495-546

Hirsch, Günter — Die Europäisierung der freien Berufe
DNotZ 2000, S. 729-738

Hobe, Stephan — Europarecht
3. Aufl.
Köln Berlin München 2006

Hök, Götz-Sebastian — Zur Eintragungspflicht in die Handwerksrolle für ausländische Handwerksunternehmen – Anmerkun-

gen zum Urteil des EuGH – Rs C-58/98 – vom 3. Oktober 2000
ZfBR 2001, S. 77-79

Honig, Gerhart Handwerksordnung. Kommentar
3. Aufl.
München 2004

Huber, Stephan Kommunale Satzungen und ihre verwaltungsgerichtliche Überprüfung unter dem Einfluß von EG-Richtlinien
BayVBl. 1998, S. 584-590

Hufen, Friedhelm Verwaltungsprozessrecht
6. Aufl.
München 2005

Hund, Thomas Anmerkung zu EuGH, Rs. C-309/99, Wouters
DStR 2002, S. 519-520

Immenga, Ulrich/ Mestmäcker, Ernst-Joachim (Hrsg.) EG-Wettbewerbsrecht. Kommentar. Band I
München 1997-2001

Isensee, Josef/ Kirchhof, Paul (Hrsg.) Handbuch des Staatsrechts. Band VII: Normativität und Schutz der Verfassung – Internationale Beziehungen
Heidelberg 1992

Isensee, Josef/ Kirchhof, Paul (Hrsg.) Handbuch des Staatsrechts. Band IV: Aufgaben des Staates
3. Aufl.
Heidelberg 2006

Jaeger, Renate Die Delegation von Normsetzung durch öffentlich-rechtlich organisierte Kammern und das Gemeinwohl im zusammenwachsenden Europa
Stbg 2002, S. 163-168

Jaeger, Renate Künftige Stellung der Rechtsanwälte im System der Rechtspflege und in der Gesellschaft – Verfassungs-

rechtlicher Einfluss auf das Berufsbild der Anwaltschaft
NJW 2004, S. 1492-1496

Jaeger, Thomas Grenzen der staatlichen Zurechenbarkeit parafiskalischer Abgabenerhebung durch öffentliche Einrichtungen – Zugleich Anmerkung zum EuGH-Urteil Pearle
EuZW 2004, S. 558-560

Jahn, Ralf Grundlagen wirtschaftlicher Selbstverwaltungskörperschaften am Beispiel der Industrie- und Handelskammern
JA 1995, S. 972-977

Jahn, Ralf Wirtschaftliche und freiberufliche Selbstverwaltung durch Kammern – Standortbestimmung und Entwicklungsperspektiven
GewArch. 2002, S. 353-361

Jahn, Ralf IHK statt Staat - Das Bundesverfassungsgericht und die IHK-Pflichtmitgliedschaft
GewArch. 2002, S. 98-102

Jahn, Ralf Wirtschaftskammer statt Staat - Zur Verfassungsmäßigkeit der IHK-Pflichtmitgliedschaft - BVerfG, NVwZ 2002, 335
JuS 2002, S. 434-438

Jahn, Ralf Zur Entwicklung des Beitragsrechts in den Industrie- und Handelskammern – Ein Rechtsprechungsreport 2000 bis 2004
GewArch. 2005, S. 169-181

Jahn, Ralf Zur Entwicklung des Beitragsrechts in den Industrie- und Handelskammern – Ein Rechtsprechungsreport 1997 bis 1999
GewArch. 1999, S. 449-461

Jahn, Ralf Das neue IHK-Beitragsrecht in der Anwendungspraxis
GewArch. 1995, S. 457-465

Jarass, Hans D. Elemente einer Dogmatik der Grundfreiheiten
EuR 1995, S. 202-226

Jarass, Hans D. EU-Grundrechte
München 2005

Jarass, Hans D./ Pieroth, Bodo Grundgesetz für die Bundesrepublik Deutschland. Kommentar
8. Aufl.
München 2006

Jestaedt, Matthias Funktionale Selbstverwaltung und Demokratieprinzip im Lichte der neueren Rechtsprechung des Bundesverfassungsgerichts, in : Kluth, Winfried (Hrsg.), Jahrbuch des Kammerrechts 2003, Baden-Baden 2004, S. 10-25

Jestaedt, Matthias Demokratische Legitimation - quo vadis?
JuS 2004, S. 649-653

Kaltenhäuser, Kirsten Möglichkeiten und Perspektiven einer Reform der Organisation der Wirtschaftsverwaltung – eine rechtshistorische, rechtsvergleichende und rechtspolitische Betrachtung des Industrie- und Handelskammerwesens
Frankfurt a.M. 1998

Keller, Robert Europarecht im deutschen Verwaltungsprozess (9): Gewerbe- und Wirtschaftsrecht, Arbeitsplatzschutzrecht, Sonn- und Feiertagsrecht, Verkehrsrecht
VBlBW 2002, S. 152-161

Kilger, Hartmut/ Prossliner, Michael Die Rechtsprechung zum Recht der berufsständischen Versorgung seit dem Jahre 2001
NJW 2004, S. 821-828

Kilian, Matthias Europäisches Kartellrecht und nationales Satzungsrecht berufsautonomer Körperschaften – Die Entscheidungen des EuGH in den Verfahren Wouters und Arduino
WRP 2002, S. 802-810

Kilian, Matthias Anmerkung zu EuGH, Rs. C-309/99, Wouters
MDR 2002, S. 850-851

Kilian, Matthias Was will uns das Bundesverfassungsgericht sagen?
AnwBl. 2003, S. 256-261

Kindler, Peter Auf dem Weg zur Europäischen Briefkastengesellschaft?
NJW 2003, S. 1073-1079

Kleine-Cosack, Michael Das Werberecht der rechts- und steuerberatenden Berufe
2. Aufl.
München 2004

Kluth, Winfried IHK-Pflichtmitgliedschaft weiterhin mit dem Grundgesetz vereinbar
NVwZ 2002, S. 298-301

Kluth, Winfried Funktionale Selbstverwaltung: verfassungsrechtlicher Status – verfassungsrechtlicher Schutz
Tübingen 1997

Kluth, Winfried Funktionale Selbstverwaltung
Verw. 35 (2002), S. 349-376

Kluth, Winfried Die demokratische Legitimation der Europäischen Union
Berlin 1995

Kluth, Winfried Die Bedeutung der EU-Dienstleistungsrichtlinie für die Kammern und ihre Aufgaben
In: Kluth, Winfried (Hrsg.), Jahrbuch des Kammerrechts 2003, S. 94-114

Kluth, Winfried (Hrsg.) Handbuch des Kammerrechts
Baden-Baden 2005

Kluth, Winfried/ Goltz, Ferdinand Kammern der berufsständischen Selbstverwaltung in der EU – Die Bedeutung der Träger berufsständischer und wirtschaftlicher Selbstverwaltung im europäischen Binnenmarkt und in einer zukünftigen Europäischen Verfassung
Baden-Baden 2004

Kluth, Winfried/ Rieger, Frank Die neue EU-Berufsanerkennungsrichtlinie – Regelungsgehalt und Auswirkungen für Berufsangehörige und Berufsorganisationen
EuZW 2005, S. 486-492

Knemeyer, Franz-Ludwig Wettbewerbsrelevante Dienstleistungen der Industrie- und Handelskammern – Zulässigkeit und Grenzen
WiVerw. 2001, S. 1-25

Koch, Harald/ Eichele, Wolfgang Auswirkungen des kartellrechtlichen CIF-Urteils des EuGH auf die Anwaltschaft
NJW 2004, S. 334-337

Haratsch, Andreas/ Koenig, Christian/ Pechstein, Matthias Europarecht
5. Aufl.
Tübingen 2006

Koenig, Christian/ Kühling, Jürgen Grundfragen des EG-Beihilferechts
NJW 2000, S. 1065-1074

König, Michael Standesrechtliche Wettbewerbsbeschränkungen im gemeinsamen Markt: Eine Studie zur gemeinschaftskartellrechtlichen Problematik wettbewerbsbeschränkenden Standesrechts der freien Berufe unter Berücksichtigung des deutschen, britischen und französischen Rechts
Baden-Baden 1997

König, Michael — Wettbewerbsbeschränkendes Standesrecht im Lichte der Artt 5 Abs 2, 3 lit g, 85 EGV
DZWir 1997, S. 359-367

Kopp, Ferdinand O./ Schenke, Wolf-Rüdiger — VwGO. Verwaltungsgerichtsordnung. Kommentar
14. Aufl.
München 2005

Kopp, Stephan — Die Kammern in Europa – eine Tagung der Europäischen Rechtsakademie Trier in Brüssel
NVwZ 2001, S. 172-174

Kormann, Joachim — Sieben Thesen zur Kammeraufsicht über Innung und Kreishandwerkerschaft
GewArch. 1987, S. 249-258

Kreil, Linda — Anmerkung zu EuGH, Rs. C-215/01, Bruno Schnitzer
ZESAR 2004, S. 185-187

Krieger, Kai — Die gemeinschaftsrechtskonforme Auslegung des deutschen Rechts
Münster 2005

Kuhla, Wolfgang/ Hüttenbrink, Jost/ Endler, Jan — Der Verwaltungsprozess
3. Aufl.
München 2002

Kujath, Karsten — Wettbewerbsrechtliches Vorgehen durch Berufskammern als Teil der Berufsaufsicht, in: Kluth, Winfried (Hrsg.), Jahrbuch des Kammerrechts 2003, Baden-Baden 2004, S. 195-200

Lackhoff, Klaus/ Raczinski, Bernd — Umgekehrte Diskriminierung
EWS 1997, S. 109-117

Lange, Knut Werner — Kartellrechtlicher Unternehmensbegriff und staatliches Wirtschaftshandeln in Europa
WuW 2002, S. 953-961

Lausegger, Stefan | Die Honorarordnung der Rechtsanwälte auf dem Prüfstand des Gemeinschaftsrechts
wbl 2002, S. 141-148

Lecheler, Helmut | Einführung in das Europarecht
2. Aufl.
München 2003

Lenk, Jennifer | Die Ausnahme standesrechtlicher Werbeverbote aus dem EG-Kartellrecht – Zugleich ein Beitrag zu der Frage der Beeinflussung des EG-Kartellrechts durch Aspekte des Gemeinwohls
Baden-Baden 2006

Lettl, Tobias | Kartellrecht
München 2005

Leuze, Dieter | Anmerkungen zu der Rechtsstellung und zu den Aufgaben der berufsständischen Kammern, in: Bundesnotarkammer (Hrsg.), Festschrift für Helmut Schippel zum 65. Geburtstag, München 1996, S. 697-727

Loner, Valentina | Vorlageverfahren beim EuGH – Italienisches Gebührenrecht
BRAK-Mitt. 2000, S. 28-29

Lörcher, Heike | Anwaltliches Berufsrecht und europäisches Wettbewerbsrecht
NJW 2002, S. 1092-1093

Lörcher, Heike/ Eichele, Wolfgang | Verbot bestimmter Formen der Zusammenarbeit zwischen Rechtsanwälten und Wirtschaftsprüfern kann gerechtfertigt sein – Schlussanträge des Generalanwalts im „NOvA-Verfahren“
BRAK-Mitt. 2001, S. 218-221

Lottes, Ralf | Das erweiterte Zeitmoment beim Begriff der Dienstleistung
EuZW 2003, S. 112-114

Mähring, Matthias	Grundzüge des EG-Beihilfenrechts JuS 2003, S. 448-453
Mailänder, Peter	Die Auswirkungen der EuGH-Urteile auf das nationale Berufsrecht in Deutschland BRAK-Mitt. 2003, S. 114-119
von Mangoldt, Hermann/ Klein, Friedrich/ Starck, Christian	Das Bonner Grundgesetz. Kommentar. Band 2: Art. 20-78 5. Aufl. München 2005
Mann, Thomas	Randnotizen zum Richtlinienentwurf über die Anerkennung von Berufsqualifikationen EuZW 2004, S. 615-619
Maunz, Theodor/ Dürig, Günter	Grundgesetz. Kommentar Band III: Art. 17 - Art. 27 47. Ergänzungslieferung München 2006
Maunz, Theodor/ Schmidt-Bleibtreu, Bruno/ Klein, Franz/ Bethge, Herbert	Bundesverfassungsgerichtsgesetz. Kommentar. Band 2 25. EL München 2006
Maurer, Hartmut	Staatsrecht I. Grundlagen, Verfassungsorgane, Staatsfunktionen 4. Aufl. München 2005
Meier, Gert	Rechtsschutzmöglichkeiten bei gemeinschaftsrechtswidrigen deutschen Rechtsnormen RIW 1980, S. 850-852
Meyer, Jürgen (Hrsg.)	Kommentar zur Charta der Grundrechte der Europäischen Union 2. Aufl. Baden-Baden 2006

Meyer, Werner Überlegungen zu den Auswirkungen des EuGH-Urteils vom 3. Oktober 2000 – Rs C-58/98 – (GewArch 2000, 476) auf das deutsche Handwerksrecht GewArch. 2001, S. 265-276

Meyer, Werner Rechtsprechung zum Kammerrecht im Jahre 2002 In: Kluth, Winfried (Hrsg.), Jahrbuch des Kammerrechts 2002, Baden-Baden 2003, S. 223-270

Meyer-Ladewig, Jens Konvention zum Schutz der Menschenrechte und Grundfreiheiten. Handkommentar Baden-Baden 2003

Michalski, Lutz/ Römermann, Volker Das europäische Kartellrecht der Freien Berufe – Auswirkungen auf die künftige anwaltliche Berufsordnung AnwBl. 1996, S. 191-201

Möllering, Jürgen Vertretung des Gesamtinteresses der gewerblichen Wirtschaft durch die Industrie- und Handelskammern - Legitimation durch Verfahren WiVerw. 2001, S. 25-61

Möllering, Jürgen Industrie- und Handelskammern in den neuen Marktwirtschaften – Ein vergleichender Überblick über die Entwicklungen des Kammerrechts in verschiedenen Staaten des ehemaligen Ostblocks, in: Kluth, Winfried (Hrsg.), Jahrbuch des Kammerrechts 2002, Baden-Baden 2003, S. 335-350

Möschel, Wernhard Anmerkung zu EuGH, Rs. C-292/92, Ruth Hünermund u.a./Landesapothekerkammer Baden-Württemberg NJW 1994, S. 782

Möstl, Markus Freiheit und Gebundenheit der Freien Berufe – Die Freien Berufe auf dem Prüfstand des Verfassungs- und Europarechts WiVerw. 2002, S. 213-229

Möstl, Markus Wirtschaftsüberwachung von Dienstleistungen im Binnenmarkt – Grundsätzliche Überlegungen aus Anlass der Pläne für eine EU-Dienstleistungsrichtlinie
DÖV 2006, S. 281-288

Musil, Andreas Das Bundesverfassungsgericht und die demokratische Legitimation der funktionalen Selbstverwaltung
DÖV 2004, S. 116-120

Nachbaur, Andreas Art 52 EWGV - Mehr als nur ein Diskriminierungsverbot?
EuZW 1991, S. 470-472

Neisser, Heinrich/ Verschraegen, Bea Die Europäische Union. Anspruch und Wirklichkeit
Wien 2001

Nettesheim, Martin Auslegung und Fortbildung nationalen Rechts im Lichte des Gemeinschaftsrechts
AöR 119 (1994), S. 261-293

Nicolaysen, Gert Europarecht I. Die Europäische Integrationsverfassung
2. Aufl.
Baden-Baden 2002

Novak, Meinhard Gemischte Rechtsanwaltssozietäten
ELR 2002, S. 105-109

Nuckelt, Jana Das Satzungsrecht der Kammern der Freien Berufe und die Wettbewerbsfreiheit – Verfassungs- und Europarechtliche Fragestellungen bei der Anwendung des Wettbewerbsrechts auf die Kammern der Freien Berufe, in: Kluth, Winfried (Hrsg.), Jahrbuch des Kammerrechts 2002, Baden-Baden 2003, S. 145-177

O'Loughlin, Rosemary EC Competition Rules and Free Movement Rules: An Examination of the Parallels and their Furtherance by the ECJ Wouters Decision
ECLR 2003, S. 62-69

Oppermann, Thomas
Europarecht
3. Aufl.
München 2005

Ovey, Clare/ White, Robin C. A.
Jacobs & White: European Convention on Human Rights
3. Aufl.
Oxford 2002

Pechstein, Matthias/ Koenig, Christian
Die Europäische Union: die Verträge von Maastricht und Amsterdam
3. Aufl.
Tübingen 2000

Pechstein, Matthias/ Kubicki, Philipp
Dienstleistungsfreiheit im Baugewerbe für polnische Handwerker
EuZW 2004, S. 167-172

Peters, Anne
Einführung in die Europäische Menschenrechtskonvention
München 2003

Pettiti, Louis-Edmond/ Decaux, Emmanuel/ Imbert, Pierre-Henri (Hrsg.)
La Convention Européenne des Droits de l'homme. Commentaire article par article
2. Aufl.
Paris 1999

Pielow, Johann-Christian
Neuere Entwicklungen beim „prinzipalen" Rechtsschutz gegenüber untergesetzlichen Normen – Novellierung des § 47 VwGO, Überprüfung von Rechtsverordnungen des Bundes, gemeinschaftsrechtliche Anforderungen an die gerichtliche Normenkontrolle
Verw. 32 (1999), S. 445-479

Pieroth, Bodo/ Schlink, Bernhard
Staatsrecht II. Grundrechte
21. Aufl.
Heidelberg 2005

Pietzner, Rainer/ Ronellenfitsch, Michael	Das Assessorexamen im Öffentlichen Recht – Widerspruchsverfahren und Verwaltungsprozess 11. Aufl. München 2005
Redeker, Konrad	Kammerbegriff und Grundgesetz DVBl. 1952, S. 201-203
Redeker, Konrad/ von Oertzen, Hans-Joachim	Verwaltungsgerichtsordnung. Kommentar 14. Aufl. Stuttgart, Berlin, Köln 2005
Renck, Ludwig	Gesetzgebungsbefugnis und verwaltungsgerichtliche Normenkontrolle DÖV 1996, S. 409-414
Renck, Ludwig	Zur Dogmatik des Rechtsschutzes unmittelbar gegen Normen BayVBl. 1994, S. 457-459
Rengeling, Hans-Werner	Das Zusammenwirken von Europäischem Gemeinschaftsrecht und nationalem, insbesondere deutschem Recht – Zu verwaltungsrechtlichen und prozessrechtlichen Fragen DVBl. 1986, S. 306-314
Rengeling, Hans-Werner/ Middeke, Andreas/ Gellermann, Martin (Hrsg.)	Handbuch des Rechtsschutzes in der Europäischen Union 2. Aufl. München 2003
Rengeling, Hans-Werner/ Middeke, Andreas/ Gellermann, Martin (Hrsg.)	Rechtsschutz in der Europäischen Union 1. Aufl. München 1996
Rengeling, Hans-Werner/ Szczekalla, Peter	Grundrechte in der Europäischen Union - Charta der Grundrechte und Allgemeine Auslegungsgrundsätze Köln, Berlin, München 2004

Rieger, Frank — Die Ingenieurkammern in Deutschland
In: Kluth, Winfried (Hrsg.), Jahrbuch des Kammerrechts 2003, Baden-Baden 2004, S. 64-93

Rieger, Frank — Das Kammerwesen in Österreich, in: Kluth, Winfried (Hrsg.), Jahrbuch des Kammerrechts 2003, Baden-Baden 2004, S. 279-327

Rinze, Jens — Europarecht als Prüfungsmaßstab im Rahmen der Normenkontrolle nach § 47 VwGO
NVwZ 1996, S. 458-460

Rodriguez Artacho, Salvador/ Barnes Vazquez, Javier — Das Kammerwesen in Spanien, in: Kluth, Winfried (Hrsg.), Jahrbuch des Kammerrechts 2002, Baden-Baden 2003, S. 315-333

Römermann, Volker — Berufsordnungen freier Berufe als verbotene Kartelle
MDR 1998, S. 1149-1150

Römermann, Volker/ Wellige, Kristian — Rechtsanwaltskartelle – oder: Anwaltliches Berufsrecht nach den EuGH-Entscheidungen Wouters und Arduino
BB 2002, S. 633-638

Roth, Wulf-Henning — Die Niederlassungsfreiheit zwischen Beschränkungs- und Diskriminierungsverbot
In: Schön, Wolfgang (Hrsg.), Gedächtnisschrift für Brigitte Knobbe-Keuk, Köln 1997, S. 729-742

Sachs, Michael (Hrsg.) — Grundgesetz. Kommentar
3. Aufl.
München 2003

Sagawe, Christian — Rechtsanwaltsvergütung und EU-Gemeinschaftsrecht
ZRP 2002, S. 281-286

Schaller, Werner — Anmerkung zu EuGH, Rs. C-71/02
JZ 2005, S. 193-195

Schaub, Alexander Europäisches Wettbewerbsrecht und anwaltliches Berufsrecht
AnwBl. 2002, S. 18-19

Schenk, Karlheinz/ Meyer-Ladewig, Jens Die verwaltungsgerichtliche Normenkontrolle
DVBl. 1976, S. 198-210

Schenke, Wolf-Rüdiger Verwaltungsprozessrecht
10. Aufl.
Heidelberg 2005

Schilling, Theodor Gleichheitssatz und Inländerdiskriminierung
JZ 1994, S. 8-17

Schliesky, Utz Die Bedeutung der geplanten EU-Dienstleistungsrichtlinie für die Kammer, in: Kluth, Winfried (Hrsg.), Jahrbuch des Kammer- und Berufsrechts 2004, Baden-Baden 2005, S. 33-55

Schliesky, Utz Die Vorwirkung von gemeinschaftsrechtlichen Richtlinien – Ein Beitrag zu Geltung und Vorrang des sekundären Gemeinschaftsrechts am Beispiel des Wirtschafts- und Umweltrechts
DVBl. 2003, S. 631-641

Schlosser, Peter Von der Niederlassungsfreiheit für Rechtsanwälte zum Europäischen Wettbewerbsrecht
EuLF 2002, S. 99-101

Schmahl, Stefanie Europäisierung der kommunalen Selbstverwaltung
DÖV 1999, S. 852-861

Schmid-Kühnhöfer, Rüdiger Die Staatlichkeit von Beihilfen – Mittel- und Transferzurechnung nach Art. 87 Abs. 1 EG-Vertrag
Frankfurt a.M. 2004

Schmidt, Marek Standesrecht und Standesmoral: Ein Beitrag zu den rechtlichen Grenzen der Wettbewerbsregulierung durch Standesorganisationen
Baden-Baden 1993

Schmidt-Aßmann, Eberhard (Hrsg.) — Besonderes Verwaltungsrecht
13. Aufl.
Berlin 2006

Schmitz, Thomas — Die Grundrechtecharta als Teil der Verfassung der Europäischen Union
EuR 2004, S. 691-713

Schöbener, Burkhard — Rechtsschutz, in: Kluth, Winfried (Hrsg.), Handbuch des Kammerrechts, Baden-Baden 2005, S. 423-494

Schöbener, Burkhard — Verfassungsrechtliche Aspekte der Pflichtmitgliedschaft in wirtschafts- und berufsständischen Kammern
VerwArch. 91 (2000), S. 374-417

Schöbener, Burkhard/ Jahn, Ralf — Fälle zum Öffentlichen Wirtschaftsrecht
München 2003

Schöbener, Burkhard/ Scheidtmann, André — Kammersatzungen im Gemeinschaftsrecht – Prüfungsmaßstab und Rechtsschutzmöglichkeiten
WiVerw. 2006, S. 286-311

Schoch, Friedrich/ Schmidt-Aßmann, Eberhard/ Pietzner, Rainer (Hrsg.) — Verwaltungsgerichtsordnung. Kommentar
13. Ergänzungslieferung
München 2006

Schöler, Florian — Die Reform des Europäischen Kartellverfahrensrechts durch die Verordnung (EG) Nr. 1/2003
Frankfurt a.M. 2004

Schöne, Franz-Josef — Dienstleistungsfreiheit in der EG und deutsche Wirtschaftsaufsicht
Köln u.a. 1989

Schrapper, Ludger — Die Richtlinie 94/80/EG zum aktiven und passiven Kommunalwahlrecht für Unionsbürger - Entstehung, Regelungsgehalt, Umsetzungsfragen
DVBl. 1995, S. 1167-1173

Schulte, Mark — Das Werberecht der freien Berufe
Köln 2001

Schwannecke, Holger/ Heck, Hans-Joachim — Die Handwerksordnungsnovelle 2004 – Die wichtigsten Änderungen
GewArch. 2004, S. 129-142

Schwartmann, Rolf — Europäischer Grundrechtsschutz nach dem Verfassungsvertrag
AVR 43 (2005), S. 129-152

Schwarze, Jürgen — Der Staat als Adressat des europäischen Wettbewerbsrechts
EuZW 2000, S. 613-627

Schwarze, Jürgen (Hrsg.) — Das Verwaltungsrecht unter europäischem Einfluß – Zur Konvergenz der mitgliedstaatlichen Verwaltungsrechtsordnungen in der Europäischen Union
Baden-Baden 1996

Schwerdtfeger, Gunther — Öffentliches Recht in der Fallbearbeitung
12. Aufl.
München 2004

Sodan, Helge/ Ziekow, Jan (Hrsg.) — Verwaltungsgerichtsordnung. Großkommentar
2. Aufl.
Baden-Baden 2006

Sommer, Wolf-Eckart — Zur Vorlagepflicht des OVG an den EuGH im verwaltungsgerichtlichen Normenkontrollverfahren
NVwZ 1996, S. 135-137

Sommermann, Karl-Peter — Staatsziel „Europäische Union“ – Zur normativen Reichweite des Art. 23 Abs. 1 S. 1 GG n.F.
DÖV 1994, S. 596-604

Sosnitza, Olaf — Standesorganisationen im Fadenkreuz des deutschen und europäischen Kartellrechts
EWS 2002, S. 460-466

Stern, Klaus Das Staatsrecht der Bundesrepublik Deutschland. Band I: Grundbegriffe und Grundlagen des Staatsrechts, Strukturprinzipien der Verfassung
2. Aufl.
München 1984

Stober, Rolf Wirtschaftliche Selbstverwaltung durch Handelskammern in Deutschland und Europa
DÖV 1993, S. 333-339

Stober, Rolf Kammern der Wirtschaft: Mehr als Pflichtmitgliedschaft? - Plädoyer gegen eine Privatisierung als Etikettenschwindel
GewArch. 2001, S. 393-403

Stober, Rolf Allgemeines Wirtschaftsverwaltungsrecht. Grundlagen des Wirtschaftsverfassungs- und Wirtschaftsverwaltungsrechts, des Weltwirtschafts- und Binnenmarktrechts
14. Aufl.
Stuttgart 2004

Stober, Rolf Die Industrie- und Handelskammer als Mittler zwischen Staat und Wirtschaft: Zum IHK-Auftrag vor den Herausforderungen in Gegenwart und Zukunft
Köln u.a. 1992

Stork, Stefan Die Reichweite der indirekten Harmonisierung am Beispiel der Dienstleistungsfreiheit unter besonderer Berücksichtigung der EuGH-Entscheidung C-58/98 (Corsten)
WiVerw. 2001, S. 229-246

Streinz, Rudolf Europarecht
7. Aufl.
Heidelberg 2005

Streinz, Rudolf (Hrsg.) EUV/EGV. Vertrag über die Europäische Union und Vertrag zur Gründung der Europäischen Gemeinschaft. Kommentar
München 2003

Tettinger, Peter J. Kammerrecht. Das Recht der wirtschaftlichen und freiberuflichen Selbstverwaltung
München 1997

Tettinger, Peter J. Selbstverwaltung in freiberuflichen Kammern, in: Kluth, Winfried (Hrsg.), Jahrbuch des Kammerrechts 2002, Baden-Baden 2003, S. 140-152

Tettinger, Peter J. Wirtschaftliche und freiberufliche Selbstverwaltung
DÖV 1995, S. 169-175

Tettinger, Peter J. Freie Berufe und Kammerrechte im Wandel der Staatsaufgaben
DÖV 2000, S. 534-542

Tettinger, Peter J./ Stern, Klaus Kölner Gemeinschaftskommentar zur Europäischen Grundrechte-Charta
München 2006

Trimbach, Herbert/ Beilke, Steffen Die Ratifizierung der Europäischen Verfassung
NJ 2005, S. 206-207

Uerpmann-Wittzack, Robert Doppelter Grundrechtsschutz für die zukünftige Europäische Union
DÖV 2005, S. 152-157

Unruh, Peter Anmerkung zu BVerfGE 107, 59
JZ 2003, S. 1061-1063

Vallone, Angelo Auswirkungen des Kartellverbots auf das Standes- und Berufsrecht der verkammerten Freien Berufe
Baden-Baden 2006

Vossestein, Adrian Besprechung zu EuGH, Rs. C-309/99, Wouters und Rs. C-35/99, Arduino
CMLR 2002, S. 841-863

Wachter, Thomas Anmerkung zu EuGH, Rs. C-215/01, Bruno Schnitzer
EWiR 2004, S. 59-60

Waldhorst, Nicola — Die Kammern zwischen Kartell- und Verwaltungsorganisationsrecht – Dargestellt am Beispiel der Bundesrechtsanwaltskammer und der Industrie- und Handelskammern
Baden-Baden 2005

Weil, Heinz — Der Rechtsanwalt – ein Unternehmer besonderer Art
BRAK-Mitt. 2002, S. 50-52

Weil, Heinz — Europäische Deregulierungsvorhaben und nationale Liberalisierungspläne
BRAK-Mitt. 2003, S. 246-249

Weitbrecht, Andreas — Europäisches Kartellrecht 2002
EuZW 2003, S. 357-362

Weyer, Hartmut — Gemeinschaftsrechtliche Überprüfbarkeit mitgliedstaatlicher Regelungen der Verkaufsmodalitäten
EuZW 2004, S. 455-457

Willer, Ralf — Das Kammerwesen in Frankreich, in: Kluth, Winfried (Hrsg.), Jahrbuch des Kammerrechts 2002, Baden-Baden 2003, S. 271-313

Wirner, Helmut — Müssen Handwerker aus dem EU-Ausland in deutscher Handwerksrolle eingetragen sein?
IBR 2004, S. 83

Wolff, Hans J./ Bachof, Otto/ Stober, Rolf — Verwaltungsrecht. Band 3
5. Aufl.
München 2004

Wuermeling, Joachim — Die Tragische: Zum weiteren Schicksal der EU-Verfassung
ZRP 2005, S. 149-153

Wysk, Peter — Ausgewählte Probleme zum Rechtsschutz gegen Fluglärm
ZLW 1998, S. 285-301

Zacker, Christian/ Wernicke, Stephan	Examinatorium Europarecht 3. Aufl. Köln u.a. 2004
Zehetner, Frank	Die Stellung der Verbände, Gewerkschaften und Kammern im Europarecht AnwBl. 1990, S. 337-346
Zimmer, Daniel	Nach „Inspire Art“: Grenzenlose Gestaltungsfreiheit für deutsche Unternehmen? NJW 2003, S. 3585-3592
Zuleeg, Manfred	Deutsches und europäisches Verwaltungsrecht – Wechselseitige Einwirkungen VVDStRL 53 (1994), S. 154-201

Einleitung

Als Träger wirtschaftlicher und freiberuflicher Selbstverwaltung und somit als Verwaltungsträger stehen die Kammern ebenso unter dem Einfluss des europäischen Gemeinschaftsrechts wie die nationale (Verwaltungs-) Rechtsordnung insgesamt. Somit verwundert es nicht, dass Kammern – genauer: ihre Handlungen – seit einigen Jahren immer wieder Gegenstand von Entscheidungen des Europäischen Gerichtshofs gewesen sind.

Ziel der vorliegenden Arbeit ist es, einzelne Aspekte des deutschen Kammerwesens auf ihre Vereinbarkeit mit bzw. ihre Beeinflussung durch das Gemeinschaftsrecht hin zu untersuchen. Ausgehend von einem Überblick über Entwicklung, Arten und Aufgaben von Kammern und ihre Einordnung in den deutschen Verwaltungsaufbau, wird im ersten Kapitel der Frage nachzugehen sein, inwiefern Wirtschafts- und berufsständische Kammern von der Gemeinschaftsrechtsordnung anerkannt oder geschützt werden und inwiefern sie Grundsätzen des Gemeinschaftsrechts entsprechen. Das zweite Kapitel ist der Vereinbarkeit der Pflichtmitgliedschaft mit dem Gemeinschaftsrecht gewidmet. Von Interesse ist in diesem Zusammenhang insbesondere die Frage, ob bzw. in welchem Umfang die Kammer-Pflichtmitgliedschaft mit der Dienst- und der Niederlassungsfreiheit im Einklang steht. Sodann wendet sich die Arbeit im dritten Kapitel dem Satzungserlass durch die (v.a. berufsständischen) Kammern zu. Als problematisch erweist sich dabei der europarechtliche Prüfungsmaßstab des Satzungsrechts. In erster Linie wird zu klären sein, ob Kammersatzungen als Beschluss einer Unternehmensvereinigung i.S. des europäischen Wettbewerbsrechts zu qualifizieren sind. Im Zusammenhang mit den Kammersatzungen steht ferner das vierte Kapitel, in dem die Rechtsschutzmöglichkeiten vor nationalen Gerichten gegen gemeinschaftsrechtswidrige Satzungen aufgezeigt werden sollen. Den Schwerpunkt wird insofern die Berücksichtigung des Gemeinschaftsrechts im Rahmen der verwaltungsgerichtlichen Normenkontrolle bilden. Das fünfte Kapitel wird schließlich die gemeinschaftsrechtliche Beurteilung der wirtschaftlichen Betätigung von Kammern im Hinblick auf das europäische Kartell- und Beihilferecht analysieren.

Kapitel 1: Das Kammerwesen in Deutschland und der Europäischen Union

Dieses Kapitel soll zunächst einen Überblick über das Kammerwesen in der Bundesrepublik Deutschland und einigen weiteren Mitgliedstaaten der Europäischen Union verschaffen. Anschließend soll untersucht werden, ob die Kammern auch gemeinschaftsrechtlich anerkannt sind und welche Aufgaben sie hinsichtlich des Gemeinschaftsrechts wahrnehmen.

A. Deutschland

I. Geschichte

Das Kammerwesen hat seine Wurzeln in dem Gedanken der Selbsthilfe durch genossenschaftlichen Zusammenschluss, der sich in Deutschland seit dem Mittelalter in unterschiedlichen Erscheinungsformen etabliert hat[1]. Beispielsweise zu nennen sind hier die Gilden, Kommerzkollegien, sowie die preußischen Korporationen. Zwar handelte es sich bei Letzteren um privat-rechtliche Zusammenschlüsse, § 25 Abs. 2 S. 6 ALR; jedoch waren ihre Mitglieder privilegiert. So war nach § 480 Abs. 2 S. 8 ALR nur derjenige Kaufmann, der der örtlichen Korporation beigetreten war. Zumindest indirekt ist also bereits damals ein gewisser Zwang hinsichtlich der Mitgliedschaft ausgeübt worden[2]. Die Gründung der ersten Kammern erfolgte, angestoßen durch französische Einflüsse[3], Anfang des 19. Jahrhunderts. Zunächst handelte es sich ausschließlich um Handelskammern. Diese bildeten den Ausgangspunkt für das moderne deutsche Kammerwesen[4]. Den Handelskammern wurde als Selbstverwaltungsorganisation zunächst allein die Überwachung ihrer Mitglieder übertragen[5]. Gegen Ende des 19. Jahrhunderts wurden auch Kammern für andere Berufsgruppen eingeführt[6]. Ursächlich hierfür

---

1 Vgl. *Frentzel/Jäkel/Junge*, IHKG, Einf., Rn. 1; *Geerlings/Leuze*, VR 2004, 113.

2 Vgl. *Geerlings/Leuze*, VR 2004, 113 (114).

3 *Hendler*, in: Kluth (Hrsg.), Jahrbuch des Kammerrechts 2002, S. 9 (13); zu den Vor- und Frühformen der Industrie- und Handelskammern in Frankreich und Deutschland vgl. *Kluth*, Funktionale Selbstverwaltung, S. 123 ff.

4 Vgl. *Tettinger*, Kammerrecht, S. 37.

5 Vgl. *Redeker*, DVBl. 1952, 201; *Dettmeyer*, NJW 1999, 3367.

6 So wurde beispielsweise im Jahre 1897 die erste Handwerkskammer gegründet, vgl. *Tettinger*, Kammerrecht, S. 52. Allerdings war das Phänomen der Kammerbildung während des 19. Jahr-

waren wachsende Bestrebungen, die insbesondere darauf abzielten, den Einfluss der Staatsbehörden bei der Ausübung der Disziplinargewalt über die Berufsangehörigen zugunsten standeseigener Institutionen zurückzudrängen[7]. Mit der Ausdehnung des Kammerwesens auf unterschiedliche Berufsgruppen ging auch eine Erweiterung der Kammeraufgaben einher. Fortan sollten die Kammern nicht nur ihre Mitglieder überwachen, sondern zusätzlich die Vertretung der Gesamtinteressen der Kammermitglieder wahrnehmen[8].

Der Selbstverwaltungsbegriff zählte zu den politischen Schlüsselbegriffen der Weimarer Zeit, wobei der Begriff der wirtschaftlichen Selbstverwaltung besondere Aufmerksamkeit auf sich zog[9]. Der Selbstverwaltungsgedanke wies auf organisatorische Möglichkeiten hin, sowohl die Arbeitnehmer verstärkt am Wirtschaftsprozess teilhaben zu lassen als auch diesen Prozess unter Zurückdrängung staatsbehördlich-dirigistischer Eingriffe wirksamen öffentlich-rechtlichen Bindungen zu unterwerfen. So konnte die während des Ersten Weltkriegs praktizierte autoritär-bürokratische Wirtschaftslenkung des Staates überwunden werden, ohne auf die in den Kriegsjahren entstandenen weitreichenden öffentlich-rechtlichen Bindungen des ökonomischen Bereichs zu verzichten[10].

In der auf die Weimarer Epoche folgenden Phase der nationalsozialistischen Diktatur wurde die überkommene Selbstverwaltung in allen Bereichen beseitigt, mithin auch die wirtschaftliche und freiberufliche Selbstverwaltung durch Kammern. Sie war offenbar nicht mit den ausgedehnten Zentralisierungs- und Gleichschaltungsbedürfnissen des totalitären Führerstaates vereinbar. Trotzdem wurden in der Zeit des Nationalsozialismus bestimmte Institutionen weiterhin als Selbstverwaltungseinrichtungen bezeichnet. Die betreffenden Institutionen wiesen allerdings Organisationsstrukturen auf, die in krassem Gegensatz zu den partizipatorisch-freiheitlichen Gehalten der ursprünglichen Idee der Selbstverwaltung standen. Die Wissenschaft übernahm in diesem Zusammenhang eine Rechtfertigungsfunktion und versuchte den Selbstverwaltungsbegriff so zu formen, dass er

---

hunderts keineswegs eine Besonderheit von Handel, Gewerbe und Handwerk. Vielmehr erstreckte es sich auf weitere Bereiche, darunter den Bereich des freien Berufswesens. So wurden z.B. Kammern bei den Anwälten, den Apothekern, den Ärzten und Zahnärzten usw. eingerichtet. Zudem wurde 1849 in Bremen die erste deutsche Landwirtschaftskammer gegründet, s. dazu *Hendler*, in: Kluth (Hrsg.), Jahrbuch des Kammerrechts 2002, S. 9 (13 f.).

7 Vgl. *Hendler*, in: Kluth (Hrsg.), Jahrbuch des Kammerrechts 2002, S. 9 (13 f.).

8 Vgl. *Frentzel/Jäkel/Junge*, Industrie- und Handelskammergesetz, Einf., Rn. 3.

9 Vgl. *Hendler*, in: Kluth (Hrsg.), Jahrbuch des Kammerrechts 2002, S. 9 (18). Ausführlich zur Thematik der wirtschaftlichen Selbstverwaltung während der Weimarer Zeit *ders.*, Selbstverwaltung als Ordnungsprinzip, S. 155 ff.

10 Vgl. *Hendler*, in: Kluth (Hrsg.), Jahrbuch des Kammerrechts 2002, S. 9 (18 f.).

auf diejenigen Institutionen, für die ihn der totalitäre Staat vorgesehen hatte, auch anwendbar war[11].

Als es nach dem Ende des Zweiten Weltkriegs und dem damit verbundenen Zusammenbruch der nationalsozialistischen Diktatur an die Erneuerung deutscher Staatlichkeit ging, erfuhr auch der klassische Selbstverwaltungsgedanke eine erneute Aktivierung. Der Wille, bei der Ausgestaltung des neuen staatlichen Gemeinwesens an die freiheitlichen Traditionen der deutschen Staats- und Verwaltungsgeschichte anzuknüpfen, war weit verbreitet. Dies galt nicht zuletzt auch hinsichtlich der Selbstverwaltung. Der Staat der Gegenwart ist durch eine weitgehende Dezentralisierung gekennzeichnet. Neben der kommunalen besteht eine ausgedehnte funktionale Selbstverwaltung, die vielfältige Erscheinungsformen aufweist[12], darunter auch die wirtschafts- und berufsständische Selbstverwaltung durch Kammern.

II. Funktionale Selbstverwaltung

Was die Idee der Selbstverwaltung betrifft, so lassen sich drei dominante Merkmale ausmachen, die für die kommunale ebenso wie für die funktionale Selbstverwaltung Geltung beanspruchen können. Das erste Merkmal besteht darin, dass die Selbstverwaltung einen Teil des Staates darstellt, so dass sie in ihrer juristischen Ausprägung infolgedessen öffentlich-rechtlichen Charakter trägt. Darüber hinaus gehört zur Selbstverwaltung, dass die von bestimmten öffentlichen Angelegenheiten besonders berührten Personen, die Betroffenen, an der Wahrnehmung der entsprechenden Angelegenheiten effektiv beteiligt sind. Hierbei handelt es sich um das Merkmal der Betroffenenmitwirkung[13]. Die organisationsrechtliche Bedeutung dieses Merkmals liegt darin, dass Selbstverwaltungseinrichtungen auf die Eröffnung von Partizipationsmöglichkeiten zugunsten der Betroffenen, also ihrer Mitglieder, angelegt sind. Das dritte Merkmal schließlich betrifft die Staatsdistanz. Obwohl die Selbstverwaltung einerseits zwar ein Teil des Staates ist, verfügt sie zugleich über relative Unabhängigkeit, was organisationsrechtlich in der eigenverantwortlichen Aufganeberfüllung zum Ausdruck kommt. Den Selbstverwaltungseinrichtungen sind Aufgaben zugewiesen, bei deren Erfüllung sie lediglich der Rechtsaufsicht des Staates unterliegen. Im Staat der Gegenwart bestehen weder grundsätzliche Bedenken verfassungsrechtlicher Art noch praktisch relevante politisch-ideologische Vorbehalte gegen die Schaffung eines

11 Vgl. *Hendler*, in: Kluth (Hrsg.), Jahrbuch des Kammerrechts 2002, S. 9 (19).

12 Vgl. *Hendler*, in: Kluth (Hrsg.), Jahrbuch des Kammerrechts 2002, S. 9 (20).

13 Gebräuchlich ist auch der Begriff der Betroffenen-Selbstverwaltung, vgl. nur *Kluth*, NVwZ 2002, 298 (300); *ders.*, Verw. 35 (2002), 349 (352).

Systems dezentraler Organisationseinheiten, welche die soeben beschriebenen drei Merkmale[14] aufweisen und damit der Selbstverwaltungsidee entsprechen[15].

Die Träger funktionaler Selbstverwaltung zeichnen sich im Gegensatz zur Gebietsbezogenheit der kommunalen Selbstverwaltung mit Allzuständigkeit für die Angelegenheiten der örtlichen Gemeinschaft (Gebietskörperschaft) durch ihre Aufgaben- bzw. Funktionsbezogenheit aus[16]. Diese drückt sich in einer eng umrissenen Verbandskompetenz in den ihnen durch Gesetz oder auf gesetzlicher Grundlage zugewiesenen Aufgaben aus[17].

Den Trägern funktionaler Selbstverwaltung lassen sich folgende Organisationen zuordnen: Hochschulen einschließlich der verfassten Studentenschaften, wirtschaftliche und berufsständische Kammern, Wasser- und Bodenverbände, Waldwirtschaftsgenossenschaften, Forstbetriebsverbände, Jagdgenossenschaften, Fischereiwirtschaftsgenossenschaften und die Sozialversicherungsträger[18]. Die einzelnen Organisationen weisen erhebliche Unterschiede hinsichtlich Größe und Aufgabengebiet auf. Sieht man von den in vieler Hinsicht atypischen Trägern der Sozialversicherung ab, so sind im Hinblick auf die Anzahl der Organisationen und der Mitglieder die Industrie- und Handelskammern mit 82 Kammern und etwa 3,2 Millionen Mitgliedern zahlenmäßig am stärksten. Ihnen folgen die 55 Handwerkskammern mit 811.000 Mitgliedern, die 17 Ärztekammern mit 326.000 Mitgliedern[19] sowie die 28 Rechtsanwaltskammern mit rund 138.000 Mitgliedern[20]. Über deutlich weniger Mitglieder verfügen demgegenüber die Lotsenbrüderschaften sowie die verschiedenen Realkörperschaften. Ordnet man das bunte Erscheinungsbild der Träger funktionaler Selbstverwaltung typologisch, so kann nach der Organisationsform (Körperschaft oder Anstalt des öffentlichen Rechts),

---

14 *Jahn*, GewArch. 2002, 353 (354) fasst die charakteristischen Merkmale dieser Selbstverwaltung folgendermaßen zusammen: Sie verfügen über eine öffentlich-rechtliche Organisationsform – üblicherweise als Körperschaft des öffentlichen Rechts mit Pflichtmitgliedschaft (siehe z.B. § 2 Abs. 1, 3 Abs. 1 IHKG; § 90 Abs. 1 u. 2 HandwO) -, die Bildung eigenständiger Organe aufgrund freier Wahlen, die Satzungsgewalt, die Personal- und Ehrenamtshoheit, die Finanz-, Haushalts- und Abgabenhoheit, Kooperationshoheit, sowie eine gegenständlich beschränkte Rechtsaufsicht und Fehlen einer Fachaufsicht.

15 Vgl. *Hendler*, in: Kluth (Hrsg.), Jahrbuch des Kammerrechts 2002, S. 9 (20).

16 Vgl. *Kluth*, Funktionale Selbstverwaltung, S. 12 f.; *ders.*, in: Wolff/Bachof/Stober, Verwaltungsrecht Bd. 3, § 97 I Rn. 2; *Rieger*, in: Kluth (Hrsg.), Jahrbuch des Kammerrechts 2003, S. 64 (76).

17 Vgl. *Rieger*, in: Kluth (Hrsg.), Jahrbuch des Kammerrechts 2003, S. 64 (76).

18 Vgl. *Kluth*, Verw. 35 (2002), 349 (351). Einzelheiten zu Geschichte und Organisation finden sich bei *dems.*, Funktionale Selbstverwaltung, S. 31 ff.; für die wirtschaftlichen und berufsständischen Kammern außerdem bei *Tettinger*, Kammerrecht, S. 4 ff.

19 Zahlenangaben nach *Tettinger*, Kammerrecht, S. 249 ff.

20 Große Mitgliederstatistik der Rechtsanwaltskammern (Stand: 01.01.2006), abrufbar auf der Website der Bundesrechtsanwaltskammer: www.brak.de.

nach dem Anknüpfungspunkt (Personal- oder Realkörperschaften), insbesondere aber nach der inneren Struktur unterschieden werden. Im letzteren Punkt ist zwischen monistischen (hinsichtlich eines Berufs, wie bei den Kammern der freien Berufe), gruppenpluralen (bezogen auf eine in sich heterogene Berufsgruppe, wie etwa bei den Industrie- und Handelskammern) und gruppenantagonistischen (im Hinblick auf Mitgliedergruppen mit gegenläufigen Interessen, wie bei den Wasserverbänden) zu differenzieren[21].

III. Kammern als Träger funktionaler Selbstverwaltung

Die Kammern zählen zu den mitgliedschaftlich verfassten Körperschaften des öffentlichen Rechts. Sie lassen sich unterteilen in die monistischen Kammern der freien Berufe einerseits und die gruppenpluralen wirtschaftsständischen Kammern andererseits. Kammern werden durch Landes- oder Bundesgesetz oder durch Rechtsverordnungen als Körperschaften des öffentlichen Rechts errichtet[22], so dass sie Rechtsfähigkeit besitzen und somit Zuordnungssubjekt von Rechten und Pflichten sind[23].

1. Überblick über die verschiedenen Kammern

Auf bundesgesetzlicher Grundlage existiert die Industrie- und Handelskammer (IHK), die Handwerkskammer, die Rechtsanwaltskammer einschließlich einer Bundesrechtsanwaltskammer, die Notarkammer einschließlich einer Budesnotarkammer, die Steuerberaterkammer einschließlich einer Bundessteuerberaterkammer, die Patentanwaltskammer, die Wirtschaftsprüferkammer sowie die Bundeslotsenbrüderschaft einschließlich einer Bundeslotsenkammer. Demgegenüber sind auf landesrechtlicher Grundlage die Apothekerkammer, die Ärztekammer, die Tierärztekammer, die Zahnärztekammer, die Architektenkammer und dazu noch von Land zu Land unterschiedlich zum Teil die Landwirtschaftskammer, die Ingenieurkammer, die Kursmaklerkammer sowie schließlich vereinzelt in den Ländern eine Arbeits- bzw. Arbeitnehmerkammer sowie die Wirtschaftskammer zu nennen[24].

---

21 *Kluth*, Verw. 35 (2002), 349 (352); zu weiteren Einzelheiten *ders.*, Funktionale Selbstverwaltung, S. 217 ff.

22 Gem. § 3 Abs. 1 IHKG ist die IHK als öffentlich-rechtliche Körperschaft zu errichten.

23 *Geerlings/Leuze*, VR 2004, 113 (114).

24 Aufzählung bei *Jahn*, GewArch. 2002, 353.

2. Unterscheidung zwischen Wirtschafts- und berufsständischen Kammern

Träger wirtschaftlicher Selbstverwaltung, bei der bestimmte gesellschaftliche Gruppen öffentlich-rechtlich organisiert mit Aufgaben der hoheitlichen Verwaltung betraut werden, sind vor allem die Industrie- und Handelskammern, die Handwerks- und Landwirtschaftskammern sowie vereinzelt die paritätisch besetzten Wirtschaftskammern.
Nicht zur „Selbstverwaltung der Wirtschaft" im engeren Sinne werden die Kammern der freien Berufe gezählt[25]. Dies beruht auf der Tatsache, dass diese Kammern zwar ebenfalls auf dem Prinzip körperschaftlicher Selbstverwaltung basieren, ihre Mitglieder jedoch kein Gewerbe ausüben, sondern Dienstleistungen höherer Art[26] erbringen. Diese Sonderstellung der freien Berufe lässt sich allein aus der Tradition erklären. Eigentlich ist dieses historisch überkommene Denkmuster in der heutigen Zeit nicht mehr plausibel, nachdem die Kammern ihrer Struktur nach vergleichbar sind und zudem die Unterscheidung zwischen Gewerbe einerseits und freiem Beruf andererseits ohnehin mehr und mehr an Gewicht verliert[27].

IV. Aufgaben

1. Zulässigkeit der Gründung öffentlich-rechtlicher Verbände

Das Bundesverfassungsgericht geht in ständiger Rechtsprechung davon aus, dass die Gründung öffentlich-rechtlicher Verbände nur zulässig ist, „um legitime öffentliche Aufgaben wahrnehmen zu lassen", wobei dem Gesetzgeber Gestaltungsfreiheit darüber eingeräumt wird, „welche dieser Aufgaben der Staat nicht durch seine Behörden, sondern durch eigens gegründete öffentlich-rechtliche Anstalten oder Körperschaften erfüllt"[28]. Legitime öffentliche Aufgaben sind danach solche, „an deren Erfüllung ein gesteigertes Interesse der Gemeinschaft besteht, die aber so geartet sind, dass sie weder im Wege privater Initiative wirksam wahrgenommen werden können noch zu den im engeren Sinn staatlichen Aufgaben zählen, die der Staat selbst durch seine Behörden wahrnehmen muss. Wenn der Staat

---

25 Siehe dazu die Nachweise bei *Frotscher*, Wirtschaftsverfassungs- und Wirtschaftsverwaltungsrecht, Rn. 546.

26 Siehe zur Abgrenzung auch § 6 GewO; § 18 EStG.

27 *Jahn*, GewArch. 2002, 353 (354). Siehe in diesem Kontext auch BayObLG, NJW-RR 2002, 968 f. = BB 2002, 853 f., wonach ein Software-Entwickler zwar eine hochwertige geistige Leistung erbringt, jedoch handelsrechtlich ein Gewerbe ausübt mit der Folge, dass er im Handelsregister eintragungsfähig ist.

28 BVerfGE 10, 89 (102); 15, 235 (241); 38, 281 (299).

solche Aufgaben einer eigens für diesen Zweck gebildeten Körperschaft des öffentlichen Rechts überträgt, handelt er grundsätzlich im Rahmen des ihm hier zustehenden Ermessens“[29].

Die legitimen öffentlichen Aufgaben bilden dabei zugleich die Grenze der zulässigen Tätigkeit, so dass ein Verhalten der Kammer außerhalb des Aufgabenbereichs nicht zulässig ist und durch die Möglichkeit der Mitglieder, die Einhaltung dieser Grenze im Wege einer mitgliedschaftlichen Unterlassungsklage[30] durchzusetzen, geltend gemacht werden kann[31].

Auch wenn die Aufgaben wirtschaftlicher und freiberuflicher Kammern mit Rücksicht auf den jeweils vom Gesetz verfolgten Körperschaftszweck im Einzelnen durchaus voneinander abweichen, lassen sich bezüglich der Aufgabenwahrnehmung dennoch Grundlinien vergleichbarer Aufgabenblöcke feststellen[32]. Die Aufgabenvielfalt lässt sich im Wesentlichen in drei Aufgabengruppen gliedern, die bei allen Trägern berufsständischer und wirtschaftlicher Selbstverwaltung in unterschiedlicher Gewichtung vorzufinden sind[33]. Die Kammern erfüllen im Bereich der freien Berufe, der Wirtschaft und zudem für Arbeitnehmer[34] Selbstverwaltungsaufgaben[35]. Dazu zählen die Aufgaben der Interessenvertretung und Beratungstätigkeit gegenüber Stellen außerhalb der Kammer, die unter dem Stichwort Interessenvertretung zusammengefasst werden, die Berufsaufsicht als Schwerpunkt und charakteristisches Merkmal der Tätigkeit berufsständischer Kammern sowie die Förderung der Gesamtheit der Mitglieder bzw. des Berufsstandes[36].

2. (Gesamt-)Interessenvertretung

Als charakteristische Aufgabe der wirtschaftsständischen Kammern[37] ist die Interessenvertretung bei den Kammern der berufsständischen Selbstverwaltung traditionell geringer ausgeprägt[38]. Allerdings betrachtet das Bundesverfassungsge-

---

29 BVerfGE 38, 281 (299).

30 BVerwGE 64, 298 (301).

31 *Rieger*, in: Kluth (Hrsg.), Jahrbuch des Kammerrechts 2003, S. 64 (77).

32 *Jahn*, GewArch. 2002, 353 (354).

33 *Rieger*, in: Kluth (Hrsg.), Jahrbuch des Kammerrechts 2003, S. 64 (77); *Tettinger*, DÖV 2000, 534 (540 f.).

34 Beispielsweise die Angestellten- und Arbeiterkammer in Bremen und die Arbeiterkammer im Saarland, vgl. hierzu *Jahn*, JA 1995, 972 (973).

35 Vgl. *Tettinger*, Kammerrecht, S. 129 ff.; *Jahn*, JA 1995, 972 (973); *Stober*, DÖV 1993, 333.

36 *Rieger*, in: Kluth (Hrsg.), Jahrbuch des Kammerrechts 2003, S. 64 (77).

37 Zur Interessenvertretung in diesem Bereich siehe *Möllering*, WiVerw. 2001, 25 ff.

38 Vgl. *Tettinger*, Kammerrecht, S. 139 f.; jedoch handelt es sich hierbei auch bei den freiberuflichen Kammern um einen „gewichtigen Aufgabenkomplex“ s. *dens.*, in: Kluth (Hrsg.), Jahrbuch des Kammerrechts 2003, S. 140 (143).

richt sie als legitime öffentliche Aufgabe und damit als zulässige Aufgabe für eine mit Pflichtmitgliedschaft ausgestattete öffentlich-rechtliche Körperschaft und hebt dabei hervor, dass die Kammern „mit Anspruch auf sachliche Autorität die staatlichen Organe und Behörden durch Berichterstattung und Beratung ... unterstützen und ihnen verlässliche Grundlagen für ihre Entscheidungen auf diesem Gebiet liefern“[39]. Zu den Aufgaben der Interessenvertretung lassen sich etwa die Abgabe von Vorschlägen und Stellungnahmen, die Mitwirkung bei der Regelung des Wettbewerbswesens sowie die Zusammenarbeit mit Kammern und Berufsverbänden rechnen[40].

Probleme wirft der Begriff der Vertretung des Gesamtinteresses insbesondere im Bereich der gruppenpluralen Industrie- und Handelskammern[41] auf. So wird vorgetragen, dass es, anders als etwa bei den Berufskammern und vielleicht noch zum Teil bei den Handwerkskammern, bei den Industrie- und Handelskammern an einer auch nur halbwegs homogenen Interessenstruktur der Kammermitglieder fehle. Dort seien Unternehmen zu vieler unterschiedlicher Gewerbe und Größenklassen vertreten, um noch ein gemeinsames Interesse ausmachen zu können[42]. Eine Gleichsetzung der Vertretung des Gesamtinteresses mit der gebündelten Vetretung gemeinsamer Interessen wäre jedoch verfehlt. Für Letztere wären divergierende Interessen in der Tat ein unüberwindbares Hindernis, da sich nur im Wesentlichen gleichlaufende Interessen zu einem gemeinsamen Interesse bündeln lassen. Hingegen lässt sich ein Gesamtinteresse auch dann bilden, wenn unterschiedliche – mitunter sogar gegenläufige – Interessen vorhanden sind[43]. Bereits am Wortlaut des § 1 Abs. 1 IHKG wird deutlich, dass sich der Gesetzgeber durchaus bewusst war, dass es sich bei dem Gesamtinteresse nicht um ein homogenes Phänomen handelt, sondern dass in bezug auf eine Fragestellung die Interessen und Standpunkte der einzelnen Gewerbezweige und Betriebe voneinander abweichen und zueinander in Widerspruch stehen können[44]. Das Gesamtinteresse der gewerblichen Wirtschaft lässt sich nicht als Information darstellen, die den Interessen aller Gewerbetreibenden tatsächlich entspricht. Vielmehr ist es das Er-

---

39 BVerfGE 15, 235 (239 f.); 38, 281 (301); BVerfG, NVwZ 2002, 335 (336). *Jahn*, JA 1995, 972 (973) und *Geerlings/Leuze*, VR 2004, 113 (114) formulieren, über die Kammern mache sich der Staat „das besondere ... Fachwissen zunutze“, über welches die Kammern bzw. ihre Mitglieder verfügen.

40 S. etwa zu den Ingenieurkammern § 12 Abs. 1 MIngKG; dazu *Rieger*, in: Kluth (Hrsg.), Jahrbuch des Kammerrechts 2003, S. 64 (78).

41 Die Wahrnehmung der Vertretung des Gesamtinteresses der ihnen zugehörigen Gewerbetreibenden ihres Bezirks obliegt den Industrie- und Handelskammern gemäß § 1 Abs. 1 IHKG. Zu den Handwerkskammern s. § 91 Abs. 1 Nr. 1 HandwO.

42 Vgl. *Möllering*, WiVerw. 2001, 25 (30).

43 Vgl. *Möllering*, WiVerw. 2001, 25 (30).

44 Vgl. *Kluth*, Verw. 35 (2002), 349 (366).

gebnis eines durch den Gesetzgeber demokratisch legitimierten Prozesses der Interessenabwägung und des Interessenausgleichs, bei dem eine verfasste Partizipation aller Gewerbetreibenden sichergestellt ist[45]. Die zuständigen Organe der Kammern haben die an der Mitgliederbasis vorhandenen und artikulierten Interessen zu bewerten und zu gewichten und auf dieser Grundlage das Gesamtinteresse zu formulieren[46].

Auf europäischer Ebene – über den Kreis der Mitgliedstaaten der EU hinaus[47] – haben sich die Industrie- und Handelskammern zu Eurochambres zusammengeschlossen[48]. Aufgabe von Eurochambres, die wie eine Spitzenorganisation organisiert sind[49], ist es u.a., die Interessen der Industrie- und Handelskammern gegenüber den Institutionen der EU zu vertreten. Von einer echten Gesamtinteressenvertretung kann man bei Eurochambres allerdings aufgrund der Gremienstrukturen und Verfahren der Meinungsbildung nicht sprechen. Daher verfügen die großen öffentlich-rechtlichen Kammerorganisationen – darunter die deutsche repräsentiert durch den DIHT – weiterhin über eigene Büros in Brüssel, die die Vertretung des Gesamtinteresses der nationalen gewerblichen Wirtschaft auf EU-Ebene wahrnehmen[50].

3. Förderung des Berufsstandes bzw. der Wirtschaft

Eine weitere Hauptaufgabe der Kammern stellt die Wirtschaftsförderung bzw. die Förderung des jeweiligen Berufsstandes dar[51]. Hierbei handelt es sich um eine von der Rechtsprechung insbesondere am Beispiel der Industrie- und Handelskammern besonders ausdifferenzierte Aufgabe[52]. Danach muss eine Maßnahme zur Förderung den spezifischen Interessen des jeweiligen Berufsstandes (bzw. bei der IHK der gewerblichen Wirtschaft) dienen und nicht den Interessen der Allgemeinheit oder lediglich denen einzelner Mitglieder[53]. Den Förderungsauftrag, der zunehmend einen Tätigkeitsschwerpunkt der Kammern darstellt, erfüllen die Industrie- und Handelskammern vor allem mittels eigener Service-Angebote, die den Bedürfnissen der verschiedenen Mitgliedergruppen entsprechen. Zu den

---

45 Vgl. *Möllering*, WiVerw. 2001, 25 (40).
46 Vgl. *Kluth*, Verw. 35 (2002), 349 (366).
47 S. zur Entwicklung des Mitgliederkreises *Frentzel/Jäkel/Junge*, IHKG, Einf., Rn. 23.
48 Zur Zulässigkeit der Interessenvertretung durch IHKn auch auf überregionaler, insbesondere europäischer Ebene, s. *Möllering*, WiVerw 2001, 25 (54 f.).
49 S. hierzu *Frentzel/Jäkel/Junge*, IHKG, Einf., Rn. 24.
50 Vgl. *Möllering*, WiVerw. 2001, 25 (60).
51 Vgl. nur § 1 Abs. 1 IHKG; § 91 Abs. 1 Nr. 9 HandwO.
52 Vgl. *Rieger*, in: Kluth (Hrsg.), Jahrbuch des Kammerrechts 2003, S. 64 (82).
53 Vgl. BVerwGE 112, 69 (76 f.) = DVBl. 2001, 139; OVG NW, GewArch. 2003, 418 = NWVBl 2004, 62.

wichtigsten Instrumenten der Wirtschaftsförderung gehören Information, Auskunft, Beratung, sowie Empfehlungen und Warnungen[54].

Es bleibt der einzelnen Kammer überlassen, auf welche Art und Weise sie die Aufgabe der Wirtschaftsförderung erfüllt. Allerdings stellt § 1 Abs. 2 IHKG klar, dass zu diesem Zweck auch Anlagen und Einrichtungen errichtet und betrieben werden können. Entscheidend ist dabei, dass der Zweck der Anlage oder Einrichtung noch vom gesetzlichen Kammerauftrag, dem sog. Verbandszweck, gedeckt ist[55]. Probleme können bei den Service-Angeboten auftreten, durch welche eine Kammer in Konkurrenz zu gleichartigen Leistungen kammerzugehöriger Unternehmen tritt, vor allem dann, wenn sie die Serviceleistung in Kooperation mit einem anderen privaten Unternehmen anbietet[56]. Die Praxis zieht die Grenze hier erst bei der Existenzgefährdung der kammerzugehörigen Anbieter, also im Falle ruinösen Wettbewerbs[57].

Der Förderung der Gesamtheit der Mitglieder dient außerdem die Einrichtung von Versorgungswerken, die im Fall von Alter, Krankheit oder Vermögensverfall helfen sollen. Auch hierbei handelt es sich um eine von der Rechtsprechung anerkannte legitime öffentliche Aufgabe. Danach „gehört [es] zu den legitimen Aufgaben einer berufsständischen Organisation, ihren in Not geratenen Kammermitgliedern und deren Hinterbliebenen finanzielle Hilfe zu gewähren. Diese freiwilligen Leistungen sind ein Ausdruck der kollegialen Selbsthilfe und der Solidarität des gesamten ... Berufsstandes“[58]. Daraus wird indes deutlich, dass aufgrund der größeren Geschlossenheit und der auch versicherungsmathematischen Gleichartigkeit der Risiken eines Berufsstandes nur berufsständische Kammern diese Aufgabe wahrnehmen können[59].

4. Berufs- bzw. Wirtschaftsaufsicht

Anders als bei der Interessenvertretung handelt es sich bei der Ausübung der Berufsaufsicht gerade um die charakteristische Aufgabe der Träger berufsständischer und nicht wirtschaftlicher Selbstverwaltung. Der Gründung von Kammern lag ja die Vorstellung zugrunde, frei von staatlicher Einflussnahme die Berufsehre durch die Zurückdrängung der staatlichen Aufsicht selbst zu schützen[60]. Da

---

54 Vgl. *Kluth*, Funktionale Selbstverwaltung, S. 137.

55 Vgl. BVerwG, NJW 1987, 337 u. 338.

56 Vgl. *Kluth*, Funktionale Selbstverwaltung, S. 138

57 Vgl. OVG Lüneburg, GewArch. 1986, 201; OLG Karlsruhe, GewArch 1989, 208. Siehe zu Zulässigkeit und Grenzen wettbewerbsrelevanter Dienstleistungen der Industrie- und Handelskammern auch *Knemeyer*, WiVerw 2001, 1 ff.; *Jahn*, GewArch. 2002, 353 (358 f.).

58 BVerwGE 39, 100 (109).

59 *Rieger*, in: Kluth (Hrsg.), Jahrbuch des Kammerrechts 2003, S. 64 (83).

60 Vgl. *Rieger*, in: Kluth (Hrsg.), Jahrbuch des Kammerrechts 2003, S. 64 (78).

insbesondere im Bereich der freien Berufe den Kammermitgliedern höchste Verantwortung zukommt (so z.B. im Gesundheitswesen oder in der Rechtspflege), haben die Kammern dafür Sorge zu tragen, dass ihre Mitglieder die berufsethischen Standards einhalten. Daher wird die Disziplinierung der Mitglieder oft als essentielle Kammerfunktion beschrieben[61] und sowohl präventiv – vornehmlich durch den Erlass von Berufsordnungen – als auch repressiv – von bloßen Belehrungen bis hin zur Einleitung berufsgerichtlicher Verfahren – ausgefüllt[62]. Den Maßstab der Berufsaufsicht bilden die in Berufsordnungen zusammengefassten Berufspflichten; sie stellen als Satzungen autonomer Berufsverbände unmittelbar geltendes Recht dar[63].

Anders als die Kammern der freien Berufe führen die Industrie- und Handelskammern keine Standesaufsicht und verfügen auch nicht über die Möglichkeit, eine eigene Ehrengerichtsbarkeit einzurichten. Allenfalls die Einrichtung von sog. Ehrenausschüssen erscheint nach derzeitiger Rechtslage zulässig[64]. Soweit ersichtlich, macht die Praxis davon jedoch keinen Gebrauch[65]. Auch wenn die Industrie- und Handelskammern keine Standesaufsicht wie die freiberuflichen Kammern führen, obliegt ihnen doch die Wahrung von Sitte und Anstand des ehrbaren Kaufmanns. Diese umfasst insbesondere die Bekämpfung unlauterer Wettbewerbspraktiken[66]. Zur Wahrung der Lauterkeit des Wettbewerbs räumt § 8 Abs. 3 Nr. 4 UWG den Industrie- und Handelskammern (und den Handwerkskammern) einen Unterlassungsanspruch hinsichtlich dem lauteren Wettbewerb zuwiderlaufender Verhaltensweisen ein.

B. Andere Mitgliedstaaten

Nach diesem Überblick über Entwicklung, charakteristische Merkmale und wesentliche Aufgaben der deutschen Kammern soll nachfolgend das Kammerwesen in einigen ausgewählten anderen Mitgliedstaaten der Europäischen Union kurz

---

61 Vgl. nur *Brohm*, in: Festgabe v. Unruh, S. 777 (783 ff.): *Leuze*, in: FS Schippel, S. 697 (699); *Tettinger*, Kammerrecht, S. 138.

62 *Geerlings/Leuze*, VR 2004, 113 (114). Zu den Möglichkeiten der Disziplinierung im Einzelnen vgl. *Brohm*, in: Festgabe v. Unruh , S. 777 (783 ff.).

63 BVerfGE 33, 125 (155).

64 So *Frentzel/Jäkel/Junge*, IHKG, § 1 Rn. 57 f.

65 Vgl. *Kluth*, Funktionale Selbstverwaltung, S. 139.

66 Vgl. *Kluth*, Funktionale Selbstverwaltung, S. 138 f.; zum wettbewerbsrechtlichen Vorgehen durch Berufskammern als Teil der Berufsaufsicht s. *Kujath*, in: Kluth (Hrsg.), Jahrbuch des Kammerrechts 2003, S. 195 ff.

dargestellt werden[67]. So werden einerseits die Besonderheiten des deutschen Kammersystems deutlich, und andererseits lassen sich Gemeinsamkeiten mit dem Kammerwesen anderer europäischer Staaten erkennen.

I. Frankreich

Das französische Kammersystem kennt (wie das deutsche) zwei große Gruppen von Kammern: Die erste Gruppe bilden dabei diejenigen Kammern, die jeweils einen konkreten Berufsstand verwalten und vertreten, die zweite Gruppe bilden die Kammern, die eine Interessenvertretung für eine größere Gruppe von Berufsständen darstellen. Erstere Gruppe umfasst beispielsweise die Ärzte- und Anwaltskammern, letztere die Industrie- und Handelskammer, die Handwerkskammer und die Landwirtschaftskammer. Sowohl entstehungsgeschichtlich[68], als auch hinsichtlich der Rechtsnatur, ist zwischen diesen Gruppen zu differenzieren.

1. Berufsständische Kammern

Die berufsständischen Kammern lassen sich wiederum in zwei große Kategorien einteilen: Die erste bezieht sich auf Berufe, die zwar freiberuflich ausgeübt werden, jedoch eine staatliche Aufgabe zum Gegenstand haben. Zu nennen sind hier vor allem die Gerichtsvollzieher (Huissier de Justice), Notare (Notaire) und die Prozessvertreter bei den Appelationsgerichtshöfen (Avoués auprès de la Cour d'Appel). Umfangreicher ist hingegen die zweite Gruppe der sonstigen in Kammern zusammengefassten Freiberufler. Diese „Ordres professionels" existieren insbesondere im Bereich der medizinischen und technischen Berufe. So gibt es Kammern für Ärzte, Zahnärzte, Hebammen, Pharmazeuten, diverse Paramediziner, Tierärzte, Buchprüfer und Landvermesser. Zudem verfügt der Anwaltsstand über eine derartige Berufsorganisation[69].

Ein allgemeines, die verschiedenen Ordres professionels regelndes Statut ist in Frankreich nicht vorhanden. Allgemein kann man sie als korporative Organis-

---

67 Einen Überblick über die Kammern rechts- und wirtschaftsberatender Berufe (sowie vereinzelt anderer freier Berufe) in Frankreich, Belgien, Griechenland, Italien, Luxemburg, den Niederlanden, Österreich, Spanien und Großbritannien vermitteln *Kluth/Goltz*, Kammern der berufsständischen Selbstverwaltung in der EU, S. 48 ff. Eingehend zu den Berufsverbänden und -kammern: *Herrmann*, Recht der Kammern und Verbände freier Berufe.

68 Zur Entstehungsgeschichte der „ordres professionels" s. *Willer*, in: Kluth (Hrsg.), Jahrbuch des Kammerrechts 2002, S. 271 (273 f.); zu den Industrie- und Handelskammern *ders.*, a.a.O., S. 271, 297 ff.; zur Entwicklung der Landwirtschaftskammern *ders.*, a.a.O., S. 271 (308) und schließlich zur Geschichte der französischen Handwerkskammern *ders.*, a.a.O., S. 271 (311).

69 *Willer*, in: Kluth (Hrsg.), Jahrbuch des Kammerrechts 2002, S. 271 (272).

men definieren, die mit Prärogativen der öffentlichen Hand ausgestattet, jedoch nach den Regeln des Privatrechts organisiert sind und deren Mitglieder ein Monopol zur Ausübung des jeweils betroffenen Berufs innehaben[70]. Die Monopole reflektieren den teilweise überkommenen Standesgedanken, nach dem die Berufskollegen eine Klasse für sich darstellen, die untereinander zur Loyalität verpflichtet ist. Das Gegenstück dieser Monopole bildet die Pflichtmitgliedschaft in der jeweils zuständigen Kammer[71]. Heute sind die Ordres mit den zumeist älteren berufsständischen Kammern in Deutschland vergleichbar. Mit ihrer Errichtung hat die öffentliche Gewalt den Berufsständen die Aufgabe und das Recht erteilt, sich selbst zu organisieren und innerhalb des Berufs für die Achtung gewisser Standesregeln zu sorgen. Außerdem obliegt es ihnen, die Berufsstände bei der öffentlichen Gewalt zu repräsentieren[72].

Umstritten ist die Rechtsnatur der französischen Berufskammern. Der Conseil d'Etat deutete in einer Entscheidung[73] vom 2. April 1943 an, dass es sich bei den Kammern zumindest nicht um klassische Körperschaften des öffentlichen Rechts handele. Das Gericht schloss in seiner Entscheidung lediglich von der Wahrnehmung einer gewissen Verwaltungstätigkeit durch die Kammer auf die Eröffnung des Verwaltungsrechtsweges gegen deren Entscheidungen. Teile der Literatur betrachten die Kammern als völlig eigenständige Rechtspersonen, losgelöst von Privatrecht oder öffentlichem Recht. Eine andere Ansicht hält sie für sui-generis-Personen des öffentlichen Rechts. Hierfür sprechen vor allem die außerordentlichen Vorrechte der Kammern, so etwa die Befugnis, durch Verwaltungsakt zu handeln. Aus dem Recht der Selbstverwaltung der Kammern und dem Fehlen direkter staatlicher Einwirkungsbefugnisse schließt ein Teil von Lehre und Praxis auf die Privatrechtspersönlichkeit der Kammern. In jüngerer Zeit spricht der Gesetz- bzw. Verordnungsgeber bei Neugründungen oder Gesetzesänderungen ausdrücklich von Personen des Zivilrechts, was wiederum für die letztgenannte Ansicht spricht. Somit lässt sich festhalten, dass es sich um nach den Regeln des Privatrechts organisierte Körperschaften handelt, die mit Prärogativen des öffentlichen Rechts ausgestattet sind[74].

Kennzeichnend für die Kammern ist die Pflichtmitgliedschaft aller Berufsausübenden sowie das Prinzip der Selbstbestimmung[75]. Letzteres erfährt allerdings dadurch eine erhebliche Einschränkung, dass – mit Ausnahme der Rechts-

---

70 *Willer*, in: Kluth (Hrsg.), Jahrbuch des Kammerrechts 2002, S. 271 (272).
71 *Willer*, in: Kluth (Hrsg.), Jahrbuch des Kammerrechts 2002, S. 271 (273).
72 *Willer*, in: Kluth (Hrsg.), Jahrbuch des Kammerrechts 2002, S. 271 (273).
73 Conseil d'Etat, 2. April 1943, Grands Arrêts de la Jurisprudence Administrative, Nr. 57.
74 Vgl. zum Meinungsstand *Willer*, in: Kluth (Hrsg.), Jahrbuch des Kammerrechts 2002, S. 271 (275 ff.) m.w.N.
75 *Willer*, in: Kluth (Hrsg.), Jahrbuch des Kammerrechts 2002, S. 271 (277).

anwaltskammer – den nationalen Räten[76] vom Justizminister ein Aufsichtsbeamter – häufig ein Richter des Conseil d'Etat – zur Seite gestellt wird, wodurch alle Kammerentscheidungen einer staatlichen Kontrolle unterliegen. Teilweise müssen die Entscheidungen der Räte die Zustimmung des Beamten erfahren, um vollziehbar zu werden, teilweise ist ein bloßer Nichteinspruch ausreichend[77].

Anders als gegenüber Nichtmitgliedern verfügen die Kammern über weitreichende Zuständigkeiten gegenüber ihren Mitgliedern. Zu nennen sind hier insbesondere das Recht der Berufszulassung und die Disziplinarkontrolle, wobei die Grenzen des Satzungsrechts zu beachten sind. Die Befugnis, eigenständig Satzungen zu erlassen, berechtigt die Kammern sowohl zur internen Organisation, als auch zum Erlass von Standesregeln mit Rechtswirkung für alle Mitglieder[78]. Darüber hinaus können die Kammern auch im Bereich der Leistungsverwaltung tätig werden, so etwa mittels der Schaffung von Hilfseinrichtungen für Standesgenossen oder für Dritte. So gibt z.B. Art. 17 des Gesetzes 71-1130 dem Rat des Ordre des Barreaux auf, nach seinem Gutdünken Pensionskassen, Bibliotheken oder andere Gemeinschaftseinrichtungen zu errichten[79]. Schließlich kommt den Kammern bezüglich des Disziplinarrechts eine herausragende Stellung zu. Einerseits sind sie es, die die Regeln festlegen, andererseits richten sie auch selbst über diese. Als regelmäßige Strafen kommen Verwarnung, Rüge, Verweis, Suspendierung, Zulassungsverbot und Berufsverbot in Betracht. Zudem können Ärzte die Approbation als Kassenarzt verlieren[80].

2. *Wirtschaftskammern*

Streng von den gerade dargestellten berufsständischen Kammern zu unterscheiden sind die Industrie- und Handelskammern, die Landwirtschaftskammern sowie die Handwerkskammern. Diese Kammern repräsentieren eine Vielzahl von verschiedenen Unternehmern, nehmen öffentliche Aufgaben wahr und verfügen über einen teilweise sehr viel weiter gefassten Kompetenzrahmen als die Ordres. Außerdem ist unbestritten, dass es sich bei ihnen um Personen des öffentlichen Rechts (établissements publics) handelt[81]. Auch sie verfügen über ein Satzungsrecht. Ihre Einnahmen erzielen sie vornehmlich durch Steuern und Gebühren[82].

---

76 Hierbei handelt es sich um Kammerorgane.

77 *Willer*, in: Kluth (Hrsg.), Jahrbuch des Kammerrechts 2002, S. 271 (278).

78 *Willer*, in: Kluth (Hrsg.), Jahrbuch des Kammerrechts 2002, S. 271 (285). Zur Rechtsgrundlage der Befugnis zum Satzungserlass *ders.*, a.a.O., S. 271 (286 f.)

79 Vgl. *Willer*, in: Kluth (Hrsg.), Jahrbuch des Kammerrechts 2002, S. 271 (291).

80 Zu weiteren Einzelheiten des Disziplinarrechts der Kammern s. *Willer*, in: Kluth (Hrsg.), Jahrbuch des Kammerrechts 2002, S. 271 (292 ff.).

81 *Willer*, in: Kluth (Hrsg.), Jahrbuch des Kammerrechts 2002, S. 271 (297).

82 *Willer*, in: Kluth (Hrsg.), Jahrbuch des Kammerrechts 2002, S. 271 (302).

Sie vereinigen alle Unternehmer ihres Einzugsgebietes, die dabei nicht Mitglieder, sondern von Rechts wegen ihre Nutzer sind. Unter den Nutzern finden sich Händler, Industrielle und Dienstleister. Bei entsprechendem Bedarf besteht die Möglichkeit, Untergruppen zu bilden. Neben der departementalen IHK existieren regionale Kammern sowie eine nationale Dachorganisation[83].

Die Aufgaben der Industrie- und Handelskammern umfassen Konsultations-, Verwaltungs- und Repräsentationsfunktionen. So haben sie auf Anfrage der Regierung Stellungnahmen zu Themen abzugeben, welche ihren Aufgabenbereich betreffen, sowie Mittel und Wege zur Steigerung oder Erhaltung der wirtschaftlichen Prosperität aufzuzeigen. Im Gegenzug ist die IHK beispielsweise bei Veränderungen der kommerziellen Infrastruktur anzuhören[84]. Eine der Verwaltungsaufgaben besteht darin, dass die Industrie- und Handelskammern eine einheitliche Verwaltungseinrichtung für Unternehmensgründungen zu unterhalten haben, die insbesondere kleineren Unternehmen bei der Unternehmensgründung Hilfe leistet und als „One-stop-shop" die Erledigung aller Formalitäten erlaubt. Wenn die IHK die Einrichtung eines Verwaltungsträgers als sinnvoll erachtet, kann sie diesen als interne Körperschaft einrichten. Demgegenüber existieren auch externe Körperschaften mit dem Ziel, Handel und Industrie ihres Einzugsgebiets zu unterstützen und zu fördern. Bei ihnen handelt es sich um eigenständige Personen des Zivilrechts. Die Kammern dürfen nur insoweit tätig werden, als sie sich im Rahmen ihrer Kompetenzen bewegen. Zur bloßen wirtschaftlichen Ausbeutung im Sinne einer reinen Gewinnerzielungsabsicht ist den Kammern die Einrichtung von Körperschaften nicht gestattet. Zudem ist ein Handeln der Kammer nur beim Fehlen einer privaten Initiative auf dem betroffenen Gebiet zu rechtfertigen. Schließlich gehört auch die Berufsausbildung zu den Aufgaben der Kammern. Diese Aufgabe wird z.B. durch die Gründung und Verwaltung von Bildungseinrichtungen erfüllt[85].

Die Landwirtschaftskammern haben Schwierigkeiten der Landwirtschaft zu verhindern bzw. zu verringern. Zu diesem Zweck vertreten sie die Landwirte, ihre Angestellten und die Kooperationsorganisationen. Zudem kontrollieren die Landwirtschaftskammern die landwirtschaftlichen Strukturen und die Anwendung der lokalen Bräuche und sollen das Hofsterben verhindern. Was die Rechtsnatur und den Aufgabenbereich der Landwirtschaftskammern betrifft, bestehen keine wesentlichen Unterschiede zu den Industrie- und Handelskammern[86].

---

83 Vgl. *Willer*, in: Kluth (Hrsg.), Jahrbuch des Kammerrechts 2002, S. 271 (303).

84 S. dazu und zu weiteren Konsultationsfunktionen *Willer*, in: Kluth (Hrsg.), Jahrbuch des Kammerrechts 2002, S. 271 (306).

85 Ausführlicher zu den Verwaltungs- und Repräsentationsaufgaben (mit Beispielen): *Willer*, in: Kluth (Hrsg.), Jahrbuch des Kammerrechts 2002, S. 271 (307 f.).

86 S. *Willer*, in: Kluth (Hrsg.), Jahrbuch des Kammerrechts 2002, S. 271 (308).

Die Handwerkskammern, welche die handwerklichen Berufe bei den öffentlichen Gewalten vertreten, ähneln in ihrer Organisation und Rechtsnatur ebenfalls den Industrie- und Handelskammern[87]. Zu ihren Aufgaben zählt u.a. die Berufsausbildung der Handwerker und die Führung des Handwerksregisters[88].

II. Spanien

Das spanische Kammerwesen (im weiteren Sinne) umfasst Organisationen bestimmter Sach- und Lebensbereiche, die im öffentlichen Interesse als Körperschaften gesetzlich verfasst sind. Zu nennen sind hier insbesondere die Kammern für Handel, Industrie und Schifffahrt, die allerdings nicht die einzigen gesetzlich organisierten, überwiegend als öffentliche Körperschaften verfassten Organisationen darstellen. Auch die Landwirtschaftskammern, die Fischereibrüderschaften (Cofradías de Pescadores), die Berufskammern für Rechtsanwälte (Colegio de Abogados), Architekten (Colegio des Arquitectos) usw., die Sozialversicherung für Blinde (Organización Nacional des Ciego Españoles) und die Sportverbände lassen sich dieser Kategorie zurechnen[89]. Es handelt sich um Vereinigungen, die auf der einen Seite privaten und auf der anderen Seite öffentlichen Interessen dienen. Dabei beziehen sich die öffentlichen Interessen insbesondere auf die öffentliche Verwaltung und ihre Entlastung. Das öffentliche Interesse findet im spanischen Kammerwesen auch darin seinen Ausdruck, dass die Errichtung der Kammern auf einer gesetzlichen Pflicht beruht und die Kammern zur Beratung und Zusammenarbeit mit der öffentlichen Verwaltung verpflichtet sind und unter ihrer Aufsicht stehen. Zudem können ihnen durch Gesetz oder im Wege der Delegation Aufgaben der öffentlichen Verwaltung übertragen werden[90].

Nach herrschender Meinung werden diese öffentlichen Körperschaften als Vereinigungen von Einzelnen definiert, die durch den Staat gegründet und mit Rechtsfähigkeit ausgestattet wurden und Aufgaben von öffentlichem Interesse in alleiniger (monopolistischer) Zuständigkeit wahrnehmen, wobei sie verwaltungs-

---

87 Während die französischen Industrie- und Handelskammern als Vorbild für das deutsche Kammerwesen dienten, stellt sich die Lage im Handwerk umgekehrt dar: In diesem Bereich scheint die deutsche Handwerksorganisation das Vorbild für die französischen Handwerkskammern gewesen zu sein, vgl. *Willer*, in: Kluth (Hrsg.), Jahrbuch des Kammerrechts 2002, S. 271 (311).

88 *Willer*, in: Kluth (Hrsg.), Jahrbuch des Kammerrechts 2002, S. 271 (312).

89 Letztere werden wegen ihrer besonderen Verfassung als Organisation zweiten Grades bezeichnet, was in der deutschen Terminologie den Verbandskörperschaften entspricht, vgl. *Rodriguez Artacho/Barnes Vazquez*, in: Kluth (Hrsg.), Jahrbuch des Kammerrechts 2002, S. 315 (316).

90 *Rodriguez Artacho/Barnes Vazquez*, in: Kluth (Hrsg.), Jahrbuch des Kammerrechts 2002, S. 315 (316 f.).

gerichtlicher Kontrolle unterliegen[91]. Die spanische Verfassung (Constitución Española, CE) äußert sich zwar nicht ausdrücklich zu den öffentlichen Körperschaften im Allgemeinen, jedoch finden die Kammern in mehreren Vorschriften Erwähnung. So bestimmt Art. 36 CE, dass die Einzelheiten der Berufskammern und die von ihnen ausgeübte Berufsaufsicht durch Gesetz geregelt sein müssen und dass sie demokratisch verfasst sein müssen. Ähnlich äußert sich Art. 52 CE zu den Berufsorganisationen, die die wirtschaftlichen Interessen eines Berufsstandes vertreten. Zu beachten ist in diesem Zusammenhang zudem Art. 22 CE, der das Recht der (positiven und negativen) Vereinigungsfreiheit garantiert, die auch gegenüber der gesetzlich vorgeschriebenen Pflichtmitgliedschaft in Kammern ihre Wirkung entfaltet[92].

Auch die spanischen Kammern nehmen Aufgaben der Interessenvertretung, der beruflichen Aus- und Weiterbildung sowie der Förderung der Mitglieder wahr[93].

III. Österreich

Im „Kammerstaat"[94] Österreich gliedern sich die Träger berufsständischer Selbstverwaltung in die Kammern der rechts- und wirtschaftsberatenden Berufe, die Heilberufskammern, die Kammern der technischen Berufe sowie die der Berufe im Sportwesen. Die Rechtsanwaltskammern, die Notariatskammern, die Kammern der Wirtschaftstreuhänder und die Patentanwaltskammer bilden die Kammern der ersten Gruppe. Zur zweiten Kategorie gehören die Ärzte-, Tierärzte-, Apotheker- und Dentistenkammern sowie das Hebammengremium. Die technischen Berufe sind in den Ziviltechnikerkammern, die Berg- bzw. Skiführer und Sportlehrer in entsprechenden Sportverbänden zusammengefasst[95]. Zu den Trägern wirtschaftlicher Selbstverwaltung zählen die Wirtschaftskammern, die Kammern für Arbeiter und Angestellte, die Landwirtschaftskammern sowie die Landarbeiterkammern[96].

---

91 *Rodriguez Artacho/Barnes Vazquez*, in: Kluth (Hrsg.), Jahrbuch des Kammerrechts 2002, S. 315 (317).

92 *Rodriguez Artacho/Barnes Vazquez*, in: Kluth (Hrsg.), Jahrbuch des Kammerrechts 2002, S. 315 (317). Zur Rechtfertigung der Pflichtmitgliedschaft und zur Rechtsprechung des spanischen Verfassungsgerichts zu dieser Frage siehe *dies.*, a.a.O. S. 315 (326 ff.)

93 Dazu und zu weiteren Aufgaben der Handelskammern s. *Rodriguez Artacho/Barnes Vazquez*, in: Kluth (Hrsg.), Jahrbuch des Kammerrechts 2002, S. 315 (331).

94 Vgl. *Kluth*, Verw. 35 (2002), 349 (371).

95 Ausführlich zu diesen Kammern *Rieger*, in: Kluth (Hrsg.), Jahrbuch des Kammerrechts 2003, S. 279 (282 ff.).

96 S. zu ihnen *Rieger*, in: Kluth (Hrsg.), Jahrbuch des Kammerrechts 2003, S. 279 (312 ff.).

Das österreichische Kammerwesen ist weitgehend homogen geregelt. So sind alle Kammern als Träger funktionaler Selbstverwaltung mit Pflichtmitgliedschaft ausgestattet, auf deren Basis die Kammeraufgaben durch Kammerbeiträge und Umlagen finanziert werden. Zu diesen Aufgaben gehört die Interessenvertretung nach außen, die Förderung der Mitglieder bzw. des Berufsstandes und im Bereich der berufsständischen Selbstverwaltung die Berufsaufsicht. Im Hinblick auf die Binnenverfassung ergeben sich, abgesehen von Abweichungen aufgrund der gruppenpluralen Zusammensetzung einiger Kammern, ebenfalls viele Ähnlichkeiten, wie z.B. die Bildung einer Vollversammlung durch die Mitglieder und die Wahl eines Vorstandes und Präsidenten durch diese[97]. Außerdem ist die staatliche Aufsicht auf eine Rechtsaufsicht beschränkt[98].

IV. Die neuen EU-Mitgliedstaaten des ehemaligen Ostblocks

1. Zusammensetzung und Rechtsform

In den Staaten des ehemaligen Ostblocks stellte die Pflichtmitgliedschaft in den Kammern für die zumeist staatlichen Unternehmen den Regelfall dar. Bereits kurze Zeit nach der Wende setzte jedoch fast überall der Privatisierungsprozess ein, der sich auch auf die Industrie- und Handelskammern erstreckte. So wurde beispielsweise in der Tschechischen Republik am 5. Mai 1992 das Gesetz Nr. 202/1992 über die Wirtschafts- und Landwirtschaftskammer (heute nur noch Wirtschaftskammer) erlassen, das zwar weiterhin eine öffentlich-rechtliche Kammerorganisation, allerdings mit freiwilliger Mitgliedschaft vorsieht. Später hat es Versuche gegeben, die Pflichtmitgliedschaft wieder einzuführen, die jedoch im Parlament scheiterten. In der Slowakei konnte sich das Pflichtmitgliedschaftsmodell noch bis 1996 halten[99].

Ungarn hat die Pflichtmitgliedschaft zum 1. November 2000 abgeschafft. Gleichzeitig haben die ungarischen Kammern damit ihre hoheitlichen Aufgaben verloren[100]. Den Status einer öffentlich-rechtlichen Körperschaft und eine sehr detaillierte Rechtsgrundlage behielten sie allerdings, wobei es einen Numerus Clausus der Kammerorganisationen gibt, nach dem nur Agrarkammern und Industrie- und Handelskammern zugelassen sind. Trotz freiwilliger Mitgliedschaft verfügen sie über immerhin 400.000 Mitglieder. Über ein äußerst liberales Kammerrecht verfügt Polen. Dort ist auf Initiative von mindestens 50 (nicht na-

---

97 *Rieger*, in: Kluth (Hrsg.), Jahrbuch des Kammerrechts 2003, S. 279 (324).

98 Vgl. *Rieger*, in: Kluth (Hrsg.), Jahrbuch des Kammerrechts 2003, S. 279 (325).

99 *Möllering*, in: Kluth (Hrsg.), Jahrbuch des Kammerrechts 2002, S. 335 (337).

100 *Kopp*, NVwZ 2001, 172 (173).

türlichen) Personen mit Wirtschaftstätigkeit die Gründung einer Wirtschaftskammer möglich, die durch Eintragung in das nationale Gerichtsregister den Status einer juristischen Person erlangt. Die Mitgliedschaft in all diesen Kammern ist freiwillig. Auch bei den litauischen Kammern für Handel, Industrie- und Handwerk handelt es sich um juristische Personen mit freiwilliger Mitgliedschaft. Die Industrie- und Handelskammern in Lettland und Estland sind nicht durch Gesetz geregelt, sondern gründen sich auf allgemeines Vereinsrecht. Allein Slowenien hat als Beitrittsland an der Pflichtmitgliedschaft festgehalten[101].

2. *Aufgaben*

Fast überall, wo die Kammern durch ein Spezialgesetz geregelt sind, enthält dieses einen Katalog von Aufgaben, die die Kammern wahrzunehmen haben oder zumindest wahrnehmen können. Eine Ausnahme bildet das polnische Wirtschaftskammergesetz, das die Definition der Aufgaben weitgehend der jeweiligen Kammersatzung überlässt. Überwiegend enthalten die Gesetze das Recht und die Pflicht zur Vertretung der Interessen der Mitglieder. Hingegen stellt eine Pflicht zur Gesamtinteressenvertretung die Ausnahme dar. Dieser Verzicht auf eine Vertretung des Gesamtinteresses ist durchaus nachvollziehbar, da eine diesbezügliche Verpflichtung bei freiwilliger Mitgliedschaft recht problematisch wäre[102].

Regelmäßig gehört zu den Aufgaben ein Auftrag zur Förderung und Entwicklung der nationalen bzw. regionalen Wirtschaft einschließlich der Infrastruktur, wobei teilweise an die Vorgaben der Regierung angeknüpft wird. Die für die deutschen Industrie- und Handelskammern äußerst wichtige Aufgabe der Berufsausbildung und Fortbildung findet in einigen Gesetzen am Rande Erwähnung[103]. Dienstleistungen gegenüber den Mitgliedern sind überall vorgesehen, wobei es sich vor allem um Information und Beratung handelt[104].

Nur wenige der Kammergesetze treffen eine Regelung zur Rechtsaufsicht durch eine staatliche Stelle. Die ausführlichste diesbezügliche Normierung findet sich in Ungarn, wo neben der Rechtsaufsicht durch den Wirtschaftsminister auch die Möglichkeit der Klage eines Mitglieds gegen Beschlüsse der Kammerorgane besteht[105].

Die Staaten des ehemaligen Ostblocks haben sich nach der Wende überwiegend für Industrie- und Handelskammern mit freiwilliger Mitgliedschaft

---

101 *Möllering*, in: Kluth (Hrsg.), Jahrbuch des Kammerrechts 2002, S. 335 (338).
102 *Möllering*, in: Kluth (Hrsg.), Jahrbuch des Kammerrechts 2002, S. 335 (341).
103 *Möllering*, in: Kluth (Hrsg.), Jahrbuch des Kammerrechts 2002, S. 335 (342).
104 *Möllering*, in: Kluth (Hrsg.), Jahrbuch des Kammerrechts 2002, S. 335 (343).
105 *Möllering*, in: Kluth (Hrsg.), Jahrbuch des Kammerrechts 2002, S. 335 (348).

entschieden. Im Bereich der freien Berufe existieren jedoch auch in diesen Ländern Kammern, die als Selbstverwaltungskörperschaften[106] mit Pflichtmitgliedschaft[107] ausgestattet sind.

V. Fazit des Ländervergleichs

Das deutsche Kammerwesen stellt mit seinem Pflichtmitgliedschaftsmodell und der Ausgestaltung der Kammern als öffentlich-rechtliche Selbstverwaltungskörperschaften keinen Einzelfall dar. Auch der Aufgabenbereich der Kammern anderer Mitgliedstaaten ähnelt teilweise dem der deutschen. Allerdings hat mit dem Beitritt zehn neuer Mitgliedstaaten zum 1. Mai 2004 die Kammerlandschaft in der Europäischen Union jedenfalls im Bereich der wirtschaftsständischen Kammern eine Neugestaltung erfahren. Während vorher noch die Mitgliedstaaten mit Pflichtmitgliedschaft[108] in den Industrie- und Handelskammern gegenüber denjenigen mit freiwilliger Mitgliedschaft[109] überwogen, verfügt nun die große Mehrzahl der Mitgliedstaaten über ein System freiwilliger Mitgliedschaft. Auch Zypern und Malta zählen zu Letzteren. Nach wie vor überwiegen jedoch die Mitgliedstaaten, in denen die Kammern auf einem speziellen Gesetz[110] beruhen[111]. Erkenntnisse über die gemeinschaftsrechtliche Zulässigkeit oder Anerkennung des jeweiligen Kammerwesens lassen sich aus diesem Befund jedoch nicht ableiten.

C. Die Stellung der Kammern im Gemeinschaftsrecht

Nachfolgend soll die Stellung der Kammern im europäischen Gemeinschaftsrecht näher beleuchtet werden. Es stellt sich die Frage, ob sie sich auf eine vertragliche Grundlage stützen können oder, wenn dies nicht der Fall sein sollte, ob ihre Existenz wenigstens mit gemeinschaftsrechtlichen Grundsätzen vereinbar ist.

---

106 S. z.B. Art. 1 Abs. 2 des polnischen Gesetzes über den Anwaltsberuf.

107 S. z.B. Art. 2 des polnischen Gesetzes über den Anwaltsberuf.

108 Deutschland, Frankreich, Niederlande, Luxemburg, Österreich, Italien, Spanien und Griechenland.

109 Finnland, Schweden, Belgien, Portugal, Dänemark, Großbritannien und Irland.

110 Neben den acht Staaten aus Fn. 108 Finnland, Schweden, Belgien, Portugal, Slowenien, Litauen, Polen, Tschechien, Slowakei und Ungarn.

111 *Möllering*, in: Kluth (Hrsg.), Jahrbuch des Kammerrechts 2002, S. 335 (339).

I. Die europäische Wirtschaftsverfassung

Die europäische Wirtschaftsverfassung definiert sich durch den „Grundsatz der offenen Marktwirtschaft mit freiem Wettbewerb“[112] und stellt eine mixed economy dar[113]. Das Europarecht berücksichtigt soziale und ökologische Belange in größerem Maße als das Weltwirtschaftsrecht, teilweise sogar stärker als das nationale Recht. Im Mittelpunkt des Gemeinschaftsrechts steht jedoch der Binnenmarkt, in dem der freie Verkehr von Waren, Personen, Dienstleistungen sowie Kapital gewährleistet ist. Diese Grundfreiheiten werden durch das in Art. 81 bis Art. 89 EG[114] geregelte europäische Wettbewerbsrecht ergänzt. Es ist somit auf europäischer Ebene eine weitgehende Kodifikation der Wirtschaftsverfassung festzustellen. In Form von Richtlinien und Verordnungen hat sich inzwischen im Rahmen der europäischen Wirtschaftsverfassung partiell ein europäisches Wirtschaftsverwaltungsrecht herausgebildet, das allerdings, wie das nationale Wirtschaftsverwaltungsrecht, durch eine starke Zersplitterung gekennzeichnet ist[115].

Jedenfalls betätigt sich der europäische Gesetzgeber in hohem Maße wirtschaftsverwaltungsrechtsetzend[116]. Mithin ist sowohl der tatsächliche als auch rechtliche Einfluss auf die deutsche Wirtschaftsverwaltung als wesentlich zu bezeichnen[117].

II. Anerkennung der Kammern?

Die verschiedenen Kammern sind an der Setzung, Konkretisierung und Anwendung von Wirtschaftsverwaltungsrecht beteiligt. Wird das Wirtschaftsverwaltungsrecht europäisch, so entsteht die Notwendigkeit, dass auch die Aktivitäten der Kammern europäisch werden, Gemeinschaftsrecht mitgestalten und anwenden[118]. Fraglich ist in diesem Zusammenhang, inwiefern die Kammern in das Gefüge der europäischen Wirtschaftsverfassung integriert sind. Ein ausdrückliches Bekenntnis zum Prinzip der Selbstverwaltung oder zur Funktion der Kammern

---

112 Siehe Art. 4 Abs. 1, 98, 105 Abs. 1 EG.

113 *Ernst/Piotrowski*, NVwZ 2004, 924 (925). Vgl. insgesamt *Badura*, in: Schmidt-Aßmann (Hrsg.), Besonderes Verwaltungsrecht, 3. Kap., Rn. 24 ff.; *Tettinger*, Kammerrecht, S. 241 ff.

114 Zitiert werden die Artikel des EG-Vertrages in der Nummerierung nach der Amsterdamer Fassung. Auf die Angabe der Maastrichter Fassung wird im Folgenden verzichtet.

115 *Ernst/Piotrowski*, NVwZ 2004, 924 (925) m.w.N.

116 *Ernst/Piotrowski*, NVwZ 2004, 924 (925) m.w.N.

117 Vgl. *Ernst/Piotrowski*, NVwZ 2004, 924 (925).

118 *Ernst/Piotrowski*, NVwZ 2004, 924 (925); vgl. dazu auch *Burgi*, in: Kluth (Hrsg.), Jahrbuch des Kammerrechts 2002, S. 23 (28); *Stober*, Die IHK als Mittler zwischen Staat und Wirtschaft, S. 44 f.

existiert weder im primären noch im sekundären Gemeinschaftsrecht[119]. In die Charta der Grundrechte vom 7. Dezember 2000 wurde das Selbstverwaltungsprinzip ebenfalls nicht aufgenommen.

1. Der Wirtschafts- und Sozialausschuss, Art. 257 ff. EG

Man könnte die Anerkennung der Kammern und ihrer Funktion in der Errichtung des Wirtschafts- und Sozialausschusses[120] nach Art. 257 Abs. 1 EG erblicken. Nach Art. 257 Abs. 2, 259 Abs. 1 UAbs. 2 EG soll der Ausschuss die „verschiedenen Gruppen des wirtschaftlichen und sozialen Lebens" repräsentieren. Allerdings ist das allein nicht hinreichend bestimmt, um Rückschlüsse auf eine Anerkennung von Kammern zu ziehen[121]. Gemäß Art. 259 Abs. 2 S. 2 EG kann jedoch der Rat zur Frage der Besetzung des Ausschusses die Meinung der „maßgeblichen europäischen Organisationen der verschiedenen Zweige des Wirtschafts- und Soziallebens" einholen. Nach dem Wortlaut, der die tatsächliche Bedeutung betont, muss jedenfalls das deutsche Kammerwesen zu diesen „maßgeblichen Organisationen" gezählt werden[122].

Art. 257 Abs. 2 EG schließt jedenfalls die unmittelbar staatlichen Organisationen von der Besetzung des Ausschusses aus. Beim deutschen Kammerwesen handelt es sich jedoch nicht um einen Teil der unmittelbaren Staatsverwaltung. Ob die Kammern zur mittelbaren Staatsverwaltung gerechnet werden müssen und ob die Verwendung dieses Begriffs überhaupt Sinn macht, ist umstritten[123]. Allerdings kann dies hier dahinstehen, da die Kammern aufgrund ihrer „Doppelnatur"[124] auch wirtschaftliche, nicht-staatliche Interessen vertreten und mithin als „maßgebliche Organisationen" i.S. von Art. 259 Abs. 2 S. 2 EG betrachtet werden können. Dabei ist jedoch zu beachten, dass es sich um eine Kann-Bestimmung handelt, die zwar die Existenz maßgeblicher Organisationen anerkennt, durch das Ermessen des Rates aber die Bedeutung dieser Organisationen

---

119 *Tettinger*, Kammerrecht, S. 241; *Stober*, DÖV 1993, 333 (336).

120 Zur Stellung dieses Ausschusses s. allg. *Haratsch/Koenig/Pechstein*, Europarecht, Rn. 282 ff.; *Oppermann*, Europarecht, § 5 Rn. 123 ff.; *Hummer*, in: Grabitz/Hilf (Hrsg.), Das Recht der EU, vor Art. 193-198 EGV; *Suhr*, in: Calliess/Ruffert, EUV/EGV, Art. 257 EG, Rn. 1 ff.; *Streinz*, Europarecht, Rn. 230; *Bleckmann*, in: ders., Europarecht, Rn. 352 ff.

121 *Ernst/Piotrowski*, NVwZ 2004, 924 (925).

122 *Ernst/Piotrowski*, NVwZ 2004, 924 (925).

123 S. dazu *Tettinger*, Kammerrecht, S. 84, 126 m.w.N.; *Kluth*, Funktionale Selbstverwaltung, S. 28 m.w.N. hält diese Diskussion für „dogmatisch fruchtlos"; ähnlich *Tettinger*, DÖV 1995, 169 (171); *Hendler*, in: Isensee/Kirchhof (Hrsg.), HdbStR IV, § 106 Rn. 41 ff.

124 Vgl. BVerfGE 68, 193 (208 f.) = NJW 1985, 1385 m.w.N.

für die Besetzung des Wirtschafts- und Sozialausschusses als nicht wesentlich bewertet[125]. Bisher wurde von dieser Option erst einmal Gebrauch gemacht[126].

Bei den „verschiedenen Gruppen des wirtschaftlichen und sozialen Lebens" i.S. des Art. 257 Abs. 2 EG wird traditionell zwischen Arbeitnehmern, Arbeitgebern und sonstigen Interessen differenziert. Während die Industrie- und Handelskammern zu den Arbeitgebern gezählt werden, gehören die Handwerkskammern zu den „sonstigen Interessen"[127]. Bei den deutschen Mitgliedern des Ausschusses handelt es sich regelmäßig überwiegend um Vertreter privater Wirtschaftsverbände. Unter ihnen sind jedoch auch Kammervertreter anzutreffen[128]. Mithin sind die Kammern zwar faktisch auf europäischer Ebene präsent. Eine vertragliche Anerkennung kann dieser tatsächliche Zustand jedoch nicht ersetzen[129]. Zusammenfassend lässt sich feststellen, dass der EG-Vertrag mit den Art. 257 ff. zwar um die Existenz maßgeblicher Organisationen des Wirtschafts- und Soziallebens weiß, sich jedoch zumindest in diesem Normzusammenhang nicht zu einem öffentlich-rechtlichen Kammersystem bekennt[130].

2. Der Grundsatz der Bürgernähe, Art. 1 Abs. 2 EU

Die in Art. 1 Abs. 2 EU geforderte Bürgernähe der Entscheidungen kann als Ziel der europäischen Rechtsetzung angesehen werden[131]. Nach dem elften Erwägungsgrund der Präambel ist das Subsidiaritätsprinzip ein Mittel zur Verwirklichung von Bürgernähe. Hinzu kommt das Gebot der größtmöglichen Transparenz der Entscheidungsprozesse[132].

In diesem Sinne können Kammern als Ausdruck von Bürgernähe oder als Instrument zur Verwirklichung von Bürgernähe betrachtet werden[133]. Die Kammerstruktur erlaubt ein demokratisches Selbstverwaltungssystem, das den Mitgliedern die Möglichkeit der Mitwirkung an der Regelung ihrer eigenen Angelegenheiten eröffnet[134]. Dieses Verfahren ist jedenfalls im Vergleich zur unmittelbaren

125 *Ernst/Piotrowski*, NVwZ 2004, 924 (925).
126 S. *Hummer*, in: Grabitz/Hilf, Das Recht der EU, Art. 195 EGV, Rn. 3.
127 S. *Hummer*, in: Grabitz/Hilf, Das Recht der EU, Art. 193 EGV, Rn. 5 f.
128 Aufzählung bei *Oppermann*, Europarecht, § 5 Rn. 125.
129 So auch *Ernst/Piotrowski*, NVwZ 2004, 924 (925).
130 *Ernst/Piotrowski*, NVwZ 2004, 924 (925); *Tettinger*, Kammerrecht, S. 241.
131 Vgl. *Hilf*, in: Grabitz/Hilf, Das Recht der EU, Art. A EUV Rn. 14 ; *Ernst/Piotrowski*, NVwZ 2004, 923 (925).
132 Vgl. *Hilf*, in: Grabitz/Hilf, Das Recht der EU, Art. A EUV Rn. 14 m.w.N.
133 *Ernst/Piotrowski*, NVwZ 2004, 924 (926).
134 Zugleich ist die Mitwirkungsmöglichkeit eine wichtige Kompensation zur gesetzlich angeordneten Pflichtmitgliedschaft, vgl. *Stober*, GewArch. 2001, 393 (399 f.).

Staatsverwaltung sowohl bürgernäher als auch transparenter[135]. Der Grundsatz der Bürgernähe greift jedoch nur im Verhältnis der Europäischen Union zu den Mitgliedstaaten ein[136]. Ob die Mitgliedstaaten ihrerseits ihre Entscheidungen bürgernah i.S. des Art. 1 Abs. 2 EU treffen oder nicht, bleibt demgegenüber von dieser Vorschrift unberührt. Mithin ist es nicht möglich, aus dem Gedanken der Bürgernähe Anhaltspunkte einer Rechtsstellungsgarantie zugunsten der Kammern zu entnehmen[137].

3. Das Subsidiaritätsprinzip, Art. 5 EG, Art. 2 S. 2 EU

Nach dem in Art. 5 Abs. 2 EG enthaltenen Subsidiaritätsprinzip[138] wird die Gemeinschaft in Bereichen, die nicht in ihre ausschließliche Zuständigkeit fallen, nur tätig, „sofern und soweit die Ziele der in Betracht gezogenen Maßnahmen auf Ebene der Mitgliedstaaten nicht ausreichend erreicht werden können und daher wegen ihres Umfangs oder ihrer Wirkungen besser auf Gemeinschaftsebene erreicht werden können". Aufgrund seiner systematischen Stellung nach Art. 5 Abs. 1 EG handelt es sich beim Subsidiaritätsprinzip primär um eine Kompetenzausübungsregel[139]: Verfügen die Gemeinschaften nach dem Prinzip der begrenzten Einzelermächtigung[140] über eine nicht ausschließliche Zuständigkeit, müssen sie bei der Ausübung ihrer Befugnisse den Subsidiaritätsgedanken berücksichtigen und gegebenenfalls von einer Regelung Abstand nehmen, obwohl eine grundsätzliche Kompetenz besteht.

Der Grundsatz der Subsidiarität und der Gedanke der Selbstverwaltung sind artverwandt. Die beiden Prinzipien ergänzen und bestärken sich gegenseitig[141]. Das deutsche Kammerwesen kann als Ausprägung der wirtschaftlichen Selbstverwaltung zugleich als Beispiel für einen Anwendungsfall des Subsidiaritätsgedankens dienen[142]. Allerdings ist auch das im Vergleich zum Grundsatz der Bür-

---

135 So auch *Ernst/Piotrowski*, NVwZ 2004, 924 (926).

136 So *Ernst/Piotrowski*, NVwZ 2004, 924 (926); a.A. *Bleckmann*, DVBl. 1992, 335 (336).

137 *Burgi*, in: Kluth (Hrsg.), Jahrbuch des Kammerrechts 2002, S. 23 (30); *Ernst/Piotrowski*, NVwZ 2004, 924 (926); zur Suche nach Verbürgungen zugunsten anderer Bereiche der funktionalen Selbstverwaltug vgl. *Groß*, DVBl. 2002, 1182 (1188 f.).

138 Zum Subsidiaritätsprinzip insgesamt *Helm*, Rechtspflicht zur Privatisierung, S. 163 ff.; *Pernice*, in: Dreier (Hrsg.), GG II, Art. 23 Rn. 71 ff.; *Pechstein/Koenig*, Die Europäische Union, Rn. 155 ff.; *Haratsch/Koenig/Pechstein*, Europarecht, Rn. 67 ff.; *Streinz*, in: Sachs (Hrsg.), GG, Art. 23 Rn. 37 ff.; *Classen*, in: v. Mangoldt/Klein/Starck, GG II, Art. 23 Rn. 47 ff.

139 *Ernst/Piotrowski*, NVwZ 2004, 924 (926).

140 S. dazu *Streinz*, Europarecht, Rn. 436; *Calliess*, in: Calliess/Ruffert, EUV/EGV, Art. 5 EG, Rn. 8 ff.; *Bleckmann*, in: Bleckmann, Europarecht, Rn. 380 ff.

141 Vgl. *Ernst/Piotrowski*, NVwZ 2004, 924 (926); s. zur Bedeutung des Subsidiaritätsprinzips für die Wirtschaftsverwaltung auch *Stober*, Allgemeines Wirtschaftsverwaltungsrecht, § 12 II.

142 S. z.B. *Tettinger*, DÖV 1995, 169 (174); *ders.*, Kammerrecht, S. 241.

gernähe besser konturierte Subsidiaritätsprinzip einerseits zu unbestimmt, um direkten und konkreten Einfluss auf die Stellung der Kammern in der europäischen Wirtschaftsverfassung zu nehmen[143], und andererseits auch im Verhältnis zwischen den Gemeinschaften und unterstaatlichen Organisationen überhaupt nicht anwendbar[144], da auch das Subsidiaritätsprinzip nur im Verhältnis zwischen Mitgliedstaat und Gemeinschaften Anwendung findet[145].

Insgesamt lässt sich im Hinblick auf das Subsidiaritätsprinzip feststellen, dass es zwar das Prinzip der Selbstverwaltung und das deutsche Kammerwesen stützt, jedoch die Wirksamkeit des dadurch vermittelten Schutzes begrenzt ist und die rechtliche Durchsetzung von Ansprüchen auf seiner Grundlage, beispielsweise stellvertretend durch den Mitgliedstaat für eine Kammer, als sehr unsicher erscheint[146]. Zwingende rechtliche Schlüsse für die Notwendigkeit von Kammern lassen sich aus ihm jedenfalls nicht ableiten[147].

4. Die Vereinigungsfreiheit, Art. 11 EMRK, Art. 6 Abs. 2 EU

a) EU-Grundrechte als Teil des Primärrechts

Mit Art. 6 Abs. 2 EU hat sich die Europäische Union zur Achtung der Grundrechte verpflichtet, wie sie in der Europäischen Konvention zum Schutze der Menschenrechte und Grundfreiheiten vom 4. November 1950[148] niedergelegt sind. Obwohl keine unmittelbare Bindung der Union und ihrer Organe, insbesondere des EuGH, an die EMRK und die Rechtsprechung des EGMR besteht, hat die EMRK nach geltender Rechtslage über Art. 6 Abs. 2 EU Einfluss auf den Prüfungsmaßstab des EuGH[149].

Zwar haben die Gemeinschaftsgrundrechte bisher keine verbindliche schriftliche Regelung in Form eines eigenständigen völkerrechtlichen Vertrages oder als Bestandteil des EU- oder EG-Vertrages erfahren. Einen geschriebenen Grundrechtskatalog sucht man in den Gründungsverträgen vergebens. Auch bei der

---

143 Vgl. *Tettinger*, Kammerrecht, S. 241.

144 S. aber zur Bedeutung des Subsidiaritätsprinzips für den Bereich der kommunalen Selbstverwaltung *Blanke*, DVBl. 1993, 819 (827 f.).

145 Vgl. *Pernice*, in: Dreier (Hrsg.), GG II, Art. 23 Rn. 72; *Burgi*, in: Kluth (Hrsg.), Jahrbuch des Kammerrechts 2002, S. 23 (30); *Ernst/Piotrowski*, NVwZ 2004, 924 (926).

146 *Ernst/Piotrowski*, NVwZ 2004, 924 (926); allerdings erwartet *Tettinger*, DÖV 2000, 534 (540) „innerhalb einer hoffentlich zunehmend von den Prinzipien der Bürgernähe und der Subsidiarität dirigierten Europäischen Union eine im Kern ungefährdete Weiterführung, eher sogar eine Stärkung von Kammeraktivitäten".

147 So auch *Stober*, Die IHK als Mittler zwischen Staat und Wirtschaft, S. 59.

148 BGBl. 1952 II S. 685, 953.

149 Vgl. *Grabenwarter*, in: Tettinger/Stern (Hrsg.), GRCh, B III Rn. 1.

Charta der Grundrechte der Europäischen Union[150] vom 7. Dezember 2000 handelt es sich lediglich um ein Dokument, das vom Europäischen Rat in Nizza „feierlich proklamiert“ wurde, ohne dass ihm nach dem Willen der EU-Mitgliedstaaten rechtliche Verbindlichkeit zukommen sollte[151]. Der Vertrag über eine Verfassung für Europa[152], in dessen Rahmen die Charta (in Teil II) Verbindlichkeit erlangt hätte[153], ist nach den negativen Verfassungsreferenden in Frankreich am 29. Mai 2005 und den Niederlanden am 1. Juni 2005 (zumindest vorerst) gescheitert[154]. Dennoch sind die Gemeinschaftsgrundrechte bereits jetzt Bestandteil des europäischen Primärrechts, nämlich in Form allgemeiner Rechtsgrundsätze des Gemeinschaftsrechts[155]. Die EU-Grundrechtecharta formuliert einen Grundrechtskatalog, der zumindest in seinem Kern bereits jetzt zum rechtlich bindenden Standard im europäischen Grundrechtsschutz gehört. Insoweit stellen die in der Charta enthaltenen Rechte eine Sichtbarmachung, Bestätigung und Bekräftigung geltenden Rechts dar[156]. Dass es sich bei den Grundrechten um allgemeine Rechtsgrundsätze handelt, deren Wahrung er sicherzustellen hat, hat der Europäische Gerichtshof bereits in den grundlegenden Urteilen *Internationale Handelsgesellschaft*[157] und *Nold*[158] anerkannt.

Bei der Entwicklung einzelner Gemeinschaftsgrundrechte greift der Gerichtshof auf die gemeinsamen Verfassungsüberlieferungen der Mitgliedstaaten sowie internationale Verträge zurück, an denen die Mitgliedstaaten beteiligt sind. Dabei

---

150 ABl. C Nr. 364/1 vom 18. Dezember 2000 = Sart. II Nr. 146; dazu *Calliess*, in: Ehlers (Hrsg.), Europäische Grundrechte und Grundfreiheiten, § 20.

151 Zum Verfahren dieser Proklamation und ihrer rechtlichen Bedeutung *Alber*, EuGRZ 2001, 349 (350 f.)

152 ABl. C Nr. 310.

153 Siehe dazu *Bernsdorff/Borowsky*, DRiZ 2005, 188 ff.; *Schmitz*, EuR 2004, 691 ff.; vgl. zum Grundrechtsschutz durch den Verfassungsvertrag außerdem *Uerpmann-Wittzack*, DÖV 2005, 152 ff.; *Schwartmann*, AVR 43 (2005), 129 ff.

154 Zu möglichen Alternativen bei einem Scheitern des Ratifikationsprozesses s. *Trimbach/Beilke*, NJ 2005, 206 f.; *Wuermeling*, ZRP 2005, 149 ff.

155 Vgl. *Streinz*, Europarecht, Rn. 354; *Pieper*, in: Bleckmann, Europarecht, Rn. 99; *Jarass*, EU-Grundrechte, § 3; a.A. *Rengeling/Szczekalla*, Grundrechte in der EU, Rn. 253, die die allgemeinen Rechtsgrundsätze in der Normenhierarchie zwischen dem Primär- und dem Sekundärrecht einordnen.

156 *Calliess*, in: Ehlers (Hrsg.), Europäische Grundrechte und Grundfreiheiten, § 20 Rn. 34; *v. Arnim*, Der Standort der EU-Grundrechtecharta in der Grundrechtsarchitektur Europas, S. 476.

157 EuGH, Rs. 11/70, Internationale Handelsgesellschaft mbH/Einfuhr- und Vorratsstelle für Getreide und Futtermittel, Slg. 1970, 1125.

158 EuGH, Rs. 4/73, J. Nold/Kommission , Slg. 1974, 491, Rn. 13.

zieht er die gemeinsame Verfassungstradition und beispielsweise die EMRK nicht als Rechtsquellen, sondern als Rechtserkenntnisquellen[159] heran[160].

b) Die Vereinigungsfreiheit als Schutzgarantie zugunsten der Kammern?

Zu den anerkannten Gemeinschaftsgrundrechten zählt auch die Vereinigungsfreiheit[161] (vgl. auch Art. 12 Abs. 1 EU-Grundrechtecharta; Art. II-72 Abs. 1 Verfassungsvertrag). Art. 11 EMRK verbürgt die Garantie der Vereinigungsfreiheit, die den freien Zusammenschluss mit anderen schützt; namentlich erwähnt werden die Gewerkschaften als Interessenvertretung der Arbeitnehmer, wobei es sich jedoch lediglich um eine exemplarische Erwähnung handelt[162]. Dementsprechend ist auch die Bildung von Vereinigungen zur Vertretung der Interessen von Handel und Gewerbe, Handwerk und freien Berufen als vom Schutzbereich des Art. 11 EMRK erfasst anzusehen[163].

Allerdings ist zweifelhaft, inwieweit sich speziell das deutsche Kammersystem auf Art. 11 EMRK berufen kann, da es zumindest zwei Besonderheiten aufweist: Einerseits die Pflichtmitgliedschaft, andererseits den Status als Körperschaft des öffentlichen Rechts. Eine Aussage zu letzterem Merkmal lässt sich Art. 11 EMRK nicht entnehmen. Zwar stellen Grundrechte traditionell Abwehrrechte gegen den Staat dar[164], doch erscheint eine Abgrenzung nach rein formalen Kriterien nicht sachgerecht, da die deutschen Kammern jedenfalls kein Teil der unmittelbaren Staatsverwaltung sind. Mithin erscheint die Anwendung von Art. 11 EMRK nicht von vornherein ausgeschlossen. Jedoch spricht Art. 11 EMRK von der Möglichkeit, sich frei mit anderen zusammenzuschließen. Dieses

---

159 Vgl. hierzu *v. Arnim*, Der Standort der EU-Grundrechtecharta in der Grundrechtsarchitektur Europas, S. 62; *Jarass*, EU-Grundrechte, § 2 Rn. 17 ff.

160 Vgl. *Streinz*, Europarecht, Rn. 360 f.; ausführlich zur Rolle des EuGH bei der Entwicklung der Gemeinschaftsgrundrechte *Craig/de Búrca*, EU Law: Text, Cases and Materials, S. 317 ff; *de Witte*, in: Alston/Bustelo/Heenan (Hrsg.), The EU and Human Rights, S. 859 ff.; *v. Arnim*, Der Standort der EU-Grundrechtecharta in der Grundrechtsarchitektur Europas, S. 36 ff. In jüngster Zeit wendet der EuGH allerdings teilweise ohne jeden Hinweis auf Art. 6 Abs. 2 EU die Grundrechte der EMRK direkt an, so dass die EMRK-Grundrechte nicht mehr nur als Rechtserkenntnisquelle dienen, sondern unmittelbar als Prüfungsmaßstab, vgl. *Grabenwarter*, in: Tettinger/Stern (Hrsg.), GRCh, B III Rn. 5 m.w.N. aus der EuGH-Rspr.

161 EuGH, Rs. 175/73, Union syndicale, Service public européen/Rat, Slg. 1974, 917; unter Bezugnahme auf Art. 11 EMRK sowie die Verfassungstradition; EuGH, Rs. C-415/93, ASBL/Bosman, Slg. 1995, I-4921; weitere anerkannte Gemeinschaftsgrundrechte bei *Pieper*, in: Bleckmann, Europarecht, Rn. 108 f.; *Streinz*, Europarecht, Rn. 372.

162 Vgl. den Wortlaut von Art. 11 Abs. 1 EMRK: „... dazu gehört *auch* das Recht, ... Gewerkschaften zu gründen..."

163 Vgl. *Ernst/Piotrowski*, NVwZ 2004, 924 (926).

164 Vgl. *Maurer*, Staatsrecht I, § 9 Rn. 23.

Recht besteht im Hinblick auf die mit Pflichtmitgliedschaft ausgestatteten deutschen Kammern gerade nicht. Der eindeutige Wortlaut der Vorschrift[165] ist auch nicht durch Auslegung zu überwinden[166].

c) Ergebnis

Folglich kann auch Art. 6 Abs. 2 EU i.V.m. Art. 11 EMRK den Kammern weder Schutz noch Anerkennung vermitteln.

5. *Vereinbarkeit der wirtschaftlichen Selbstverwaltung mit sonstigen Prinzipien des Gemeinschaftsrechts*

Gelegentlich wird die wirtschaftliche Selbstverwaltung als „Systemkonsequenz einer offenen Marktwirtschaft mit freiem Wettbewerb" bezeichnet. Mit dem Bekenntnis zur Wirtschaftsverfassung einer „offenen Marktwirtschaft mit freiem Wettbewerb" in Art. 4 Abs. 2 EG wäre gleichsam konkludent auch das Selbstverwaltungsprinzip in das Gemeinschaftsrecht inkorporiert worden[167]. Doch auch wenn man die Selbstverwaltung als Form größtmöglicher wirtschaftlicher Freiheit einstuft, ist dieser Schluss nicht zwingend. Für eine derartige Schlussfolgerung ist Art. 4 Abs. 2 EG zu unbestimmt[168]. Tatsächlich wird die öffentlich-rechtliche Tätigkeit der Kammern durch europäisches Gemeinschaftsrecht begrenzt, und zwar in dem Maße, in dem unmittelbar staatliches Handeln, beispielsweise durch die Verkehrsfreiheiten, begrenzt werden würde[169]. Trotzdem entspricht ein auf Freiheitssicherung und Mitwirkung der Beteiligten setzendes Kammersystem (und damit die Rückbesinnung auf die Eigenverantwortlichkeit des Individuums mit entsprechend organisierter wirtschaftlicher Selbstverwaltung) geradezu dem Leitbild des Gemeinschaftsrechts[170].

---

165 Das Merkmal der Freiwilligkeit ist bei Körperschaften des öffentlichen Rechts nicht gegeben, vgl. EGMR, EuGRZ 1981, 551 ff.; *Meyer-Ladewig*, EMRK, Art. 11 Rn. 8 f.

166 *Ernst/Piotrowski*, NVwZ 2004, 924 (926).

167 Nachweise bei *Ernst/Piotrowski*, NVwZ 2004, 924 (926).

168 Allerdings stehen nicht das Bestimmtheitsgebot und die Wortlautgrenze entgegen, wie *Ernst/Piotrowski*, NVwZ 2004, 924 (926) annehmen. Auch wenn sich aus dem Bekenntnis zur offenen Marktwirtschaft keine eindeutigen Rückschlüsse und keine Garantie zugunsten der funktionalen Selbstverwaltung entnehmen lassen, ist keineswegs die *Grenze* des Wortlauts überschritten.

169 Vgl. *Tettinger*, Kammerrecht, S. 241.

170 *Jahn*, GewArch. 2002, 353 (360).

6. Die Diskussion um eine Europäische Charta der wirtschaftlichen Selbstverwaltung

Um die Stellung der Kammern in Europa sowohl tatsächlich als auch rechtlich zu stärken, wird seit geraumer Zeit eine Europäische Charta der wirtschaftlichen Selbstverwaltung gefordert, die sich konkret an der Charta der kommunalen Selbstverwaltung[171] oder der geplanten Charta der regionalen Selbstverwaltung orientieren könnte[172]. Bislang wurde dazu auf europäischer Ebene allerdings noch keine Einigung erzielt. Lediglich die europäischen Industrie- und Handelskammern haben im Rahmen von Eurochambres eine Charta vorgelegt. Dabei sind sie jedoch weder in besonderem Maße auf das Selbstverwaltungsprinzip eingegangen, noch haben sie andere Kammern einbezogen. Im Hinblick auf eine europaweite rechtliche Anerkennung der Institution „Kammer" oder des Prinzips der Selbstverwaltung dürfte ein solches Vorgehen keinen Fortschritt bedeuten[173].

7. Ergebnis

Ein einheitliches europäisches Kammerrecht existiert nicht. Lediglich der Grundsatz der Bürgernähe und vor allem auch das Subsidiaritätsprinzip vermögen das die Kammern tragende Selbstverwaltungsprinzip rechtlich zu stützen, wobei die Auswirkungen dieser Grundsätze auch nicht unmittelbar sind[174]. Allerdings ist dieser Zustand nicht beklagenswert, da die Selbstverwaltungsträger als Bestandteil der nationalen Verwaltungsorganisation zunächst einmal außerhalb des primärrechtlichen Fokus liegen. Anderenfalls bestünde auch die Gefahr, dass eine etwaige Schutzgarantie durch die Organe der EG als Hebel für eine inhaltliche Ausgestaltung und Instrumentalisierung der Kammern genutzt und somit zum Kompetenztitel umfunktioniert werden könnte[175].

---

171 Zu ihr s. *Blanke*, DVBl. 1993, 819.

172 Einen eigenen Entwurf hat *Stober*, DÖV 1993, 333 (337 f.) vorgelegt.

173 So auch *Ernst/Piotrowski*, NVwZ 2004, 924 (927 u. 929 f.).

174 So auch *Ernst/Piotrowski*, NVwZ 2004, 924 (927), die den erörterten Grundsätzen im Hinblick auf eine Anerkennung der Kammerorganisationen nur „fraglichen juristischen Wert" bescheinigen; auch *Zehetner*, AnwBl. 1990, 337 (346) gelangt zu dem Ergebnis, dass „Europarecht kaum in Entstehung und Bestand, Organisationshoheit und Struktur von Interessenverbänden eingreift".

175 *Burgi*, in: Kluth (Hrsg.), Jahrbuch des Kammerrechts 2002, S. 23 (30 f.).

D. Funktionen der Kammern im Gemeinschaftsrechtsraum

Obwohl die Kammern bislang keine gemeinschaftsrechtliche Anerkennung erlangt haben, nehmen sie doch wichtige Aufgaben wahr, die der Durchsetzung des Europarechts und der Verwirklichung der Ziele der Europäischen Union dienen. Einige der Funktionen der Kammern im Gemeinschaftsrechtsraum sollen nachfolgend erörtert werden.

I. Integration der Unionsbürger in die Kammern

Den wirtschafts- und berufsständischen Kammern kommt eine weitreichende Bedeutung für die Durchsetzung der Grundfreiheiten und damit für die Verwirklichung des Binnenmarktes zu. Die Mitgliedschaft in den Kammern ist unabhängig von der Staatszugehörigkeit[176]. Der durch die Kammermitgliedschaft vermittelte Vorteil einer freiheitssichernden Partizipation[177] wird auf diesem Wege sämtlichen in der Bundesrepublik Deutschland niedergelassenen Berufsangehörigen zuteil, soweit sie die fachlichen Anforderungen an die Berufsausübung erfüllen. Insofern stehen sämtliche Mitwirkungs- und Mitentscheidungsbefugnisse, die das den Kammern zugrundeliegende Prinzip funktionaler Selbstverwaltung bereithält, auch den in Deutschland niedergelassenen Angehörigen anderer Nationalitäten offen: Ausländische Berufsangehörige im Allgemeinen und Unionsbürger im Besonderen werden hierdurch aktiv in die Verwaltungsorganisation der Bundesrepublik Deutschland einbezogen und mit eigenen Partizipationsrechten ausgestattet[178]. Fraglich ist, ob die Ausstattung (auch) von Ausländern mit eigenen Mitwirkungsmöglichkeiten mit dem Demokratieprinzip des Art. 20 Abs. 2 GG vereinbar ist, wonach alle Staatsgewalt vom Volk ausgeht. Das Legitimationssubjekt „Volk“ umfasst jedoch lediglich das deutsche Volk[179]. In seiner Entscheidung vom 5. Dezember 2002 hatte sich das Bundesverfassungsgericht mit der demokratischen Legitimation funktionaler Selbstverwaltung zu befassen. Das Gericht bejahte die demokratische Legitimation der funktionalen Selbstverwaltung, machte dabei aber deutlich, dass die Befugnis zu verbindlichem Handeln mit Entscheidungscharakter es erforderlich mache, Maßnahmen, welche die jeweilige Selbstverwaltungskörperschaft bei der Erfüllung der ihr übertragenen Aufgaben ergreife, am Maßstab von Art. 20 Abs. 2 GG zu messen. Im Bereich der funktio-

---

176 Vgl. z.B. § 74 StBerG.

177 Vgl. BVerfG, NVwZ 2002, 335 (337).

178 *Kluth/Goltz*, Kammern der berufsständischen Selbstverwaltung in der EU, S. 79.

179 *Sommermann*, in: v. Mangoldt/Klein/Starck, GG II, Art. 20 Rn. 142 m.w.N.; *Sachs*, in: ders. (Hrsg.), GG, Art. 20 Rn. 27 a.

nalen Selbstverwaltung bedeute das zwar nicht, dass dies im Wege einer lückenlosen personellen Legitimationskette zu geschehen habe. Allerdings sei den Organen von Trägern der funktionalen Selbstverwaltung verbindliches Handeln nur gestattet, weil und soweit das Volk sein Selbstbestimmungsrecht wahre, indem es maßgeblichen Einfluss auf dieses Handeln behalte. Das erfordere, dass die Aufgaben und Handlungsbefugnisse der Organe in einem von der Volksvertretung beschlossenen Gesetz ausreichend vorherbestimmt seien und ihre Wahrnehmung der Aufsicht personell demokratisch legitimierter Amtswalter unterliege[180].

Die Zuweisung von demokratischen Mitwirkungsrechten an Unionsbürger, die die Voraussetzungen für eine Kammermitgliedschaft erfüllen, trägt insbesondere dem Gleichbehandlungsgebot des Art. 12 EG Rechnung, das das gesamte europäische Gemeinschaftsrecht durchzieht[181]. Das Gleichbehandlungsgebot bildet die Grundlage aller weiteren Integrationsschritte auf dem Weg zu einer Union der Völker, in der der Fremdenstatus weitgehend überwunden ist[182].

Angesichts der Tatsache, dass der von den Berufs- und Wirtschaftskammern erfasste Bereich einen bedeutenden Sektor des zu verwirlichenden europäischen Binnenmarktes markiert, wird deutlich, dass die Mitgliedschaft der Unionsbürger in den Kammern einen gewichtigen Beitrag zur Verwirklichung der europäischen Integration leistet[183]. Dass die Kammern hinsichtlich einer Integration der Unionsbürger in Bereiche, die einer eigenverantwortlichen Mitgestaltung durch den Bürger zugänglich sind, eine Vorreiterrolle einnehmen, ist auch daran zu erkennen, dass in anderen Bereichen des öffentlichen Lebens eine Partizipation in dieser Größenordnung aus der Perspektive des deutschen Rechts nicht immer selbstverständlich war: So bedurfte es zur Einführung des nun in Art. 28 Abs. 2 S. 3 GG enthaltenen kommunalen Wahlrechts für Unionsbürger (Art. 19 EG[184]) immerhin einer Verfassungsänderung. Nach alledem erscheint es gerechtfertigt, die Kammern als „Vorläufer und aktuelle Protagonisten einer umfassenden Integration der Unionsbürger in den nationalen Verwaltungsvollzug" zu bezeichnen[185].

---

180 BVerfGE 107, 59 (94) = NVwZ 2003, 974 = DVBl 2003, 923 = DÖV 2003, 678; vgl. dazu *Jestaedt*, in: Kluth (Hrsg.), Jahrbuch des Kammerrechts 2003, S. 10 ff.; *ders.*, JuS 2004, 649 ff.; *Musil*, DÖV 2004, 116 ff.; *Becker*, DÖV 2004, 915 ff.; *Häußermann*, JA 2004, 22 ff.; *Gärditz*, AbfallR 2004, 235 ff.; *Unruh*, JZ 2003, 1061 ff.; *Meyer*, in: Kluth (Hrsg.), Jahrbuch des Kammerrechts 2003, S. 201 (203 ff.).

181 Zu seiner Umsetzung durch die Grundfreiheiten s. *Jarass*, EuR 1995, 202 ff.

182 *Kluth/Goltz*, Kammern der berufsständischen Selbstverwaltung in der EU, S. 79.

183 *Kluth/Goltz*, Kammern der berufsständischen Selbstverwaltung in der EU, S. 79.

184 S. hierzu *Schrapper*, DVBl. 1995, 1167 ff.

185 *Kluth/Goltz*, Kammern der berufsständischen Selbstverwaltung in der EU, S. 80; s. auch *Kluth*, NVwZ 2002, 298 (301).

II. Distanzabbau im Verhältnis zwischen Bürger und Staat

Durch die Einbeziehung der Kammermitglieder in den nationalen Verwaltungsvollzug bewirken die Kammern zudem eine Verringerung der Distanz zwischen Bürger und Staat. Hinsichtlich des auf Gemeinschaftsebene bestehenden Demokratie- und Akzeptanzdefizits[186] nehmen sie daher eine wichtige Ausgleichsfunktion wahr[187].

Die zunehmende Verlagerung von Rechtsetzungs- und Entscheidungsbefugnissen auf die Gemeinschaftsebene hat, wie auch die Existenz und das Anwachsen der Europäischen Union, zur einer Vergrößerung der Distanz zwischen Bürger und Hoheitsträger geführt. Die Mitgliedstaaten haben durch den Unionsvertrag u.a. die Stellung der Regionen innerhalb des institutionellen Gefüges der Gemeinschaft verstärkt[188], um dieser Entwicklung entgegenzuwirken. Auch die Einführung der Unionsbürgerschaft (Art. 17 ff. EG) sollte der Verringerung der auf gemeinschaftlicher Ebene bestehenden Distanz zur Hoheitsgewalt dienen. Das Weißbuch der Kommission „Europäisches Regieren" will mit einer Erneuerung der Gemeinschaftsmethode unter dem Stichwort „good governance" ebenfalls dazu beitragen, Entscheidungen der Gemeinschaft bürgernah zu gestalten und auf diesem Weg eine größere Akzeptanz zu erreichen[189].

In den berufs- und wirtschaftsständischen Kammern ist der Grundsatz einer legitimations- und akzeptanzstärkenden Mitwirkung als konstitutives Element der funktionalen Selbstverwaltung bereits verwirklicht. Insofern sind die Kammern bereits heute Vorbild für die perspektivisch auch im Bereich der Gemeinschaft vorzunehmenden Veränderungen institutioneller Art: Gerade um der insbesondere im Verhältnis der Bürger zur Europäischen Union beklagten Ausdünnung erfahrbarer demokratischer Partizipation[190] zu begegnen, werden Bereiche benötigt, in denen demokratische Mitwirkung und damit der bürgerliche status activus möglichst konkret erfahren und realisiert werden können. Die Träger wirtschaftlicher und freiberuflicher Selbstverwaltung verfügen mithin wegen der ihren Mitgliedern eröffneten Teilhaberechte bereits im derzeitigen gesamteuropäischen Institutionengefüge über eine wichtige Ausgleichsfunktion. Neben der kommunalen stellt insoweit auch die funktionale Selbstverwaltung durch Kammern ein geeignetes Mittel zur Relativierung der in anderen Bereichen tendenziell größer

---

186 Zum Demokratiedefizit vgl. *Craig*, in: Craig/de Búrca (Hrsg.), The Evolution of EU Law, S. 1 (23-27).

187 *Kluth/Goltz*, Kammern der berufsständischen Selbstverwaltung in der EU, S. 80.

188 Vgl. Art. 263 ff. EG.

189 KOM (2001), 428 endg., S. 3 f., 9 f.

190 Zu den Bedingungen demokratischer Legitimation auf europäischer Ebene vgl. *Kluth*, Die demokratische Legitimation der Europäischen Union, S. 44 ff.

werdenden Distanz im Staat-Bürger-Verhältnis dar[191]. Die Intensivierung demokratischer Partizipation und Legitimation im Bereich der funktionalen Selbstverwaltung setzt somit einen Kontrapunkt zum vielfach beklagten Demokratiedefizit auf mitgliedstaatlicher wie auch auf gemeinschaftsrechtlicher Ebene[192].

III. Innerstaatlicher Vollzug des Rechts der EG

Mit europarechtlichen Vorgaben bzw. Veränderungen sind die Kammern zunächst in ihrer Eigenschaft als mit dem Vollzug des materiellen Rechts betraute Verwaltungsstellen konfrontiert, wobei es keine Rolle spielt, ob sie das Gemeinschaftsrecht unmittelbar vollziehen oder ob sie nationale materiell-rechtliche Vorschriften anzuwenden haben, die der Umsetzung des Gemeinschaftsrechts dienen bzw. gemeinschaftsrechtskonform auszulegen sind (sog. mittelbarer Vollzug)[193]. Infolge von Veränderungen auf dieser materiell-rechtlichen europäischen Ebene sind ein Aufgabenzuwachs sowie ein Zuwachs an gemeinschaftsweit einheitlichen Rechtsmaßstäben zu verzeichnen, die die Kammerverwaltung zu beachten hat. Diese Maßstäbe können sich dabei sowohl unmittelbar aus dem Primärrecht, als auch aus sekundärrechtlichen Normen ergeben[194]. Soweit die Kammern als mitgliedstaatliche Verwaltungsträger für den (indirekten) Vollzug des Gemeinschaftsrechts zuständig sind, können sie, wie auch die übrigen mitgliedstaatlichen Verwaltungsträger, als „European Agencies" bezeichnet werden[195].

IV. Zusammenfassung zu den Funktionen im Gemeinschaftsrechtsraum

Die Kammern nehmen wichtige Aufgaben wahr, die der Durchsetzung des Gemeinschaftsrechts und der Verwirklichung der Ziele der Europäischen Union

---

191 *Kluth/Goltz*, Kammern der berufsständischen Selbstverwaltung in der EU, S. 81.

192 *Kluth/Goltz*, Kammern der berufsständischen Selbstverwaltung in der EU, S. 81.

193 Vgl. zu den verschiedenen Arten des mitgliedstaatlichen Vollzugs des Europarechts *Ehlers*, in: Erichsen/Ehlers, Allgemeines Verwaltungsrecht, § 3 Rn. 55 f.; *Streinz*, Europarecht, Rn. 470 ff.; *Hobe*, Europarecht, Rn. 353 ff. *Kluth*, in: ders. (Hrsg.), Jahrbuch des Kammerrechts 2002, S. 23 (62), hält sogar eine stärkere und direktere Einbeziehung der Kammern in den Umsetzungsprozess für möglich, indem die innerstaatliche Befugnis zur Richtlinienumsetzung an die Kammern delegiert wird.

194 *Burgi*, in: Kluth (Hrsg.), Jahrbuch des Kammerrechts 2002, S. 23 (29).

195 Vgl. *Kluth*, in: ders. (Hrsg.), Jahrbuch des Kammerrechts 2002, S. 43 (53) sowie *Kluth/Goltz*, Kammern der berufsständischen Selbstverwaltung in der EU, S. 86 ff., die auch auf die mögliche künftige Entwicklung bei einer Umsetzung des Weißbuchs der Kommission „Europäisches Regieren" eingehen.

dienen. Sie integrieren Unionsbürger in die nationale Verwaltungsorganisation und räumen diesen demokratische Partizipationsrechte ein. Zudem bewirken die Kammern einen Distanzabbau im Staat-Bürger-Verhältnis und wirken als „European Agencies" beim innerstaatlichen Vollzug des Gemeinschaftsrechts mit.

E. Ergebnis zum Kammerwesen in der EU

Mit der Entscheidung für die Pflichtmitgliedschaft und der Ausgestaltung der Kammern als öffentlich-rechtliche Selbstverwaltungsträger stellt das deutsche Kammerwesen innerhalb der EU keinen Einzelfall dar. Auch der Aufgabenbereich der Kammern anderer Mitgliedstaaten ähnelt teilweise dem der deutschen. Ein einheitliches europäisches Kammerrecht existiert nicht. Lediglich der Grundsatz der Bürgernähe und vor allem auch das Subsidiaritätsprinzip vermögen das die wirtschaftlichen und berufsständischen Kammern tragende Selbstverwaltungsprinzip rechtlich zu stützen, wobei die Auswirkungen dieser Grundsätze allerdings nicht unmittelbar sind.

Die Kammern nehmen wichtige Aufgaben wahr, die der Durchsetzung des Gemeinschaftsrechts und der Verwirklichung der Ziele der Europäischen Union dienen. Sie integrieren Unionsbürger in die nationale Verwaltungsorganisation und räumen diesen demokratische Partizipationsrechte ein. Zudem bewirken die Kammern einen Distanzabbau im Staat-Bürger-Verhältnis und wirken als „European Agencies" beim innerstaatlichen Vollzug des Gemeinschaftsrechts mit.

Kapitel 2: Vereinbarkeit der Pflichtmitgliedschaft mit dem Primärrecht

Nachdem die vorangegangenen Ausführungen Fragen der Verbreitung und der Anerkennung von Kammerorganisationen in der Europäischen Union nachgegangen sind, wird sich die folgende Untersuchung dem Problem der Vereinbarkeit der Pflichtzugehörigkeit zu den Kammern mit dem Gemeinschaftsrecht widmen. Während die Pflichtmitgliedschaft aus verfassungsrechtlicher Sicht auf gesichertem Boden steht[196] und unter dem Leitbild der funktionalen Selbstverwaltung sogar eine gewisse Renaissance erlebt[197], wird sie zunehmend europarechtlich in Frage gestellt[198]. Angesichts des Urteils des Europäischen Gerichtshofs in der Rechtssache *Corsten*[199] wurde sogar die Frage gestellt, ob den Kammern „Gefahr aus Europa" drohe[200]. Neben der grundrechtlichen Zulässigkeit der Zwangsmitgliedschaft wird im Rahmen dieses Kapitels vor allem auf ihre Vereinbarkeit mit den Grundfreiheiten des EG-Vertrages einzugehen sein.

A. Vorbemerkung zum Verhältnis des nationalen Rechts zum Gemeinschaftsrecht

Zunächst ist zu klären, welche Konsequenzen eine etwaige Europarechtswidrigkeit der Pflichtmitgliedschaft in Kammern nach sich zöge. Entscheidend ist hierfür das Verhältnis des Gemeinschaftsrechts zum nationalen Recht der Mitgliedstaaten.

---

196 BVerfG, NVwZ 2002, 335 = GewArch. 2002, 111 = JuS 2002, 495; s. dazu die Besprechungsaufsätze von *Kluth*, NVwZ 2002, 298 ff.; *Jahn*, GewArch 2002, 98 ff.; *ders.*, JuS 2002, 434 ff.; *Hatje/Terhechte*, NJW 2002, 1849 ff.; weitere Nachweise aus der Rechtsprechung bei *Schöbener*, VerwArch. 91 (2000), 374 (398).

197 Vgl. *Möstl*, WiVerw. 2002, 213 (215).

198 So hatten sich bereits mehrmals Verwaltungsgerichte mit der gemeinschaftsrechtlichen Zulässigkeit der Pflichtmitgliedschaft in Kammern auseinanderzusetzen, vgl. z.B. VGH Mannheim, NVwZ 2000, 1313; GewArch. 1998, 164; OVG Koblenz, NVwZ-RR 1998, 305 = GewArch. 1997, 196.

199 EuGH, Rs. C-58/98, Josef Corsten, Slg. 2000, I-7919 = GewArch. 2000, 476 = EuZW 2000, 763 = DVBl. 2001, 114 = DB 2000, 2164 = EuGRZ 2000, 535 = EWS 2000, 499 = BB 2000, 2437 = RIW 2001, 59 = NVwZ 2001, 182 = EuR 2001, 275.

200 S. *Jahn*, JuS 2002, 434 (437); ähnlich *ders.*, GewArch. 2002, 353 (359).

Bei der Auslegung einer Norm greift die Rechtswissenschaft auf klassische Auslegungsmethoden zurück, die auch in der Rechtsprechung des Bundesverfassungsgerichts zur Anwendung gelangen. Das Gericht führt dazu aus: „Maßgebend für die Auslegung einer Gesetzesvorschrift ist der in dieser zum Ausdruck kommende objektivierte Wille des Gesetzgebers, so wie er sich aus dem Wortlaut der Gesetzesbestimmung und dem Sinnzusammenhang ergibt, in den diese hineingestellt ist“[201]. Die hierzu entwickelten Auslegungsmittel sind in einer „Zusammenschau von Wortlaut, Entstehungsgeschichte, System und gesetzgeberischer Zielsetzung“ anzuwenden[202].

Seit der Integration der Bundesrepublik Deutschland in die Europäische Gemeinschaft muss jedoch verstärkt das europäische Gemeinschaftsrecht zum Verständnis von Normen herangezogen werden. Das nationale Recht allein, sogar nationales Verfassungsrecht, genügt zum Normverständnis nicht mehr. Dies kommt beispielsweise in der Neufassung des Art. 23 GG zum Ausdruck, der weitere Integrationsschritte indizierte. Es besteht zudem eine Verpflichtung zu gemeinschaftsrechtskonformer Auslegung des Grundgesetzes und des nationalen einfachen Rechts, soweit dies nach den nationalen Auslegungsregeln möglich und erforderlich ist[203]. Ist eine erforderliche europarechtskonforme Auslegung des innerstaatlichen Rechts nicht möglich, entsteht eine Konfliktsituation, die zu lösen ist, indem einer der Rechtsordnungen der Vorrang eingeräumt wird. Die Frage des Rangverhältnisses von Gemeinschaftsrecht und nationalem Recht ist im Grundsatz im Sinne eines Vorrangs des Gemeinschaftsrechts vor nationalem Recht geklärt[204]. Eingegangene Verpflichtungen der Mitgliedstaaten wären nach Ansicht des EuGH nur eventueller Natur, wenn sie durch späteres nationales Recht in Frage gestellt werden könnten. Daher bestehe ein uneingeschränkter Vorrang des Gemeinschaftsrechts vor jeglichem nationalen Recht, mithin auch dem Verfassungsrecht einschließlich der Grundrechte. Dies sei aus dem EG-Vertrag als eigener Rechtsordnung, der gewollten Beschränkung der Souveränität der Mitgliedstaaten durch die Übertragung von Hoheitsrechten auf die Gemeinschaft,

---

201 St. Rspr., vgl. etwa BVerfGE 1, 299 (312); 15, 256 (264); 18, 112 (116 ff.); 23, 98 (108 ff.); 23, 127 (132); 28, 243 (258 f.); 83, 119 (126); 88, 145 (166); 93, 37 (81).

202 BVerfGE 50, 177 (194). Noch stärker differenzierend *Stern*, Staatsrecht Bd. I, S. 125 f.

203 Vgl. *Butzer/Epping*, Arbeitstechnik im Öffentlichen Recht, S. 40; *Jarass*, in: Jarass/Pieroth, GG, Art. 23 Rn. 41; *Geerlings/Leuze*, VR 2004, 113 (116); *Geiger*, EUV/EGV, Art. 10 EG Rn. 44; *Neisser/Verschraegen*, Die Europäische Union, S. 277; *Lecheler*, Einführung in das Europarecht, S. 143; *Kahl*, in: Calliess/Ruffert (Hrsg.), EUV/EGV, Art. 10 EG Rn. 40; *Streinz*, in: ders. (Hrsg.), EUV/EGV, Art. 10 EG Rn. 16 u. 35; eingehend zur gemeinschaftsrechtskonformen Auslegung *Krieger*, Die gemeinschaftsrechtskonforme Auslegung des deutschen Rechts.

204 Vgl. *Hobe*, Europarecht, Rn. 341; *Arndt*, Europarecht, S. 129 ff.; *Herdegen*, Europarecht, Rn. 228 f.; *Streinz*, Europarecht, Rn. 179.

dem Grundsatz der Gemeinschaftstreue aus Art. 10 EG und dem Diskriminierungsverbot des Art. 12 EG sowie der in Art. 249 EG angeordneten unmittelbaren Geltung von Verordnungen in jedem Mitgliedstaat zu entnehmen[205].

Was nun die Frage der Kollision von europäischem und nationalem Recht betrifft, hat sich die Gemeinschaftspraxis dahingehend entwickelt, dass dem Gemeinschaftsrecht entgegenstehendes nationales Recht grundsätzlich nicht unwirksam wird, sondern lediglich nicht anwendbar ist[206]. Das bedeutet, dass bei Wegfall der Kollisionslage, beispielsweise durch Änderung des Gemeinschaftsrechts, die nationale Regelung wieder aufleben kann. Dementsprechend wird vom Anwendungsvorrang und nicht vom Geltungsvorrang des Gemeinschaftsrechts gesprochen[207]. Der Anwendungsvorrang trägt dem Bedürfnis nach einheitlicher Geltung und Anwendung hinreichend Rechnung, ohne die nationalen Rechtsordnungen unnötig zu beeinträchtigen. In Fällen ohne Gemeinschaftsbezug kann das Fortbestehen bestimmter Regelungen nämlich durchaus sinnvoll sein[208].

Sollte sich mithin ergeben, dass die Pflichtmitgliedschaft in Kammern der wirtschaftlichen oder freiberuflichen Selbstverwaltung gegen europäisches Gemeinschaftsrecht verstößt, hätte dies nicht die Nichtigkeit der die Pflichtmitgliedschaft anordnenden Regelungen zur Folge. Vielmehr wären die betreffenden Regelungen in denjenigen Fällen unanwendbar, die einen Gemeinschaftsbezug aufweisen.

B. Vereinbarkeit mit Grundprinzipien des EG-Rechts

Vereinzelt wird in der verwaltungsgerichtlichen Rechtsprechung erörtert, ob die gesetzliche Regelung über die Pflichtmitgliedschaft mit „übergeordnetem Europarecht" vereinbar ist, ohne jedoch Bezug auf irgendwelche Normen des EG-

---

205 So EuGH, Rs. 6/64, Costa/ENEL, Slg. 1964, 1251 (1269 ff.); vgl. zu diesem autonom europarechtlichen Ansatz sowie hiervon abweichenden Auffassungen über die dogmatische Herleitung des gemeinschaftsrechtlichen Vorrangprinzips *Bleckmann*, Europarecht, Rn. 1070 ff.; *Streinz*, Europarecht, Rn. 180 ff.; *Hasselbach*, JZ 1997, 942 f.; *Wegener*, in: Calliess/Ruffert (Hrsg.), EUV/EGV, Art. 220 EG Rn. 22 ff.; *Schroeder*, in: Streinz (Hrsg.), EUV/EGV, Art. 249 EG Rn. 40 ff.; zur Geltung der Vorrangregel in verschiedenen Mitgliedstaaten s. *Everling*, DVBl. 1985, 1201 ff.

206 So EuGH, Rs. 106/77, Simmenthal II, Slg. 1978, 629, wonach mit dem Gemeinschaftsrecht nicht im Einklang stehendes Recht „ohne weiteres unanwendbar" ist.

207 Vgl. nur *Hobe*, Europarecht, Rn. 349; *Nicolaysen*, Europarecht I, S. 90; *Zacker/Wernicke*, Examinatorium Europarecht, S. 105; *Gornig*, NJW 1989, 1120 (1126); unklar hingegen *Diefenbach*, GewArch. 2001, 305 sowie *Meyer*, GewArch. 2001, 265 (267), die von einem Geltungsvorrang sprechen, als Konsequenz jedoch lediglich von einer Unanwendbarkeit ausgehen.

208 Vgl. *Streinz*, Europarecht, Rn. 200.

Vertrags zu nehmen, seien es die Vorschriften über die Grundfreiheiten oder über die Grundprinzipien[209] des Gemeinschaftsrechts. Ein Verstoß „gegen übergeordnetes Europarecht" wird mit der Begründung abgelehnt, dass es die „Europäische Wirtschaftsgemeinschaft, die Vorgängerorganisation der Europäischen Union", schon 1962 gegeben habe, „ohne dass das BVerfG Anlass gesehen hätte, deswegen an der Gültigkeit der Bestimmungen über die Pflichtmitgliedschaft zu zweifeln"[210]. Dass vorhandene oder nicht vorhandene Zweifel des Bundesverfassungsgerichts an der Europarechtskonformität der Pflichtmitgliedschaft nicht entscheidend sind, dürfte indes auf der Hand liegen.

Allerdings enthält das Gemeinschaftsrecht ebenso wenig Aussagen zur Ausgestaltung des Kammerrechts im Allgemeinen und zur Pflichtmitgliedschaft im Besonderen wie es sich zur wirtschaftlichen Selbstverwaltung und zu den Kammern äußert. Aus dem Bekenntnis zur bürgernahen Entscheidung, zur Marktwirtschaft und zur Subsidiarität lassen sich für die Ausgestaltung des Kammerwesens nicht mehr Erkenntnisse gewinnen als zu dessen Bestand[211]. Die Pflichtmitgliedschaft in Kammern ist somit jedenfalls mit den Prinzipien des EG-Rechts vereinbar[212].

C. Vereinbarkeit mit dem europäischen Grundrecht der Vereinigungsfreiheit

Im ersten Kapitel wurde bereits auf die Frage eingegangen, ob sich dem europäischen Grundrecht der Vereinigungsfreiheit (Art. 6 Abs. 2 EU, Art. 11 EMRK) eine Schutzgarantie für den Bestand der Kammern entnehmen lässt. Dies wurde verneint. Nun stellt sich die Frage, ob nicht statt eines Schutzes der Kammern selbst ein Schutz *vor* den Kammern bzw. vor der Zwangsmitgliedschaft in ihnen zu gewähren ist.

I. Bindung der Mitgliedstaaten an die Gemeinschaftsgrundrechte

Was die Vereinigungsfreiheit als Gemeinschaftsgrundrecht betrifft, ist festzustellen, dass sich die Gemeinschaftsgrundrechte in erster Linie an die Organe der

---

209 S. dazu bereits oben, Kapitel 1 C. II.

210 OVG Koblenz, NVwZ-RR 1998, 305 (306).

211 Vgl. *Tettinger*, Kammerrecht, S. 241; *Stober*, DVBl. 1993, 333 (336).

212 *Gornig*, WiVerw. 1998, 157 (175); vgl. auch OVG Koblenz, GewArch 1997, 196 (197).

Europäischen Gemeinschaft richten[213]. Adressaten der Gemeinschaftsgrundrechte sind die Mitgliedstaaten nur, wenn sich ihre Aktivitäten im Anwendungsbereich des Gemeinschaftsrechts bewegen[214] (vgl. auch Art. 51 Abs. 1 S. 1 EU-Grundrechtecharta; Art. II-111 Abs. 1 S. 1 Verfassungsvertrag), so etwa bei der Umsetzung einer Richtlinie. Allerdings hat der Europäische Gerichtshof in einer neueren Entscheidung auf die Gemeinschaftsgrundrechte zurückgegriffen, obwohl die betreffende staatliche Maßnahme nicht in den Anwendungsbereich des Gemeinschaftsrechts fiel[215], und so den Geltungsbereich der Gemeinschaftsgrundrechte ausgedehnt.

II. Auslegung von Art. 11 EMRK durch den EGMR

Selbst wenn ein Mitgliedstaat im Einzelfall im Anwendungsbereich des europäischen Gemeinschaftsrechts handelt, oder wenn man davon ausgeht, dass auch sonst die EU-Mitgliedstaaten ihr Verhalten an den Gemeinschaftsgrundrechten auszurichten haben, ist dennoch fraglich, ob gerade das europäische Grundrecht der Vereinigungsfreiheit durch die Kammerpflichtmitgliedschaft betroffen ist. Entgegen früherer Zweifel[216] scheint sich der Europäische Gerichtshof inzwischen nämlich an die Rechtsprechung der Straßburger Instanzen Europäische Kommission für Menschenrechte und, seit 1. November 1998 ausschließlich, Europäischer Gerichtshof für Menschenrechte, gebunden zu fühlen[217]. Auch Art. 52

---

213 Eingehend zu den Grundrechtsverpflichteten *v. Arnim*, Der Standort der EU-Grundrechtecharta in der Grundrechtsarchitektur Europas, S. 235 ff.

214 EuGH, verb. Rs. 60 u. 61/84, Cinéthèque/FNCF, Slg. 1985, 2605, Rn. 26; Rs. C-299/95, Kremzow/Österreich, Slg. 1997, I-2629, Rn. 15 ff.; *Streinz*, Europarecht, Rn. 368; dazu auch *Jarass*, EU-Grundrechte, § 4 Rn. 8 ff.; ausführlich zur Grundrechtsbindung der Mitgliedstaaten *v. Arnim*, Der Standort der EU-Grundrechtecharta in der Grundrechtsarchitektur Europas, S. 247 ff.

215 EuGH, Rs. C-71/02, Herbert Karner Industrie-Auktionen GmbH/Troostwijk GmbH, EuZW 2004, 439, Rn. 44 ff.: Der EuGH prüfte eine Verletzung der Freiheit der Meinungsäußerung durch die Werbebeschränkung des § 30 UWG, obwohl er zuvor die Anwendbarkeit von Art. 28 EG auf die Maßnahme abgelehnt hatte, da die in EuGH, verb. Rs. C-267 u. C-268/91, Keck und Mithouard, Slg. 1993, I-6097, genannten Voraussetzungen erfüllt waren. Kritisch zur Ausdehnung des Anwendungsbereichs der Gemeinschaftsgrundrechte: *Schaller*, JZ 2005, 193 ff.; *Weyer*, EuZW 2004, 455 ff.

216 Vgl. EuGH, Rs. C-60/92, Otto BV/Postbank, Slg. 1993, I-5683, Rn. 11 ff.

217 Vgl. EuGH, Rs. C-94/00, Roquette Frères/Directeur général, Slg. 2002, I-9011, Rn. 29: Berücksichtigung der seit EuGH, verb. Rs. 46/87 u. 227/88, Hoechst/Kommission, Slg. 1989, 2859 ergangenen abweichenden Rechtsprechung des EGMR; vgl. auch EuGH, Rs. C-368/95, Vereinigte Familiapress/Bauer Verlag, Slg. 1997, I-3689, Rn. 28, wo der EuGH ausdrücklich das Urteil des EGMR in der Sache Lentia (EuGRZ 1994, 549) heranzog. Vgl. dazu *Eiffler*,

Abs. 3 S. 1 Grundrechtecharta (Art. II-112 Abs. 3 S. 1 Verfassungsvertrag) sieht vor, dass die in der Charta enthaltenen Garantien, die den durch die EMRK verbürgten Rechten entsprechen, die gleiche Bedeutung und Tragweite haben, wie sie ihnen in der EMRK verliehen wird[218].

In einem Urteil vom 23. Juni 1981[219] im Fall *Le Compte, Van Leuven und De Meyere* hatte der Europäische Gerichtshof für Menschenrechte in Straßburg darüber zu entscheiden, ob die nach belgischem Recht gesetzlich angeordnete Pflichtmitgliedschaft für Ärzte in den Ärztekammern mit Art. 11 EMRK im Einklang steht. Die Kommission hatte in ihrem Bericht die Ansicht vertreten, dass die Ärztekammer aufgrund ihrer Rechtsnatur als Körperschaft des öffentlichen Rechts und ihrer materiell-öffentlichen Aufgaben keine Vereinigung i.S.d. Art. 11 Abs. 1 EMRK sei[220]. Der Gerichtshof schloss sich dieser Stellungnahme an und stellte fest, dass die belgische Ärztekammer nicht von Einzelpersonen gegründet wurde, sondern vom Gesetzgeber. Sie sei in die Strukturen des Staates eingebunden und verfolge bei der Wahrnehmung der ihr gesetzlich zugewiesenen Aufgaben ein Ziel von allgemeinem Interesse. Zudem verfüge die Ärztekammer auch über hoheitliche Befugnisse[221]. Mithin könne die Kammer nicht als Vereinigung i.S.d. Art. 11 EMRK angesehen werden. Allerdings sei es erforderlich, dass ihre Einrichtung durch den belgischen Staat die Berufstätigen nicht an der Gründung von oder am Beitritt zu berufsständischen Vereinigungen hindere[222]. Soweit Art. 11 EMRK also das Recht garantiert, sich „frei" mit anderen zusammenzuschließen, ist hiermit auch in Form der negativen Vereinigungsfreiheit kein Schutz vor öffentlich-rechtlichen Zwangszusammenschlüssen verbunden[223]. Die Auslegung des Art. 11 EMRK durch den Europäischen Gerichtshof für Menschenrechte entspricht damit im Ergebnis und in der Begründung der vom Bundesverfassungsgericht und einem Teil der Lehre vertretenen Auslegung zu Art. 9

JuS 1999, 1068 (1072) und *Kingreen*, in: Calliess/Ruffert, EUV/EGV, Art. 6 EU, Rn. 66 m.w.N.

218 S. zur Auslegung der Charta *Dorf*, JZ 2005, 126 ff.

219 EGMR, EuGRZ 1981, 551 ff.

220 EGMR, EuGRZ 1981, 551 (555), Rn. 63.

221 EGMR, EuGRZ 1981, 551 (555), Rn. 64.

222 EGMR, EuGRZ 1981, 551 (555), Rn. 65.

223 VG Gießen, BB 2006, 344 (345); VG Würzburg, NVwZ 1997, 98. *Meyer-Ladewig*, EMRK, Art. 11 Rn. 12; *Pettiti/Decaux/Imbert*, La Convention Européenne des Droits de l'homme, Art. 11 S. 423; *Ovey/White*, Jacobs & White: European Convention on Human Rights, S. 292; *Frowein*, in: Frowein/Peukert, EMRK, Art. 11 Rn. 8; *Peters*, Einführung in die Europäische Menschenrechtskonvention, § 15 S. 86 f.; *Grabenwarter*, Europäische Menschenrechtskonvention, § 23 Rn. 75 u. 80; *Honig*, HandwO, § 90 Rn. 11; *Marauhn*, in: Ehlers (Hrsg.), Europäische Grundrechte und Grundfreiheiten, § 4 Rn. 72; zur IHK-Pflichtmitgliedschaft vgl. *Jahn*, GewArch. 2005, 169 (172); 1999, 449 (451) jeweils m.w.N.

GG[224]. Konsequenterweise blieb auch eine Anrufung der Europäischen Menschenrechtskommission gegen die Pflichtzugehörigkeit zu spanischen Kammern erfolglos[225].

Zwar ist es nicht ausgeschlossen, dass die Gemeinschaftsgrundrechte einen weitergehenden Schutz gewähren als die Verbürgungen der Europäischen Menschenrechtskonvention (vgl. auch Art. 52 Abs. 3 S. 2 EU-Grundrechtecharta; Art. II-112 Abs. 3 S. 2 Verfassungsvertrag). Jedoch spricht auch der Europäische Gerichtshof von dem Recht, „*frei* Vereinigungen ... zu gründen“[226]. Von einer Abweichung der Vereinigungsfreiheit als Gemeinschaftsgrundrecht von der Gewährleistung des Art. 11 EMRK ist daher nicht auszugehen[227].

Unabhängig davon, ob ein Mitgliedstaat im Einzelfall im Anwendungsbereich des Gemeinschaftsrechts handelt oder sogar darüber hinaus an die Gemeinschaftsgrundrechte gebunden ist, ergibt sich somit, dass das europäische Grundrecht der Vereinigungsfreiheit auf die Mitgliedschaft in öffentlich-rechtlichen Körperschaften keine Anwendung findet.

III. Ergebnis

Die obligatorische Kammermitgliedschaft verstößt mithin nicht gegen Art. 11 EMRK i.V.m. Art. 6 Abs. 2 EU. Den europarechtlichen Maßstab für die Prüfung der Pflichtmitgliedschaft bilden die Grundfreiheiten des Personenverkehrs.

---

224 Vgl. *Gornig*, WiVerw. 1998, 157 (175); *Kluth*, Funktionale Selbstverwaltung, S. 341; *Tettinger*, Kammerrecht, S. 242. Das BVerfG lehnt in st. Rspr. Art. 9 GG als Prüfungsmaßstab für die Pflichtmitgliedschaft in öffentlich-rechtlichen Körperschaften ab, vgl. zuletzt BVerfG, NVwZ 2002, 335 (336); ihm im Ergebnis folgend *Hatje/Terhechte*, NJW 2002, 1849 (1850); zur Gegenansicht, die Art. 9 GG als Prüfungsmaßstab heranzieht, vgl. *Höfling*, in: Sachs (Hrsg.), GG, Art. 9 Rn. 22; *Bauer*, in: Dreier (Hrsg.), GG I, Art. 9 Rn. 42; *Pieroth/Schlink*, Staatsrecht II, Rn. 730; *Geerlings/Leuze*, VR 2004, 113 (116); ausführlich *Schöbener*, VerwArch. 91 (2000), 374 (399 ff.); *ders.*, in: Kluth (Hrsg.), Handbuch des Kammerrechts, Abschnitt L Rn. 18.

225 Requête Nr. 36087/97; *Möllering*, WiVerw. 2001, 25 (28); *Jahn*, GewArch. 1999, 449 (451).

226 EuGH, Rs. 175/73, Union syndicale, Service public européen/Rat, Slg. 1974, 917 (Hervorhebung durch den Verfasser).

227 Auch *Bernsdorff*, in: Meyer (Hrsg.), EU-Grundrechtecharta, Art. 12 Rn. 15, zieht in seiner Argumentation das oben zitierte Urteil des EGMR zu den belgischen Ärztekammern heran und geht aufgrund des Erfordernisses der Freiwilligkeit in Art. 12 EU-Grundrechtecharta davon aus, dass das Gemeinschaftsgrundrecht der Vereinigungsfreiheit nur private Zusammenschlüsse erfasst; vgl. ferner *Rixen*, in: Tettinger/Stern (Hrsg.), GRCh, Art. 12 Rn. 11.

D. Vereinbarkeit mit der Dienstleistungsfreiheit, Art. 49, 50 EG

I. Grundsätzliche Anforderungen der Personenverkehrsfreiheiten

Die Personenverkehrsfreiheiten des EG-Vertrages stellen an die gesetzlich angeordnete Pflichtmitgliedschaft[228] in den Trägern wirtschaftlicher oder freiberuflicher Selbstverwaltung auf den ersten Blick gegensätzliche Anforderungen, je nachdem ob es um die Niederlassungs- oder Dienstleistungsfreiheit geht. Während die in Art. 43 EG verankerte Niederlassungsfreiheit *in erster Linie* verlangt, dass Unionsbürgern bzw. in anderen Mitgliedstaaten ansässigen Unternehmen nicht die Mitgliedschaft in den Selbstverwaltungsträgern verwehrt wird, soweit ihnen dadurch Nachteile rechtlicher oder wirtschaftlicher Art erwachsen können, wird die in Art. 49, 50 EG niedergelegte Dienstleistungsfreiheit vor allem unter dem Aspekt der Abwehr einer Pflichtmitgliedschaft erörtert[229].

Die erste Konstellation, in denen die Personenverkehrsfreiheiten eine Rolle spielen, ist dadurch gekennzeichnet, dass einzelne Dienstleistungen von einer festen Niederlassung im EU-Ausland aus in Deutschland angeboten werden sollen. Praktisch relevant ist dies insbesondere im Bereich des Handwerks[230], während etwa im Anwendungsbereich des IHK-Gesetzes die Pflichtmitgliedschaft überhaupt nur bei Vorhandensein einer Niederlassung in Deutschland vorgesehen ist (vgl. § 2 Abs. 1 IHKG). Die Handwerksordnung hingegen normierte bis Oktober 2002[231] zu Lasten solcher Personen eine Pflicht zur Eintragung in die Handwerksrolle und die daran anknüpfende Pflichtmitgliedschaft (vgl. § 90 Abs. 2 HandwO a.F.) sowie die Pflicht zur Zahlung eines Kammerbeitrags (§ 113 Abs. 1 HandwO a.F.). Mithin erweist sich die Pflichtmitgliedschaft als Beschränkung der Dienstleistungsfreiheit nach Art. 49, 50 EG, wenn man bedenkt, welcher finanzielle und sachliche Aufwand hiermit für den bloß gelegentlich in Deutschland tätigen Handwerker verbunden ist[232].

---

228 Materielle berufsrechtliche Anforderungen sind mit der Pflichtmitgliedschaft lediglich funktional verknüpft (s. *Kluth*, Verw. 35 [2002], 349 [372]) und bleiben hier deshalb außer Betracht. Zu ihnen *Kluth*, in: Calliess/Ruffert, EUV/EGV, Art. 52 EG Rn. 14 ff.

229 Vgl. *Kluth*, Verw. 35 (2002), 349 (371 f.); *ders./Goltz*, Kammern der berufsständischen Selbstverwaltung in der EU, S. 59.

230 Vgl. *Burgi*, in: Kluth (Hrsg.), Jahrbuch des Kammerrechts 2002, S. 23 (33).

231 S. dazu u. III. 1.

232 Vgl. *Burgi*, in: Kluth (Hrsg.), Jahrbuch des Kammerrechts 2002, S. 23 (34).

II. Die Rechtsprechung des EuGH zum Handwerksrecht

1. Das Urteil „Corsten“

Mit eben dieser Konstellation hatte sich der Europäische Gerichtshof in dem Urteil vom 3. Oktober 2000 in der Rechtssache *Corsten*[233] zu befassen. In diesem Fall beauftragte der selbständige Architekt Josef Corsten ein in den Niederlanden ansässiges Unternehmen mit Estricharbeiten im Rahmen eines Bauvorhabens in Deutschland. Das mit diesen Arbeiten beauftragte Unternehmen führte in den Niederlanden zulässigerweise derartige Arbeiten aus, war aber in Deutschland nicht in die Handwerksrolle eingetragen. Dies hatte zur Folge, dass Herr Corsten mit einem Bußgeld wegen Verstoßes gegen die deutschen Rechtsvorschriften zur Bekämpfung der Schwarzarbeit belegt wurde, die die Beauftragung von nicht in der Handwerksrolle eingetragenen Unternehmen mit selbständigen Handwerksarbeiten als Ordnungswidrigkeit verbieten.

a) Beschränkung der Dienstleistungsfreiheit durch Eintragungsverfahren und Kosten

Der EuGH hatte sich in dem Vorlageverfahren nach Art. 234 EG mit der Frage auseinanderzusetzen, ob die Dienstleistungsfreiheit der Pflicht zur Eintragung in die Handwerksrolle entgegensteht. Der Gerichtshof wandte sich gegen die damalige Ausgestaltung des Verfahrens der Eintragung in die Handwerksrolle und die hiermit verbundenen Verwaltungskosten sowie die hierdurch ausgelöste Pflicht zur Beitragszahlung an die Handwerkskammer. Nach ständiger Rechtsprechung verlange Art. 49 EG nicht nur die Beseitigung jeder Diskriminierung des in einem anderen Mitgliedstaat ansässigen Dienstleistenden aufgrund seiner Staatsangehörigkeit, sondern auch die Aufhebung aller Beschränkungen – selbst wenn sie unterschiedslos für inländische Dienstleistende wie für solche aus anderen Mitgliedstaaten gelten –, sofern sie geeignet seien, die Tätigkeiten des Dienstleistenden, der in einem anderen Mitgliedstaat ansässig ist und dort rechtmäßig entsprechende Dienstleistungen erbringt, zu unterbinden, zu behindern oder weniger attraktiv zu machen[234]. In dieser Hinsicht stelle es eine Beschränkung i.S.d. Art. 49

---

233 EuGH, Rs. C-58/98, Josef Corsten, Slg. 2000, I-7919; dazu *Boesen*, IBR 2001, 94; *Grünhagen*, EuLF 2000/2001, 110 f.; *Früh*, EuZW 2000, 767 f.; *Meyer*, GewArch. 2001, 265 ff.; *Stork*, WiVerw. 2001, 229 ff.; *Diefenbach*, GewArch. 2001, 305 ff.; 353 ff.; *Hök*, ZfBR 2001, 77 ff.; *Fischer*, JA 2001, 457 ff.

234 EuGH, Rs. C-58/98, Josef Corsten, Slg. 2000, I-7919, Rn. 33 unter Verweis auf Rs. C-76/90, Säger, Slg. 1991, I-4221, Rn. 12; Rs. C-43/93, Vander Elst, Slg. 1994, I-3803, Rn. 14; Rs. C-272/94, Guiot, Slg. 1996, I-1905, Rn. 10; Rs. C-3/95, Reisebüro Broede, Slg. 1996, I-6511, Rn. 25; Rs. C-222/95, Parodi, Slg. 1997, I-3899, Rn. 18; Rs. C-369/96 u. C-376/96, Arblade u.a., Slg. 1999, I-8453, Rn. 33.

EG dar, wenn einem Unternehmen, das in einem Mitgliedstaat ansässig ist und in einem anderen Mitgliedstaat als Dienstleistender eine handwerkliche Tätigkeit ausüben möchte, die Verpflichtung zur Eintragung in die Handwerksrolle des letztgenannten Mitgliedstaats auferlegt werde[235]. Eine solche Beschränkung[236] könne in Ermangelung einer Harmonisierung in dem betreffenden Bereich nur durch Regelungen gerechtfertigt werden, die auf zwingenden Gründen des Allgemeininteresses beruhen und für alle im Hoheitsgebiet des Aufnahmelandes tätigen Personen oder Unternehmen gelten, und soweit dieses Interesse nicht durch die Vorschriften geschützt werde, denen der Dienstleistende in dem Mitgliedstaat unterliegt, in dem er ansässig ist[237].

b) Anforderungen an die Rechtfertigung

Die deutsche Regierung machte geltend, dass das Gesamtsystem handwerklicher Qualifikation, welches auf dem Erfordernis der Meisterprüfung einschließlich der Pflichtmitgliedschaft in der Handwerkskammer beruhe, der Erhaltung des Leistungsstands und der Leistungsfähigkeit des Handwerks diene, was als zwingende Gründe des Allgemeininteresses anzusehen sei. Zudem wurde vorgetragen, dass der Handwerksrolle die Funktion eines öffentlichen Registers zukomme, welches Auskunft über die im Bezirk der jeweiligen Handwerkskammer selbständig tätigen handwerklichen Gewerbetreibenden gebe. Somit solle die Handwerksrolle den Behörden und der Öffentlichkeit Auskunft darüber geben, welche Unternehmen in erlaubter Weise handwerkliche Tätigkeiten selbständig im Bezirk der jeweiligen Handwerkskammer ausübten, und es ihnen damit ermöglichen, handwerkliche Arbeiten Dienstleistenden anzuvertrauen, die imstande seien, gute Leistungen zu erbringen. Auch die Kommission merkte an, dass das Ziel, die Qualität handwerklicher Arbeiten zu sichern und deren Abnehmer vor Schäden zu bewahren, einen zwingenden Grund des Allgemeininteresses darstelle, der ei-

---

235 EuGH, Rs. C-58/98, Josef Corsten, Slg. 2000, I-7919, Rn. 34; auf eine mögliche Beschränkung des Schutzgehalts der Dienstleistungsfreiheit (dazu EuGH, Rs. C-384/93, Alpine Investments, Slg. 1995, I-1141, Rn. 36 ff) geht der EuGH in der Corsten-Entscheidung, anders als Generalanwalt Cosmas in seinen Schlussanträgen vom 30.11.1999, nicht ein, vgl. dazu *Stork*, WiVerw. 2001, 229 (236).

236 *Stork*, WiVerw. 2001, 229 (233) nimmt eine indirekte Diskriminierung an.

237 EuGH, Rs. C-58/98, Josef Corsten, Slg. 2000, I-7919, Rn. 35 unter Verweis auf Rs. 279/80, Webb, Slg. 1981, 3305, Rn. 17; Rs. C-180/89, Kommission/Italien, Slg. 1991, I-709, Rn. 17; Rs. C-198/89, Kommission/Griechenland, Slg. 1991, I-727, Rn. 18; Rs. C-76/90, Säger, Slg. 1991, I-4221, Rn. 15; Rs. C-43/93, Van der Elst, Slg. 1994, I-3803, Rn. 16; Rs. C-272/94, Guiot, Slg. 1996, I-1905, Rn. 11; Rs. C-369/96 u. C-376/96, Arblade u.a., Slg. 1999, I-8453, Rn. 34.

ne Beschränkung der Dienstleistungsfreiheit rechtfertigen könne[238]. Nach dem Grundsatz der Verhältnismäßigkeit, so der EuGH, müsse die Anwendung der nationalen Regelungen eines Mitgliedstaats auf die in anderen Mitgliedstaaten niedergelassenen Dienstleistungserbringer jedoch geeignet sein, die Verwirklichung des mit ihnen verfolgten Zieles zu gewährleisten, und dürften nicht über das hinausgehen, was zur Erreichung dieses Zieles erforderlich sei[239].

Die betreffende Regelung gehe jedoch über das zur Erreichung der Qualitätssicherung erforderliche Maß hinaus. Die der Erteilung der Ausnahmebewilligung zur Eintragung in die Handwerksrolle vorausgehende Prüfung könne lediglich einen im Wesentlichen formellen Charakter haben, da sie sich darauf beschränken müsse, festzustellen, ob die Voraussetzungen von Art. 3 der Richtlinie 64/427 vorlägen. Aus deren Art. 4 ergebe sich, dass die Stellen des Aufnahmelandes bei dieser Prüfung sowohl hinsichtlich der Art als auch der Dauer der Berufstätigkeiten, die der betreffende Dienstleistende tatsächlich ausgeübt habe, grundsätzlich an die Feststellungen gebunden seien, die in der von seinem Herkunftsland ausgestellten Bescheinigung enthalten seien. Bei der Eintragung in die Handwerksrolle werde keine zusätzliche Prüfung vorgenommen[240]. Sofern die Gründe für das Eintragungserfordernis rein administrativer Natur sein sollten, könnten solche Erwägungen eine Abweichung eines Mitgliedstaats von den Vorschriften des Gemeinschaftsrechts nicht rechtfertigen, insbesondere wenn diese darauf hinauslaufe, die Ausübung einer der Grundfreiheiten auszuschließen oder einzuschränken[241]. Ein Mitgliedstaat dürfe die Erbringung von Dienstleistungen in seinem Hoheitsgebiet nicht von der Einhaltung aller Voraussetzungen abhängig machen, die für eine Niederlassung gelten, und damit den Bestimmungen des Vertrages, deren Ziel gerade darin liege, die Dienstleistungsfreiheit zu gewährleisten, jede praktische Wirksamkeit nehmen[242].

c) Fehlende Differenzierung zwischen Dienstleistungs- und Niederlassungsfällen

Der EuGH bemängelte insbesondere, dass die deutsche Handwerksordnung bezüglich der Unternehmen aus anderen Mitgliedstaaten, die handwerkliche

---

238 EuGH, Rs. C-58/98, Josef Corsten, Slg. 2000, I-7919, Rn. 36-38.

239 EuGH, Rs. C-58/98, Josef Corsten, Slg. 2000, I-7919, Rn. 39; unter Verweis auf Rs. C-76/90, Säger, Slg. 1991, I-4221, Rn. 15 und Rs. C-369/96 u. C-376/96, Arblade u.a., Slg. 1999, I-8453, Rn. 35.

240 EuGH, Rs. C-58/98, Josef Corsten, Slg. 2000, I-7919, Rn. 40 f.

241 EuGH, Rs. C-58/98, Josef Corsten, Slg. 2000, I-7919, Rn. 42; unter Verweis auf Rs. C-18/95, Terhoeve, Slg. 1999, I-345, Rn. 45 und Rs. C-369/96 u. C-376/96, Arblade u.a., Slg. 1999, I-8453, Rn. 37.

242 EuGH, Rs. C-369/96 u. C-376/96, Arblade u.a., Slg. 1999, I-8453, Rn. 43; unter Verweis auf Rs. C-76/90, Säger, Slg. 1991, I-4221, Rn. 13.

Dienstleistungen in Deutschland erbringen wollten, nicht zwischen denjenigen, die nur im Herkunftsland niedergelassen waren, und denen, die auch in Deutschland eine Niederlassung i.S.d. Art. 43 EG unterhielten, unterschied, sondern beide Gruppen gleichermaßen der Verpflichtung zur Eintragung in die Handwerksrolle unterworfen waren. Zwar könne das Eintragungserfordernis mit den Folgen der Pflichtmitgliedschaft in der Handwerkskammer und der Pflicht zur Beitragszahlung im Fall einer Niederlassung im Aufnahmeland gerechtfertigt sein. Doch gelte dies nicht notwendig auch für Unternehmen, die nur gelegentlich oder sogar nur ein einziges Mal im Aufnahmeland Dienstleistungen erbringen wollten. Letztere könnten davon abgehalten werden, ihr Vorhaben durchzuführen, wenn das Verfahren zur Erlaubniserteilung wegen ihrer obligatorischen Handwerksrolleneintragung zeit- und kostenaufwendiger werde, so dass der zu erwartende Gewinn zumindest bei kleineren Vorhaben wirtschaftlich gesehen nicht mehr attraktiv sei.

Damit der freie Dienstleistungsverkehr für sie nicht seine praktische Wirksamkeit einbüße, dürfe das Verfahren zur Erlaubniserteilung die Aufnahme der betreffenden Tätigkeit weder verzögern noch erschweren, nachdem ihre Voraussetzungen bereits geprüft worden und deren Vorliegen bejaht worden sei[243]. Darüber hinaus dürfe das etwaige Erfordernis einer Eintragung in die Handwerksrolle, sofern es überhaupt gerechtfertigt sei, weder zusätzliche Verwaltungskosten noch die obligatorische Zahlung von Beiträgen an die Handwerkskammer nach sich ziehen[244].

2. Das Urteil „Schnitzer"

Das Urteil vom 11. Dezember 2003 in der Sache *Schnitzer*[245] bestätigt und konkretisiert Aussagen des EuGH in der soeben dargestellten *Corsten*-Entschei-

---

243 Danach kam der Ausnahmebewilligung aufgrund der Einwirkung des Gemeinschaftsrechts entgegen der Konzeption des nationalen Rechts im Bereich der Dienstleistungsfreiheit Erlaubnisfunktion zu, vgl. *Meyer*, GewArch. 2001, 265 (270), *ders.*, in: Kluth (Hrsg.), Jahrbuch des Kammerrechts 2003, S. 201 (213 Fn. 43). Eine vorläufige Anpassung an das Gemeinschaftsrecht wurde durch § 4 EWG/EWR-Handwerks-Verordnung i.d.F. der 5. Änderungsverordnung vom 9.10.2002 (BGBl. I S. 4022) erreicht, wonach Staatsangehörige anderer EU-Mitgliedstaaten und Vertragsstaaten des Abkommens über den Europäischen Wirtschaftsraum zur Ausübung eines Handwerks ohne gewerbliche Niederlassung im Inland zwar die in der Verordnung in Umsetzung gemeinschaftsrechtlicher Richtlinien geregelten materiellen Voraussetzungen erfüllen mussten, ihnen jedoch keine Ausnahmebewilligung zu erteilen war. Allerdings erscheint zweifelhaft, ob diese Regelung von der Ermächtigung des § 9 HandwO a.F. gedeckt war, vgl. *Meyer*, GewArch. 2001, 265 (272); *ders.*, in: Kluth (Hrsg.), Jahrbuch des Kammerrechts 2003, S. 201 (213 f. Fn. 43).

244 EuGH, Rs. C-58/98, Josef Corsten, Slg. 2000, I-7919, Rn. 44-48.

245 EuGH, Rs. C-215/01, Bruno Schnitzer, Slg. 2003, I-14847 = NJW 2004, 435 = EuZW 2004, 95 = ZESAR 2004, 182 = EWS 2004, 33 = GewArch 2004, 62 = NVwZ 2004, 206 = NZBau

dung[246]. Sind die Voraussetzungen für die Aufnahme der betreffenden Tätigkeit bereits geprüft worden und wurde festgestellt, dass diese Voraussetzungen erfüllt sind, kann eine etwa erforderliche Eintragung in die Handwerksrolle des Aufnahmemitgliedstaats nur noch automatisch erfolgen. Sie darf weder Voraussetzung für die Erbringung der Dienstleistung sein noch Verwaltungskosten für den betroffenen Dienstleistenden verursachen, noch die obligatorische Zahlung von Beiträgen an die Handwerkskammer nach sich ziehen. Dies gilt nicht nur für Anbieter, die beabsichtigen, nur gelegentlich oder sogar nur ein einziges Mal in einem Aufnahmemitgliedstaat Dienstleistungen zu erbringen, sondern auch für Leistende, die wiederholt oder mehr oder weniger regelmäßig Dienstleistungen erbringen oder erbringen wollen[247].

3. Schlussfolgerungen

Die Urteile verwerfen weder die Pflicht zur Eintragung in die Handwerksrolle als solche noch die damit verbundene Pflichtmitgliedschaft in der Handwerkskammer[248]. Aus dem Urteil *Corsten* ist allerdings teilweise gefolgert worden, es gelte lediglich „für den Fall der punktuellen oder gar nur einmaligen Dienstleistungserbringung und vor allem nicht für den ganz praktisch im Vordergrund stehenden Fall der Begründung einer Niederlassung nebst daran geknüpfter Pflichtmitgliedschaft". Letztere werde durch die *Corsten*-Entscheidung nicht in Frage gestellt[249]. Während diese Schlussfolgerung im Hinblick auf die Niederlassungsfreiheit wohl zutrifft, wo der EuGH angedeutet hat, dass die Handwerksrolleneintragung jedenfalls gerechtfertigt sein *könnte*, kann der Beschränkung auf punktuelle oder einmalige Dienstleistungen nicht gefolgt werden. Denn der Gerichtshof hat seine Aussagen generell formuliert und nicht auf eine Gruppe von Dienstleistungsanbietern beschränkt. Angesichts der Tatsache, dass er eine unnötige zeitaufwendige Belastung darin sah, dass die Zulassung zum Handwerk zwei Verwaltungsverfahren voraussetzte, kann nicht davon ausgegangen werden, dass er seine Aussage in diesem Sinne verstanden wissen wollte. Dies hat der EuGH in der *Schnitzer*-Entscheidung nunmehr klargestellt[250]. Die Frage, ob die Eintragung in die Handwerksrolle sowie die damit einhergehende Pflichtmitgliedschaft in der Handwerkskammer gemeinschaftsrechtlich statthaft ist, lässt sich mithin nicht

---

2004, 102 = DVBl. 2004, 496 = Stbg 2004, 290 = EuR 2004, 603; dazu *Lottes*, EuZW 2004, 112 ff.; *Kreil*, ZESAR 2004, 185 ff.; *Wirner*, IBR 2004, 83; *Buschle*, ELR 2004, 203 ff.; *Wachter*, EWiR 2004, 59 f.

246 *Meyer*, in: Kluth (Hrsg.), Jahrbuch des Kammerrechts 2003, S. 201 (213).

247 EuGH, Rs. C-215/01, Bruno Schnitzer, Slg. 2003, I-14847, Rn. 37 f.

248 *Burgi*, in: Kluth (Hrsg.), Jahrbuch des Kammerrechts 2002, S. 23 (34).

249 So *Burgi*, in: Kluth (Hrsg.), Jahrbuch des Kammerrechts 2002, S. 23 (34).

250 So auch *Meyer*, in: Kluth (Hrsg.), Jahrbuch des Kammerrechts 2003, S. 201 (214).

durch eine Ausgliederung von Dienstleistungen geringer Intensität lösen. Vielmehr kommt es auf die Abgrenzung der Dienstleistungs- von der Niederlassungsfreiheit an[251] (s. dazu u. G).

III. Auswirkungen auf das Handwerksrecht (Handwerkskammern)

Den besprochenen Urteilen zufolge dürfen Handwerker aus anderen EG-Mitgliedstaaten, die in Deutschland tätig werden wollen, ohne hier über eine Niederlassung zu verfügen, nicht *sämtlichen* nach der Handwerksordnung vor oder bei Aufnahme des selbständigen Betriebs eines Handwerks als stehendes Gewerbe zu erfüllenden Pflichten unterworfen werden. Die Urteile greifen insbesondere in die Eintragungsregelung des § 1 Abs. 1 S. 1 HandwO ein, nach welcher der selbständige Betrieb eines Handwerks als stehendes Gewerbe nur den in der Handwerksrolle eingetragenen natürlichen und juristischen Personen und Personengesellschaften gestattet ist[252]. Der Eintragung in die Handwerksrolle kommt somit grundsätzlich konstitutive Wirkung[253] in Form einer Erlaubniserteilung für eine ansonsten unerlaubte Tätigkeit zu. Neben der Erlaubnisfunktion dient die Eintragung zudem Dokumentations- und Publizitätszwecken[254]. Bei der Handwerksrolle handelt es sich um ein von der Handwerkskammer zu führendes Verzeichnis der selbständigen Handwerker des Bezirks, ein mit öffentlichem Glauben ausgestattetes Register[255].

1. Folgen für die Eintragung in die Handwerksrolle

Für diejenigen EU-Handwerker, die einer Ausnahmebewilligung bedürfen, entfällt kraft Gemeinschaftsrechts die Eintragung in die Handwerksrolle als Voraussetzung für die Aufnahme handwerklicher Dienstleistungstätigkeiten; bei ihnen wirkt bereits die Ausnahmebewilligung wie eine Gestattung zur Aufnahme der Gewerbetätigkeit im Rahmen des Dienstleistungsverkehrs[256]. Die Judikate in den Rechtssachen *Corsten* und *Schnitzer* gebieten der Handwerkskammer jedoch nicht, auf die vom nationalen Recht geforderte Eintragung in die Handwerksrolle vollständig zu verzichten[257]. Es wird lediglich verlangt, dass die Eintragung für

---

251 Vgl. *Meyer*, in: Kluth (Hrsg.), Jahrbuch des Kammerrechts 2003, S. 201 (214).
252 Vgl. *Diefenbach*, GewArch. 2001, 305
253 Vgl. *Honig*, HandwO, § 6 Rn. 7.
254 Vgl. *Diefenbach*, GewArch. 2001, 305.
255 Vgl. *Honig*, HandwO, § 6 Rn. 1; *Diefenbach*, GewArch. 2001, 305.
256 Vgl. *Diefenbach*, GewArch. 2001, 305.
257 Vgl. *Meyer*, GewArch. 2001, 265 (267); *Diefenbach*, GewArch. 2001, 305.

die Personen, die bereits ein Ausnahmebewilligungsverfahren durchlaufen haben, weder zu einer weiteren Verzögerung oder Erschwerung ihres Rechts auf freien Dienstleistungsverkehr, noch zu zusätzlichen Verwaltungskosten oder zu der Pflicht, Beiträge an die Handwerkskammer zu zahlen, führen darf. Mithin darf der Eintragung in diesen Fällen keine konstitutive Wirkung beigemessen werden, da diese notwendigerweise verzögernd wirken würde. Bei der Eintragung des genannten Personenkreises in die Handwerksrolle muss somit wegen des Vorrangs des Gemeinschaftsrechts die in § 1 Abs. 1 S. 1 HandwO statuierte Erlaubnisfunktion einschließlich der Sanktion des § 117 Abs. 1 Nr. 1 HandwO a.F. entfallen[258].

Das führt allerdings nicht dazu, dass eine Eintragung in diesen Fällen ihren Sinn verlöre. Weiterhin könnte sie nämlich ihre Publizitäts- und Dokumentationsfunktion erfüllen, ohne für den Eingetragenen eine Belastung darzustellen, wenn sie dem Handwerker keine Kosten, keine Zwangsmitgliedschaft in der Handwerkskammer, keine Anzeigepflichten und keine Antragstellung auferlegt[259]. Mangels Eintragungsantrags wäre die Kammer dann darauf verwiesen, die deklaratorische Eintragung von Amts wegen vorzunehmen[260]. Der EuGH scheint diese Auffassung offensichtlich zu teilen[261], da er im Urteil *Schnitzer* ausgeführt hat, nach erfolgreicher Prüfung im Ausnahmebewilligungsverfahren könne eine etwa erforderliche Eintragung in die Handwerksrolle „nur noch automatisch erfolgen“[262].

2. Feststellung des Vorliegens einer Niederlassung im Heimatstaat

Unklar ist nach den EuGH-Urteilen geblieben, ob der Zielstaat prüfen darf, ob der Dienstleister in seinem Herkunftsland überhaupt tätig ist, oder ob er trotz einer dortigen Niederlassung seine Leistungserbringung ausschließlich auf andere Mitgliedstaaten ausgerichtet hat. Ob bei einer derartigen Konstellation noch von einer gemeinschaftsrechtlich zulässigen Dienstleistung ausgegangen werden kann, ist fraglich[263]. Auch wenn damit gerade keine Niederlassung im Aufnah-

258 Vgl. *Diefenbach*, GewArch. 2001, 305.

259 Vgl. *Diefenbach*, GewArch. 2001, 305 f.

260 Vgl. *Diefenbach*, GewArch. 2001, 305 (306); *Hök*, ZfBR 2001, 77 (79); da es um grenzüberschreitende handwerkliche Dienstleistungen aufgrund von Ausnahmebewilligungen der zuständigen Verwaltungsbehörde (§§ 8, 9 HandwO) geht, wäre die Kammer auf die Informationsübermittlung durch diese Behörde angewiesen, ausführlich dazu *Diefenbach*, a.a.O., 305 (306 ff.).

261 Vgl. *Meyer*, in: Kluth (Hrsg.), Jahrbuch des Kammerrechts 2003, S. 201 (215).

262 EuGH, Rs. C-215/01, Bruno Schnitzer, Slg. 2003, I-14847, Rn. 37.

263 Vgl. *Pechstein/Kubicki*, EuZW 2004, 167 (168 f.); unentschieden *Pache*, in: Ehlers (Hrsg.), Europäische Grundrechte und Grundfreiheiten, § 11 Rn. 34.

mestaat einhergeht, weist dies doch den Charakter einer Umgehung der im Rahmen der Niederlassungsfreiheit zulässigen zwangsweisen Integration in Berufskammern bzw. in die gesamte Rechtsordnung des Bestimmungslandes auf[264]. Bedenkt man zudem, dass auch ein Dienstleistungserbringer sich eine Infrastruktur im Aufnahmestaat (etwa in Form eines Büros) zulegen kann, ohne dadurch gleich als dort niedergelassen zu gelten[265], verstärkt sich dieser Zweifel[266].

Die Rechtsprechung des Gerichtshofs zu derartigen Missbrauchskonstellationen[267] kann nur als zwiespältig bezeichnet werden[268]: Während er dem Zielstaat einerseits bereits in der Rechtssache *van Binsbergen* das Recht zuerkannt hat, die notwendigen Regelungen zu erlassen, um zu verhindern, dass ein Dienstleistender, dessen Tätigkeit ganz oder überwiegend auf das Hoheitsgebiet dieses Staates bezogen ist, sich die Dienstleistungsfreiheit zunutze macht, um sich den Berufsregeln zu entziehen, die auf ihn anwendbar wären, wenn er im Gebiet dieses Staates ansässig wäre[269], deuten die Urteile in den Rechtssachen *Centros*[270] und *Inspire Art*[271] in eine andere Richtung. Dort hat der EuGH – allerdings in gesellschaftsrechtlichem Zusammenhang – die von den Betroffenen selbst eingeräumte Umgehungsabsicht in Bezug auf bestimmte Regelungen des Zielstaats nicht als verbotenen Missbrauch einer Grundfreiheit gewertet. Ein solcher scheint offenbar erst im Fall eines davon zu trennenden Betrugsversuchs vorzuliegen[272]. Ob gemeinschaftsrechtlich eine auf die zusätzliche Tätigkeit im Herkunftsland gerichtete Prüfung durch die Behörden des Aufnahmestaats zulässig ist, bleibt mithin unklar. An einer diesbezüglichen behördlichen Befugnis würde es jedenfalls bislang im deutschen Recht fehlen[273]. Angesichts der Tatsache, dass eine derartige Überprüfung – vorausgesetzt, dass Missbräuche die Ausnahme sind – in der Regel zu dem Ergebnis führen wird, dass der Dienstleister auch dort tätig ist, wo er seine Niederlassung unterhält, sollte eine Prüfung jedenfalls nicht zu Verzögerungen führen. Somit darf ein Mitgliedstaat prüfen, ob ein Dienstleister in seinem Herkunftsland überhaupt tätig ist.

---

264 Vgl. *Pechstein/Kubicki*, EuZW 2004, 167 (169).

265 EuGH, Rs. C-55/94, Gebhard, Slg. 1995, I-4165, Rn. 27.

266 Vgl. *Pechstein/Kubicki*, EuZW 2004, 167 (169).

267 Vgl. hierzu *Tietje*, in: Ehlers (Hrsg.), Europäische Grundrechte und Grundfreiheiten, § 10 Rn. 24; *Randelzhofer/Forsthoff*, in: Grabitz/Hilf, Das Recht der EU, vor Art. 39-55 EG Rn. 122 ff.

268 So *Pechstein/Kubicki*, EuZW 2004, 167 (169).

269 EuGH, Rs. 33/74, van Binsbergen, Slg. 1974, 1299, Rn. 13; s. auch Rs. 205/84, Kommission/Deutschland, Slg. 1986, 3755, Rn. 21 f.; dazu näher *Tiedje/Troberg*, in: v.d. Groeben/Schwarze (Hrsg.), EGV/EUV, Bd. 1, Art. 43 EG Rn. 7 ff.

270 EuGH, Rs. C-212/97, Centros, Slg. 1999, I-1459, Rn. 27 ff.

271 EuGH, Rs. C-167/01, Inspire Art, Slg. 2003, I-10155, Rn. 105 (136 ff.).

272 Vgl. *Zimmer*, NJW 2003, 3585 (3588).

273 S. *Pechstein/Kubicki*, EuZW 2004, 167 (169).

3. Rechtfertigung der Zwangsmitgliedschaft

Die Eintragung in die Handwerksrolle, durch die dem Handwerker grundsätzlich die gewerbliche Betätigung gestattet wird, führte nach § 90 Abs. 2 HandwO a.F. zur Zwangsmitgliedschaft in der Handwerkskammer und gemäß § 113 Abs. 1 HandwO a.F. zur Beitragspflicht gegenüber der Kammer. Nach dem mit Wirkung vom 1. Januar 2004 aufgehobenen § 6 Abs. 2 HandwO galt dies auch für Dienstleistende[274]. Anders als die Pflicht zur Zahlung von Beiträgen hat der EuGH die Zwangsmitgliedschaft nicht beanstandet, sich aber auch nicht mit ihrer europarechtlichen Statthaftigkeit für Dienstleistende befasst.

a) Beschränkung der Dienstleistungsfreiheit

Bei der Pflichtmitgliedschaft handelt es sich nicht lediglich um eine Erweiterung des Rechtskreises des Mitglieds[275], sondern um eine Freiheitsbeschränkung[276]. Ihre Eignung, die Tätigkeiten des Dienstleistenden zu unterbinden, zu behindern oder weniger attraktiv zu machen, hängt wesentlich von den mit der Kammerzugehörigkeit einhergehenden Pflichten ab. Nach den EuGH-Urteilen entfällt für Dienstleistungserbringer die Beitragspflicht. Darüber hinaus bestehen aber zusätzliche Verpflichtungen. So haben beispielsweise nach § 111 Abs. 1 HandwO die Kammermitglieder bestimmte Auskünfte zu erteilen[277]. Es ist nicht auszuschließen, dass Handwerker von der Ausübung der Dienstleistungsfreiheit Abstand nehmen, weil sie mit diesen Pflichten nicht konfrontiert werden möchten. Ebenso wenig kann ausgeschlossen werden, dass Handwerkern allein aufgrund der Zugehörigkeit zu einer öffentlich-rechtlichen Körperschaft eines anderen Staates grenzüberschreitende Dienstleistungen weniger attraktiv erscheinen. Die Pflichtmitgliedschaft ist danach aus Sicht des Gemeinschaftsrechts nur zu rechtfertigen, wenn sie auf zwingenden Gründen des Gemeinwohls beruht und dem Grundsatz der Verhältnismäßigkeit entspricht[278].

---

274 Vgl. *Meyer*, GewArch. 2001, 265 (268 f.).

275 So aber *Kluth*, Funktionale Selbstverwaltung, S. 303.

276 So auch *Meyer*, GewArch. 2001, 265 (269); ausführlich *Schöbener*, VerwArch. 91 (2000), 374 (377 ff.); für Industrie- und Handelskammern *Gornig*, WiVerw. 1998, 157 (169 f.).

277 Die Vorschrift knüpft an die Eintragung in die Handwerksrolle bzw. in das Verzeichnis nach § 19 HandwO an, so dass sie ausweislich ihres Wortlauts auch anwendbar sein könnte, wenn eine Eintragung nicht zur Mitgliedschaft führt. Gemeint sind aber nur Kammermitglieder, vgl. *Meyer*, GewArch. 2001, 265 (269 Fn. 40).

278 *Meyer*, GewArch. 2001, 265 (269).

b) Verhältnismäßigkeit der Beschränkung

Nach deutschem Verfassungsrecht ist die Zwangsmitgliedschaft in einer berufsständischen Kammer zulässig, wenn deren Errichtung und die zwangsweise Inanspruchnahme der Mitglieder der Erfüllung legitimer öffentlicher Zwecke dienen, dazu geeignet und erforderlich sind sowie die Grenze des Zumutbaren nicht überschreiten. Diese Voraussetzungen werden in der verfassungs- und verwaltungsgerichtlichen Rechtsprechung in Bezug auf die Handwerkskammer bejaht[279]. Danach wird die Pflichtmitgliedschaft grundsätzlich auch im Hinblick auf die gemeinschaftsrechtlichen Grundfreiheiten gerechtfertigt sein. Zu beachten ist jedoch, dass der Grundsatz der Verhältnismäßigkeit auch die Berücksichtigung wesentlicher Besonderheiten bei der Festlegung des grundsätzlich alle Berufsangehörigen umfassenden Mitgliederkreises fordert. In diesem Zusammenhang ist gemeinschaftsrechtlich von Bedeutung, dass die Handwerksordnung, wie vom EuGH bemängelt wurde, nicht zwischen Fällen der Dienstleistungs- und der Niederlassungsfreiheit differenzierte. Dienstleistende wurden nach der alten Rechtslage sogar in den Fällen erfasst, in denen sie, die Bagatellschwelle überschreitend, „nur ganz gelegentlich" oder lediglich ein einziges Mal handwerkliche Dienstleistungen erbrachten. In derartigen Konstellationen nimmt der Handwerker am inländischen Wirtschaftsleben nur in unbedeutendem Maße teil. Die Kammerzugehörigkeit ist jedoch auf eine dauerhafte und regelmäßige Tätigkeit im Inland zugeschnitten[280]. Zudem betrifft die gesetzliche Aufgabe der Kammern, die Interessen des Handwerks zu vertreten (§ 90 Abs. 1 HandwO), wie der Katalog von Einzelaufgaben des § 91 HandwO verdeutlicht, nicht die Interessen aller Handwerksbetriebe in den Mitgliedstaaten, sondern die des inländischen Handwerks. Betroffen sind die Betriebe, die typischerweise den oder wenigstens einen Schwerpunkt ihrer gewerblichen Tätigkeit in Deutschland haben[281], was auf Dienstleistende gerade nicht zutrifft[282].

Gegen die Erforderlichkeit der Mitgliedschaft in der Handwerkskammer wird zudem eingewandt, dass beispielsweise im Inland Dienstleistungen erbringende

279 BVerfGE 32, 54 = NJW 1971, 2299 = DVBl. 1971, 892 = DÖV 1972, 51; BVerwGE 108, 169 = GewArch 1999, 193 = NJW 1999, 2292 = DVBl. 1999, 1041.

280 S. *Meyer*, GewArch. 2001, 265 (269); zur Bedeutung solcher Unterschiede im Zusammenhang mit den Anforderungen an berufliche Qualifikationen s. *Kluth*, in: Calliess/Ruffert, EUV/EGV, Art. 50 EG Rn. 62.

281 Schon aus diesem Grund soll ein aus der sachlichen Zweckbestimmung der Kammer erwachsender Vorteil (vgl. dazu BVerwG, NVwZ-RR 1992, 175; GewArch. 1998, 36) für Dienstleistungserbringer abzulehnen sein; so *Meyer*, GewArch. 2001, 265 (269 Fn. 44).

282 Vgl. *Meyer*, GewArch. 2001, 265 (269).

Rechtsanwälte nicht Mitglied einer deutschen Rechtsanwaltskammer seien[283]. Sie haben zwar die im Aufnahmestaat geltenden Vorschriften einzuhalten, davon ist aber das Erfordernis der Zugehörigkeit zu einer Berufsorganisation in diesem Staat ausgenommen. Entsprechendes gilt für dienstleistende Ärzte[284]. Diese aus den besonderen Gegebenheiten der freien Berufe verständlichen Regelungen können nach einer Ansicht durchaus auch für das Handwerksrecht als Indiz gelten, dass die bloß vorübergehende Tätigkeit als Dienstleistender keine mitgliedschaftliche Einbindung in eine Kammer des Aufnahmestaates erfordert[285]. Gegen die Kammermitgliedschaft wird außerdem vorgetragen, es sei kein Grund ersichtlich, der ein nennenswertes Interesse begründete, Dienstleistende als Kammermitglieder zu erfassen, zumal diese möglicherweise bereits im Herkunftsstaat Berufsverbänden bzw. Körperschaften angehörten[286].

Ein weiterer Gesichtspunkt wird gegen die Zwangsmitgliedschaft für Dienstleistende angeführt: Nach dem Urteil *Corsten* ist die Beitragspflicht unabhängig davon gemeinschaftsrechtswidrig, ob der Handwerker aufgrund seiner Tätigkeit im Inland über eine Wirtschaftskraft verfügt, die sonst zu seiner Heranziehung führt. Bei der Beitragspflicht handelt es sich um eine der Hauptpflichten der Kammermitglieder, soweit sie selbständige Handwerker oder Inhaber handwerksähnlicher Betriebe sind. Sei aber wie bei Dienstleistenden von vornherein jede Beitragspflicht als unverhältnismäßig anzusehen, deute dies zugleich auf die Unverhältnismäßigkeit der Zwangsmitgliedschaft hin[287]. Zwar sei es möglich, dass einzelne Rechte oder Pflichten wegen Unvereinbarkeit mit vorrangigem Recht entfielen, ohne die Mitgliedschaft als solche in ihrem Bestand zu berühren. Stünden aber gerade solche Rechte oder Pflichten in Rede, die zum Kernbereich des Mitgliedsverhältnisses gehörten und damit sein Wesen kennzeichneten, müsse sich ihr Fortfall grundsätzlich auf das gesamte Mitgliedsverhältnis auswirken. Andernfalls bleibe nur eine dem gesetzgeberischen Leitbild nicht entsprechende Mitgliedschaft übrig, die insbesondere dem Gedanken der solidarischen Aufga-

283 Vgl. Gesetz zur Umsetzung von Richtlinien der Europäischen Gemeinschaft auf dem Gebiet des Berufsrechts der Rechtsanwälte vom 03.03.2000, BGBl. I S. 182.

284 S. für Anwälte Richtlinie 77/249/EWG, ABl. Nr. L 78 S. 17; für dienstleistende Ärzte s. Richtlinie 75/362/EWG, ABl. Nr. L 167 S. 1.

285 So *Meyer*, GewArch. 2001, 265 (269 Fn. 46).

286 Vgl. *Meyer*, GewArch. 2001, 265 (269), unter Verweis auf die schon vor der *Corsten*-Entscheidung bestehende bayerische Verwaltungspraxis, nach der österreichische Handwerker grenzüberschreitend Dienstleistungen erbringen konnten, ohne einer Eintragung zu bedürfen und Kammermitglied zu werden, wenn sie die Voraussetzungen für die Eintragung in die Handwerksrolle erfüllten. Diese Praxis ist mit Schreiben vom 16.10.2000 mit Rücksicht auf das Urteil *Corsten* für überholt erklärt worden (GewArch. 2001, 234).

287 So *Meyer*, GewArch. 2001, 265 (269 f.).

benerledigung[288] widerspreche, an deren Kosten sich alle selbständigen Handwerker zu beteiligen hätten[289]. Dementsprechend wurde die Abschaffung der Kammermitgliedschaft für Dienstleistende als zumindest zweckmäßig erachtet, um den Folgerungen aus der *Corsten*-Entscheidung Rechnung zu tragen[290].

Die bloße Mitgliedschaft in einer Kammer scheint für sich betrachtet keine unverhältnismäßige Belastung darzustellen, wenn sie nicht mit weiteren Pflichten verbunden ist. Es wurde zwar darauf hingewiesen, dass schon die Aussicht, Mitglied in einer öffentlich-rechtlichen Körperschaft eines anderen Mitgliedstaats zu werden, eine Dienstleistung in diesem Staat weniger attraktiv erscheinen lassen könnte. Allerdings wäre dies auch nicht belastender als eine deklaratorische Eintragung in einem öffentlichen Register. Wenn man allerdings davon ausgeht, dass eine Mitgliedschaft ohne die gewöhnlich mit ihr verbundenen Pflichten weder für die Kammer, noch für das Mitglied irgendeinen Sinn ergibt, da Mitglieder ohne Beitragspflicht und ohne das durch eine Niederlassung vermittelte dauerhafte Interesse an den Belangen des eigenen Berufsstandes nicht geeignet sind, die durch die Selbstverwaltung ermöglichten Vorteile zur Entfaltung gelangen zu lassen[291], wird man von der Unverhältnismäßigkeit der Zwangsmitgliedschaft ausgehen müssen. Fehlt es bereits an der Geeignetheit, einen legitimen Zweck zu erfüllen, ist auch eine wenig belastende Maßnahme unverhältnismäßig.

c) Sinn einer beitragsfreien Mitgliedschaft

Es darf aber bezweifelt werden, ob eine beitragslose Pflichtmitgliedschaft wirklich sinnlos wäre. Zwar ist das Mitgliedschaftsverhältnis *typischerweise* auf Fälle der Niederlassung zugeschnitten. Das heißt jedoch nicht, dass Dienstleistenden unter keinen Umständen Vorteile aus den ihnen eröffneten Partizipationsmöglichkeiten erwachsen könnten. Von der Prämisse ausgehend, dass Art. 49 EG nur vereinzelt oder einmalig ausgeführte Dienstleistungen erfasst, mag die Annahme zutreffen, dass ein Dienstleistungserbringer kaum in den Genuss der mit der Mitgliedschaft verbundenen Vorteile kommen wird. Nun hat der Europäische Gerichtshof in der *Schnitzer*-Entscheidung allerdings klargestellt, dass auch Dienstleistungen sich durchaus auf mehrere Monate oder sogar Jahre erstrecken können[292]. In derartigen Fällen muss auch nicht notwendigerweise das Interesse an den Belangen des eigenen Berufsstandes fehlen. Der Zweck der Betroffenenmit-

---

288 Zum Solidaritätsgedanken im Kammerrecht s. *Gornig*, WiVerw. 1998, 157 (167).

289 So *Meyer*, GewArch. 2001, 265 (270).

290 S. *Meyer*, GewArch. 2001, 265 (274).

291 So *Burgi*, in: Kluth (Hrsg.), Jahrbuch des Kammerrechts 2002, S. 23 (34).

292 EuGH, Rs. C-215/01, Bruno Schnitzer, Slg. 2003, I-14847, Rn. 30; dazu *Wachter*, EWiR 2004, 59 (60); *Buschle*, ELR 2004, 203 (204).

wirkung könnte in geeigneter Weise erfüllt werden, und die Mitgliedschaft wäre auch erforderlich, da die Mitwirkungsmöglichkeiten in den Handwerkskammern eben nur ihren Mitgliedern offen stehen. Schließlich bestünden wegen der geringen Intensität der Beschränkung auch keine Probleme hinsichtlich der Angemessenheit. Eine Pflichtzugehörigkeit ohne zusätzliche Pflichten wäre demnach nicht sinnlos und unverhältnismäßig, sondern gemeinschaftsrechtlich zulässig.

4. Das Problem der Inländerdiskriminierung

Hat die Eintragung in die Handwerksrolle für EU-Handwerker nur deklaratorische Wirkung, und verzichtet man bei ihnen auf die Kammerzugehörigkeit, während beides für deutsche Handwerker Voraussetzung für die Aufnahme handwerklicher Tätigkeiten ist, kommt es insoweit als Folge des Anwendungsvorrangs zu einer Schlechterstellung deutscher Handwerker. Hauptstreitpunkt in der unter dem Stichwort der Inländerdiskriminierung geführten Diskussion um die Zulässigkeit derartiger Benachteiligungen von Inländern ist die Frage, ob diese Beurteilung auf der Grundlage des Gemeinschaftsrechts oder anhand des jeweiligen nationalen Rechts erfolgen soll[293].

a) Ein gemeinschaftsrechtliches Problem?

Was das Gemeinschaftsrecht und insbesondere die in diesem Zusammenhang interessierenden Personenverkehrsfreiheiten der Niederlassung und des Dienstleistungsverkehrs betrifft, so weist schon der Wortlaut von Art. 43 und 49 EG darauf hin, dass sie nicht auf rein innerstaatliche Sachverhalte und damit nicht auf Inländerdiskriminierungen gemünzt sind, sondern vielmehr stets einen zwischenstaatlichen Sachverhalt voraussetzen[294]. Demgemäß war auch in der Richtlinie 64/427/EWG, die die gegenseitige Anerkennung der im Herkunftsland erworbenen Berufserfahrung regelte, und in der sie umsetzenden EWG/EWR-Handwerks-Verordnung explizit festgelegt, dass sie nur bei Niederlassung oder Erbringung von Dienstleistungen in einem anderen Mitgliedstaat gelten. Die die Richtlinie 64/427/EWG ablösende Richtlinie 1999/42/EG[295] regelt in Titel III ebenfalls lediglich die „Anerkennung beruflicher Befähigungsnachweise aufgrund der in einem anderen Mitgliedstaat erworbenen Berufserfahrung".

Dem entspricht die ständige Rechtsprechung des Europäischen Gerichtshofs, wonach die Vertragsbestimmungen über die Niederlassungs- und Dienst-

293 Vgl. *Früh*, GewArch. 2001, 58.

294 Vgl. *Diefenbach*, GewArch. 2001, 353; *Streinz*, Europarecht, Rn. 682 ff.

295 ABl. EG L 201 vom 31.07.1999, S. 77.

leistungsfreiheit wie auch die übrigen Grundfreiheiten und Diskriminierungsverbote des EG-Vertrages[296] „nicht auf rein interne Verhältnisse eines Mitgliedstaates“[297] anwendbar sind, also „nicht auf Betätigungen ..., deren Elemente sämtlich nicht über die Grenzen eines Mitgliedstaates hinausweisen“[298]. Nach ständiger Rechtsprechung des EuGH liegt das erforderliche grenzüberschreitende Element nicht allein dann vor, wenn die grenzüberschreitend Tätigen Staatsangehörige eines anderen Mitgliedstaates als des Zielstaates sind. Vielmehr müssen die Mitgliedstaaten die gemeinschaftsrechtlichen Vergünstigungen hinsichtlich der Grundfreiheiten auch denjenigen ihrer eigenen Staatsangehörigen gewähren, die von diesen Erleichterungen „Gebrauch gemacht haben und die dank dieser Erleichterungen die in der Richtlinie erwähnten beruflichen Qualifikationen in einem anderen Mitgliedstaat als dem erworben haben, dessen Staatsangehörigkeit sie besitzen“[299]. Die Diskriminierungsverbote des Gemeinschaftsrechts gelten mithin im Bereich der Niederlassungs- und Dienstleistungsfreiheit auch für eigene Staatsangehörige, „wenn sie sich aufgrund der Tatsache, dass sie rechtmäßig im Hoheitsgebiet eines anderen Mitgliedstaates ansässig waren ..., gegenüber ihrem Herkunftsland in einer Lage befinden, die mit derjenigen aller anderen Personen, die in den Genuss der durch den Vertrag garantierten Rechte und Freiheiten kommen, vergleichbar ist“[300]. An der Auffassung, dass die gemeinschaftsrechtlichen Diskriminierungsverbote nur auf Sachverhalte mit zwischenstaatlichem Bezug anwendbar sind und somit Fälle der Inländerdiskriminierung nicht erfassen, hält der EuGH bis heute fest[301].

Die deutschen Gerichte teilen diese Rechtsauffassung[302] ebenso wie der überwiegende Teil des Schrifttums[303]. Umgekehrte Diskriminierungen widersprechen

---

296 Mit Ausnahme des in Art. 141 EG enthaltenen Diskriminierungsverbots.

297 EuGH, Rs. 115/78, Knoors, Slg. 1979, 399, Rn. 24; vgl. auch EuGH, Rs. C-358/98, Kommission/Italien, Slg. 2000, I-1255.

298 EuGH, Rs. C-332/90, Steen/Deutsche Bundespost, Slg. 1992, I-341, Rn. 9; Rs. C-29/94 bis C-35/94, Aubertin u.a., Slg. 1995, I-301, Rn. 9; Rs. C-415/93, Bosman, Slg. 1995, I-4921, Rn. 89; weitere Rechtsprechungsnachweise bei *Epiney*, in: Calliess/Ruffert (Hrsg.), EUV/EGV, Art. 12 EG Rn. 29.

299 EuGH, Rs. 115/78, Knoors, Slg. 1979, 399, Rn. 19

300 EuGH, Rs. 115//78, Knoors, Slg. 1979, 399, Rn. 24; vgl. auch Rs. C-19/92, Kraus, Slg. 1993, I-1663, Rn. 32.

301 Vgl. *Diefenbach*, GewArch. 2001, 353 (354).

302 S. BVerwGE 96, 293 (302); BGHZ 108, 342 (345); BAG, DB 1999, 2014 (2015); VGH Mannheim, NVwZ 2000, 1313 (1314).

303 Vgl. nur *Bleckmann*, in: ders., Europarecht, Rn. 1761; *Streinz*, Europarecht, Rn. 685; *Hobe*, Europarecht, Rn. 500 u. 509; *Schilling*, JZ 1994, 8 (9); *Fastenrath*, JZ 1987, 170 (172); weitere Literaturnachweise bei *Epiney*, in: Calliess/Ruffert, EUV/EGV, Art. 12 EG Rn. 32; vereinzelt wird allerdings auch angenommen, dass Beurteilungsmaßstab für Inländerdiskriminierungen europäisches Gemeinschaftsrecht sei, vgl. *Epiney*, Umgekehrte Diskriminierungen (insb. S. 527); *Lackhoff/Raczinski*, EWS 1997, 109 (112).

„zwar dem Binnenmarktgedanken, nicht aber dem Binnenmarktrecht"[304]. Die Zulässigkeit der Inländerdiskriminierung ist keine Frage des Gemeinschaftsrechts, sondern eine solche des nationalen Verfassungsrechts, in Deutschland des Gleichheitssatzes (Art. 3 GG) und der Freiheitsrechte (vor allem Art. 12 GG)[305].

b) Die Inländerdiskriminierung im deutschen Recht

In einem Beschluss vom 5. Dezember 2005 hat sich das BVerfG zur verfassungsrechtlichen Beurteilung der Inländerdiskriminierung geäußert. Mit der Verfassungsbeschwerde wurde eine Verletzung von Art. 12 GG sowie Art. 3 GG durch die Auferlegung einer Geldbuße wegen einer unzulässigen selbständigen Handwerksausübung gerügt. Mit Blick auf die Veränderung der wirtschaftlichen und rechtlichen Umstände seien, so das BVerfG, Zweifel daran angebracht, ob die bis Ende des Jahres 2003 geltenden Regelungen über die Ausgestaltung des Meisterzwangs (§ 1 Abs. 1 S. 1 i.V.m. § 7 HandwO a.F.) dem Grundsatz der Verhältnismäßigkeit noch entsprächen[306]: Die mit der Normierung des Meisterzwangs verfolgten Ziele – die Erhaltung des Leistungsstands und der Leistungsfähigkeit des Handwerks sowie die Sicherung der Ausbildung qualifizierten Nachwuchses für die gesamte gewerbliche Wirtschaft[307] – stellten zwar wichtige Gemeinwohlbelange dar. Allerdings stehe die Zumutbarkeit der Regelungen in Frage, weil sich durch die wachsende Konkurrenz aus dem EU-Ausland eine erhebliche Veränderung der Umstände ergeben habe. Zumindest in grenznahen Gebieten hätten deutsche Handwerker in ernsthafter Konkurrenz mit Handwerkern aus anderen EU-Staaten gestanden, die zur Eintragung in die Handwerksrolle lediglich eine mehrjährige Berufserfahrung mit herausgehobener beruflicher Verantwortung bedurften, nicht jedoch einer dem Meistertitel entsprechenden Qualifikation. Die spürbare Konkurrenz aus dem EU-Ausland lasse bereits daran zweifeln, ob der große Befähigungsnachweis, weil er diese Anbieter nicht erreichte, zur Sicherung der Qualität der in Deutschland angebotenen Handwerkerleistungen noch geeignet sein konnte. Vor allem sei aber fraglich, ob angesichts des Konkurrenzdrucks durch EU-Handwerker deutschen Gesellen noch die Aufrechterhaltung einer gesetzlichen Regelung zuzumuten sei, die ihnen für den Marktzugang in zeitlicher, fachlicher und finanzieller Sicht deutlich mehr abverlange als ihren ausländischen

304 Vgl. *Streinz*, Europarecht, Rn. 685.

305 Vgl. *Streinz*, in: ders. (Hrsg.), EUV/EGV, Art. 12 EG Rn. 6 u. 58 ff.; *ders.*, Europarecht, Rn. 685; *Geerlings/Leuze*, VR 2004, 113 (117); *Schilling*, JZ 1994, 8 (10 ff.); *Osterloh*, in: Sachs (Hrsg.), GG, Art. 3 Rn. 71 m.w.N.; im Handwerksrecht wird die Inländerdiskriminierung von der Rspr. nicht beanstandet, vgl. OVG Lüneburg, NVwZ-RR 2004, 27 (28).

306 BVerfG, Beschl. v. 5.12.2005, BvR 1730/02, Rn. 18 ff. = DVBl. 2006, 244 ff.

307 Vgl. BVerfGE 13, 97 (110 u. 113).

Wettbewerbern auf dem deutschen Markt, so dass die Schwere des Eingriffs zu dem Ziel der Qualitätssicherung nicht länger in einem angemessenen Verhältnis gestanden haben könnte.

Somit ist die Inländerdiskriminierung verfassungsrechtlich durchaus problematisch. Auf etwaige Inländerdiskriminierungen im Rahmen der Pflichtmitgliedschaft in Kammern lässt sich das Urteil jedoch nicht übertragen. Wenn Dienstleister aus anderen Mitgliedstaaten keiner Beitragspflicht unterliegen, bleiben den Kammern noch die deutschen Mitglieder als Beitragszahler erhalten, so dass eine Finanzierung der Kammeraufgaben sichergestellt ist. Fielen auch die Beiträge dieser Mitglieder weg, könnten die Kammern ihre Aufgaben nicht länger erfüllen.

IV. Die Handwerksreform vom 24. Dezember 2003

Wie oben gezeigt, verstieß das alte Verfahren zur Eintragung in die Handwerksrolle gegen Art. 49 EG. Es reicht, um den gemeinschaftsrechtlichen Vorgaben gerecht zu werden, nicht aus, europarechtswidrige Bestimmungen in der Praxis auf Staatsangehörige anderer Mitgliedstaaten nicht anzuwenden. Dadurch wird die Verletzung des Gemeinschaftsrechts, die die betreffenden Vorschriften darstellen, nicht beseitigt[308]. Nach ständiger Rechtsprechung lässt sich die Unvereinbarkeit nationalen Rechts mit Gemeinschaftsrecht auch insoweit, als dieses unmittelbar anwendbar ist, letztlich nur durch verbindliche nationale Bestimmungen ausräumen, denen derselbe rechtliche Rang zukommt wie den zu ändernden Bestimmungen[309].

1. Durch die EuGH-Rechtsprechung indizierte Änderungen

Mit der Handwerksnovelle vom 24. Dezember 2003 hat der deutsche Gesetzgeber u.a. das Ziel verfolgt, den Vorgaben der Judikatur des Europäischen Gerichtshofs in den Sachen *Corsten* und *Schnitzer* Rechnung zu tragen[310] und der im Handwerk bestehenden Inländerdiskriminierung gegenüber europäischen Konkurrenten zu begegnen[311]. Die Pflicht zur Eintragung von dienstleistenden EU-Handwerkern hatte er bereits im Oktober 2002 durch eine Neufassung der

---

308 Vgl. EuGH, Rs. C-358/98, Kommission/Italien, Slg. 2000, I-1255, Rn. 16.

309 Vgl. EuGH, Rs. C-358/98, Kommission/Italien, Slg. 2000, I-1255, Rn. 17.

310 Vgl. *Schwannecke/Heck*, GewArch. 2004, 129 (130); *Pechstein/Kubicki*, EuZW 2004, 167 (169).

311 S. *Hartmann*, in: Kluth (Hrsg.), Jahrbuch des Kammerrechts 2003, S. 241 (243).

EWG/EWR-HwVO abgeschafft[312] und war damit über das hinausgegangen, was unbedingt geboten war[313]. Dies folgt nun auch aus der Neufassung von § 9 Abs. 2 HandwO, dessen letzter Satz die Anwendung von § 1 Abs. 1 HandwO (Handwerksausübung nur bei Eintragung in die Handwerksrolle) auf die Fälle der neuerdings vorgesehenen Bescheinigung für dienstleistende EU-Ausländer nach § 9 Abs. 2 HandwO i.V.m. § 4 EU/EWR-HwVO ausschließt. Die Einführung dieser neuen Bescheinigung ist nur sinnvoll als Ersatz für die Eintragung in die Handwerksrolle[314]. Das Verfahren der Ausnahmebewilligung zur Eintragung in die Handwerksrolle nach §§ 1 bis 3 EU/EWR-HwVO ist hingegen nur noch für diejenigen EU-Handwerker einschlägig, die sich niederlassen wollen.

Für die Erteilung einer Bescheinigung nach § 9 Abs. 2 HandwO i.V.m. § 4 EU/EWR-HwVO darf wegen der Vorgaben des EuGH nur noch die Einhaltung der in den §§ 1 bis 3 EU/EWR-HwVO umgesetzten Richtlinie 1999/42/EG über die Anerkennung von Befähigungsnachweisen geprüft werden, die neben dem Gebot einer materiellen Vergleichbarkeitsprüfung der erworbenen Befähigungsnachweise auch eine Anerkennung aufgrund einschlägiger Berufserfahrung vorsieht. Im Hinblick auf die Anerkennung von Nachweisen ist der Aufnahmestaat an die Nachweise aus dem Herkunftsstaat gebunden (Art. 8 Richtlinie 1999/42/EG; § 2 S. 1 EU/EWR-HwVO)[315]. Der in § 2 S. 2 EU/EWR-HwVO zusätzlich geforderte Nachweis eines *staatlichen* Zeugnisses für eine Ausbildung dürfte rechtswidrig sein, da er über die Anforderungen der Art. 5 und 8 der Richtlinie 1999/42/EG hinausgeht[316].

Im Bereich zulassungspflichtiger Handwerke stellt auch der auf dienstleistende EU-Handwerker bezogene Ausschluss der Anwendbarkeit von § 5 HandwO, welcher auch Arbeiten in anderen Handwerken erlaubt, sofern sie mit dem Leistungsangebot des Handwerkers technisch oder fachlich zusammenhängen oder dieses wirtschaftlich ergänzen, „einen klaren Verstoß gegen Gemeinschaftsrecht dar"[317]. Die Vorschrift knüpft hinsichtlich ihres personellen Anwendungsbereichs an § 1 Abs. 1 HandwO an und begrenzt mithin die Reichweite der entsprechenden ergänzenden Tätigkeitsmöglichkeiten auf solche Betriebe, die in der Handwerksrolle eingetragen sind. Zu Letzteren zählen nach § 9 Abs. 2 S. 8 HandwO jedoch nicht die EU-Handwerker, die über eine Bescheinigung nach § 9

---

312 § 4 EWG/EWR-HwVO: Ausnahmebewilligung ohne Eintragung für Dienstleistende.

313 Vgl. *Pechstein/Kubicki*, EuZW 2004, 167 (169); *Meyer*, in: Kluth (Hrsg.), Jahrbuch des Kammerrechts 2003, S. 201 (216).

314 *Pechstein/Kubicki*, EuZW 2004, 167 (169).

315 Nach Art. 10 Abs. 1 der Richtlinie 1999/42/EG sind die Mitgliedstaaten gegenüber den anderen Mitgliedstaaten und der Kommission verpflichtet, die entsprechenden Organe zu benennen, die solche Nachweise ausstellen können.

316 So *Pechstein/Kubicki*, EuZW 2004, 167 (169).

317 So *Pechstein/Kubicki*, EuZW 2004, 167 (169).

Abs. 2 HandwO i.V.m. § 4 EU/EWR-HwVO verfügen und gerade deswegen nicht in die Handwerksrolle eingetragen worden sind. Sie werden insoweit schlechter gestellt als in Deutschland ansässige und in die Handwerksrolle eingetragene Handwerker, was eine versteckte Diskriminierung darstellt, für die kein Rechtfertigungsgrund erkennbar ist. Wegen des gemeinschaftsrechtlichen Anwendungsvorrangs muss § 5 HandwO deshalb auch im Hinblick auf dienstleistende EU-Handwerker Anwendung finden[318].

2. Weitere gemeinschaftsrechtsrelevante Neuerungen

Mit der Einführung zulassungsfreier Handwerksberufe und ihrer Gleichstellung mit dem handwerksähnlichen Gewerbe, für deren Ausübung es weder eines Meisterbriefs, noch eines sonstigen Qualifikationsnachweises[319] bedarf, hat der Gesetzgeber eine neue Kategorie von Handwerkstätigkeiten geschaffen[320], die aufgrund von Art. 49, 50 EG auch von Dienstleistern aus anderen Mitgliedstaaten unter den gleichen Bedingungen wie von deutschen Handwerkern genutzt werden kann. Dienstleister, die von dieser Kategorie Gebrauch machen wollen, müssen mangels handwerksrechtlicher Qualifikationsanforderungen keine Bescheinigung nach § 9 Abs. 2 HandwO i.V.m. § 4 EU/EWR-HwVO beantragen, die ausschließlich auf die Qualifikationsprüfung bezogen ist. § 5 HandwO gilt nicht für zulassungsfreie Handwerke und handwerksähnliche Gewerbe. Vielmehr bleibt die dort niedergelegte Berechtigung den weiterhin zulassungspflichtigen Handwerken vorbehalten[321].

Die nunmehr für Inländer und niederlassungswillige oder dienstleistungserbringende EU-Ausländer gleichermaßen mögliche Ausübung zulassungsfreier Handwerke und handwerksähnlicher Berufe unterliegt allerdings einer Anzeige- (§ 18 Abs. 1 S. 1 HandwO) und Registrierungspflicht (§§ 19, 20 HandwO). Diese sind in gemeinschaftsrechtlicher Hinsicht aufgrund ihrer unterschiedslosen Anwendbarkeit vor dem Hintergrund der einschlägigen EuGH-Rechtsprechung ebenso wenig zu beanstanden wie der Ausschluss von § 5 HandwO[322]. Dasselbe

318 S. *Pechstein/Kubicki*, EuZW 2004, 167 (169).

319 Abgesehen vom Fall der Ausbildungsberechtigung, § 21 Abs. 6 HandwO.

320 S. dazu *Dürr*, GewArch. 2005, 364 ff.

321 Dazu *Honig*, HandwO, § 5 Rn. 4 f.

322 Fraglich ist allerdings, ob die in diesem Zusammenhang nach § 20 HandwO entsprechend anzuwendenden Regelungen der §§ 10 Abs. 1; 11; 12; 13 Abs. 1-3, 5; 14; 15 und 17 HandwO bezüglich der Registrierung zu gemeinschaftsrechtswidrigen zusätzlichen Erschwernissen für das Erbringen von Dienstleistungen durch Handwerker anderer Mitgliedstaaten führen. Dagegen lässt sich zunächst einwenden, dass bei zulassungsfreien Handwerksberufen und handwerksähnlichen Gewerben anders als bei zulassungspflichtigen Handwerken, bei denen von der Möglichkeit einer „freiwilligen" Eintragung gerade aus Gründen zusätzlicher Erschwernis

gilt für die zwangsweise Kammermitgliedschaft (§ 90 Abs. 2 HandwO) für diese Berufsgruppen, egal ob es um die Dienstleistungs- oder die Niederlassungsfreiheit geht[323]. Soweit diese jedoch auch für dienstleistende EU-Handwerker eine Beitragspflicht nach sich zieht (§ 113 HandwO), steht sie zu den vom Europäischen Gerichtshof aufgestellten Anforderungen im Widerspruch. Aufgrund des Anwendungsvorrangs des Gemeinschaftsrechts kann deshalb bei dienstleistenden Handwerkern aus anderen Mitgliedstaaten auch bei Tätigkeiten nach Anlage B zur HandwO die Erhebung des Kammerbeitrags nicht aufrechterhalten werden. Vielmehr ist die Handwerksordnung insoweit zu ändern[324].

Die neben der Anzeigepflicht verbleibende und grundsätzlich gemeinschaftsrechtlich unbedenkliche Registrierungspflicht sowie die beitragslose Kammermitgliedschaft erscheinen jedoch in einem seltsamen Licht, wenn man sich die Regelung für EU-Dienstleister im Bereich der weiterhin zulassungspflichtigen Handwerke vor Augen führt: Entfällt für dienstleistende EU-Handwerker bei der Ausübung eines zulassungspflichtigen Handwerks nach Erteilung der Bescheinigung gemäß § 9 Abs. 2 HandwO i.V.m. § 4 EU/EWR-HwVO die Pflicht zur Eintragung in die Handwerksrolle vollständig, kann die Aufrechterhaltung der Registrierungspflicht für EU-Handwerker in zulassungsfreien und handwerksähnlichen Bereichen nur als Versehen gewertet werden[325]. Hierbei handelt es sich zwar lediglich um eine ungleiche Behandlung zwischen verschiedenen EU-Ausländern, die jeweils für sich genommen mit Art. 49 EG im Einklang steht. Eine Diskriminierung nach der Staatsangehörigkeit im Verhältnis zu Inländern liegt somit nicht vor. Gleichwohl wird der Sinn der Neuregelung konterkariert, indem die eigentlich weniger regelungsintensiv behandelte Gruppe der zulassungsfreien Handwerke nun stärker belastet wird[326].

Abstand genommen wurde (vgl. BT-Drucks. 15/1206, S. 30), kein vorangehendes Verwaltungsverfahren über die Feststellung der Qualifikationen durchgeführt wird und auch nicht durchgeführt werden muss, vgl. *Pechstein/Kubicki*, EuZW 2004, 167 (170, Fn. 38). Andererseits stellt sich bei der Anzeige- und Registrierungspflicht die Frage nach der Sachgerechtigkeit, wenn der EU-Handwerker bundesweit tätig werden darf (vgl. BT-Drucks. 15/1206, S. 30).

323 Vgl. *Pechstein/Kubicki*, EuZW 2004, 167 (170); zur Verfassungsmäßigkeit der Kammermitgliedschaft für diese Personengruppe vgl. *Honig*, HandwO, § 18 Rn. 8 f.

324 Vgl. *Pechstein/Kubicki*, EuZW 2004, 167 (170).

325 Vgl. *Pechstein/Kubicki*, EuZW 2004, 167 (170), die eine rasche Korrektur durch den Gesetzgeber empfehlen.

326 So auch *Pechstein/Kubicki*, EuZW 2004, 167 (170).

V. Bedeutung der Urteile für andere Wirtschafts- und Berufskammern

Nach dem Urteil *Corsten* wurde teilweise erwartet, dass es sich auch auf die Diskussion um die Pflichtmitgliedschaft in den Industrie- und Handelskammern oder berufsständischen Kammern auswirken und diese „zusätzlich anfachen" würde[327]. Im Bereich der Dienstleistungsfreiheit gemäß Art. 49 EG lässt sich die *Corsten*-Entscheidung jedoch ebenso wenig wie die Aussagen des EuGH in der Rechtssache *Schnitzer* auf die übrigen wirtschaftlichen und freiberuflichen Kammern übertragen[328]: Was die Industrie- und Handelskammern betrifft, wurde bereits darauf hingewiesen, dass dort die Pflichtmitgliedschaft gemäß § 2 Abs. 1 IHKG überhaupt nur bei Vorhandensein einer Niederlassung in Deutschland eingreift[329]. Gerade das Fehlen einer Differenzierung zwischen Dienstleistungs- und Niederlassungsfällen in der Handwerksordnung hatte der Europäische Gerichtshof als maßgeblich für den Verstoß gegen den EG-Vertrag erachtet. Die IHK-Pflichtmitgliedschaft steht somit nicht im Widerspruch zu Art. 49 EG.

Dass im Bereich des Handwerks die Pflichtmitgliedschaft für einen nur gelegentlich in Deutschland tätigen Dienstleister als unzumutbar angesehen wurde, ist eine Selbstverständlichkeit, die im Bereich der freien Berufe seit jeher weitestgehend beachtet worden ist[330]. Hier knüpft die Pflichtmitgliedschaft in sämtlichen Gesetzen an eine Niederlassung in Deutschland an[331]. Teilweise ist allerdings auch im Bereich der freiberuflichen Kammern erst anlässlich der EuGH-Rechtsprechung reagiert worden: So bestimmt § 3 Abs. 1 HeilBerG NW nun, dass Angehörige anderer Mitgliedstaaten, die ihren Beruf in Deutschland im Rahmen des Dienstleistungsverkehrs gelegentlich oder vorübergehend ausüben, ohne hier eine berufliche Niederlassung oder ihren gewöhnlichen Aufenthalt zu haben, abweichend von § 2 Abs. 1 S. 1 HeilBerG NW den Kammern nicht angehören, solange sie in einem anderen Mitgliedstaat der Europäischen Union oder in einem anderen Vertragsstaat des Abkommens über den Europäischen Wirtschaftsraum ihren gewöhnlichen Aufenthalt haben. Auch zwischen der Zwangsmitgliedschaft in be-

---

327 S. *Keller*, VBlBW 2002, 151 (159).

328 Vgl. *Jahn*, GewArch. 2005, 169 (172); *ders.*, JuS 2002, 434 (438).

329 S. dazu auch VG Darmstadt, NVwZ 2002, 1398 (1399). Das VG lehnt eine Vorlage an den EuGH nach Art. 234 EG zur Überprüfung der Vereinbarkeit der IHK-Pflichtmitgliedschaft ab, da den Gegenstand einer solchen Vorlage ausschließlich die Auslegung und Gültigkeit des EG-Rechts und nicht die Vereinbarkeit nationalen Rechts mit dem Gemeinschaftsrecht bilde (a.a.O., 1398). Bei entsprechender Formulierung der Vorlagefrage könnte der EuGH aber durchaus darüber befinden, ob Art. 49 EG bzw. Art. 43 EG so auszulegen sind, dass sie der Zwangsmitgliedschaft in der IHK entgegenstehen. Zudem kommt es nicht selten vor, dass der EuGH falsch formulierte Vorlagefragen selbst umformuliert.

330 Vgl. *Möstl*, WiVerw. 2002, 213 (223).

331 Siehe z.B. § 60 Abs. 1 BRAO; § 27 Abs. 1 EuRAG; Art. 14 BayArchG.

rufsständischen Kammern und der Dienstleistungsfreiheit bestehen mithin keinerlei Konflikte.

Selbst wenn eine Anknüpfung an die Dienstleistungserbringung vorhanden wäre, wäre nach den bisher gewonnenen Erkenntnissen allerdings eine beitrags- und kostenlose Kammermitgliedschaft mit Art. 49 EG vereinbar. Voraussetzung wäre jedoch, dass diese die Aufnahme der Dienstleistung nicht verzögert.

VI. Die Berufsanerkennungsrichtlinie

Am 7. September 2005 haben der Rat und das Europäische Parlament eine neue Berufsanerkennungsrichtlinie[332] erlassen[333]. Ihren Schwerpunkt hat die Richtlinie bei den Regelungen zum Marktzugang. Allerdings wirken sich diese Bestimmungen auch auf das anwendbare Recht für das Marktverhalten aus[334]. Die Regelungen zum Marktverhalten der Berufsträger werden vom in Art. 4 Abs. 1 der Richtlinie genannten Prinzip der Inländergleichbehandlung beherrscht. Im Gegensatz zum den Marktzugang dominierenden Grundsatz der gegenseitigen Anerkennung gilt damit das Bestimmungslandprinzip[335]. Es hat zur Folge, dass für das Marktverhalten der Berufsträger insbesondere das Berufsrecht des Mitgliedstaats gilt, in dem der Beruf ausgeübt wird. Das betrifft grundsätzlich auch die Mitgliedschaft in den Trägern freiberuflicher und wirtschaftlicher Selbstverwaltung[336].

Auch im Bereich der Dienstleistungsfreiheit nach Art. 49 EG ist der Dienstleistungserbringer grundsätzlich dem Bestimmungslandprinzip unterworfen, doch werden von diesem Grundsatz angesichts der nur zeitweiligen Betätigung auf einem fremden Markt im Einklang mit der Judikatur des EuGH zu Art. 49 EG, insbesondere in der Rechtssache *Corsten*, Ausnahmen gemacht: So wird der Dienstleister von der Pflicht entbunden, sich vor der Berufsausübung bei einer Berufsorganisation zuzulassen, eintragen zu lassen oder dort Pflichtmitglied zu sein. Diese Anforderungen würden die Ausübung der im Primärrecht verankerten Dienstleistungsfreiheit weniger attraktiv machen und somit eine nach der Rechtsprechung des Gerichtshofs durch die mit ihnen verfolgten Ziele im Bereich der Dienstleistungsfreiheit nicht zu rechtfertigende Beschränkung darstellen, insbe-

---

332 Richtlinie 2005/36/EG des Europäischen Parlaments und des Rates über die Anerkennung von Berufsqualifikationen vom 7. September 2005 (ABl. EG L 255 vom 30.9.2005, S. 22).

333 Zum Rechtsetzungsverfahren s. *Kluth/Rieger*, EuZW 2005, 486.

334 Vgl. *Kluth/Rieger*, EuZW 2005, 486 (488).

335 Vgl. allgemein zum Bestimmungslandprinzip und Herkunftslandprinzip *Frenz*, Handbuch Europarecht, Bd. 1, Rn. 2188 f.; *Leible*, in: Streinz (Hrsg.), EUV/EGV, Art. 14 EG Rn. 16 ff.

336 Vgl. *Kluth/Rieger*, EuZW 2005, 486 (489).

sondere wenn sie, wie die Kammermitgliedschaft, mit Kosten verbunden sind[337]. Gemäß Art. 7 muss sich der Dienstleistende vor der erstmaligen Dienstleistungserbringung und danach jährlich bei den Behörden des Ziellandes melden, um die Berufsaufsicht auch faktisch zu ermöglichen. Zu diesem Zweck können die zuständigen Behörden nach Art. 8 auch Informationen vom Niederlassungsmitgliedstaat anfordern. Zwar darf die Anzeigepflicht[338] in den Mitgliedstaaten nicht zur beitragspflichtigen Mitgliedschaft in einer Kammer, ausweislich Art. 6 lit. a jedoch zu einer Pro-Forma-Mitgliedschaft führen, so dass die Berufsaufsicht wirksam ausgeübt werden kann.

Aus der Berufsanerkennungsrichtlinie ergeben sich hinsichtlich der Kammermitgliedschaft keine Anforderungen, die nicht bereits aus der einschlägigen EuGH-Rechtsprechung folgen.

E. Vereinbarkeit mit der Niederlassungsfreiheit, Art. 43 EG

Bestehen nach den bisherigen Ausführungen keine Konflikte mit der Dienstleistungsfreiheit, entscheidet sich „das juristische Schicksal der Pflichtmitgliedschaft in Europa“[339] im Anwendungsbereich der Niederlassungsfreiheit nach Art. 43 EG, denn spätestens mit der Niederlassung geht in allen Bereichen der funktionalen Selbstverwaltung die Pflichtmitgliedschaft einher.

Die Niederlassungsfreiheit bezweckt, den EU-Bürgern und auch Gesellschaften[340] in wirtschaftlicher Hinsicht die Möglichkeit einzuräumen, sich dort niederzulassen, wo die für die Arbeit maßgeblichen Produktionsfaktoren, die notwendige Infrastruktur und alle sonstigen Elemente die günstigste Kostenrelation aufweisen, um von diesem Standort aus die Freiheit des Waren- und Dienstleistungsverkehrs zu nutzen[341]. Damit genießen Unionsbürger die freie Standortwahl, die ihnen die bestmögliche Ausnutzung der Ressourcen ermöglicht und ihrem wirtschaftlichen Fortschritt dient[342]. Es stellt sich die Frage, inwieweit Wirtschaftsteilnehmer aus EG-Mitgliedstaaten die in Deutschland eine gewerbliche Niederlassung i.S.d. § 2 Abs. 1 IHKG begründen, durch die Pflichtmitgliedschaft in ihrer in Art. 43 EG verankerten Niederlassungsfreiheit beeinträchtigt werden.

---

337 Vgl. dazu auch den 7. Erwägungsgrund der Richtlinie 2005/36/EG.

338 Eine derartige Anzeigepflicht für nicht kammerzugehörige EU-Dienstleister statuiert beispielsweise § 3 Abs. 2 S. 1 HeilBerG NW.

339 *Burgi*, in: Kluth (Hrsg.), Jahrbuch des Kammerrechts 2002, S. 23 (34).

340 Vgl. EuGH, Rs. 81/87, Daily Mail, Slg. 1988, 5483, Rn. 15 ff.

341 S. *Oppermann*, Europarecht, § 26 Rn. 6; *Gornig*, WiVerw. 1998, 157 (175).

342 *Oppermann*, Europarecht, § 26 Rn. 6; *Gornig*, WiVwerw. 1998, 157 (175).

Dasselbe gilt für Handwerker und Freiberufler, die sich in der Bundesrepublik niederlassen wollen.

Teilweise ist aus dem Urteil in der Sache *Corsten* geschlossen worden, dass das nationale Handwerksrecht nicht daran gehindert sei, eine Pflichtmitgliedschaft für in Deutschland niedergelassene Unternehmen zu fordern. Der EuGH habe seine Entscheidung zum Anlass genommen, klarzustellen, dass die Erfordernisse des deutschen Handwerksrechts in Bezug auf Pflichtmitgliedschaft und Beitragszahlung in einem Fall, welcher die Niederlassungsfreiheit betreffe, nicht außer Verhältnis stünden, um die Anforderungen an den Leistungsstand des Handwerks zu gewährleisten[343]. Im Ergebnis mag dies zutreffen, jedoch lässt es sich den Aussagen des Gerichtshofs nicht ohne weiteres entnehmen. Vielmehr hat der EuGH es in Rn. 45 des *Corsten*-Urteils offen gelassen, ob in Niederlassungsfällen das Erfordernis der Eintragung in die Handwerksrolle mit der Folge der Pflichtmitgliedschaft in der Handwerkskammer und entsprechender Beitragspflicht gerechtfertigt ist[344].

I. Persönlicher und sachlicher Anwendungsbereich der Niederlassungsfreiheit

Auf das Recht auf freie Niederlassung kann sich nur berufen, wer einen personalen Anknüpfungspunkt zur EU vorzuweisen hat. In diesem Zusammenhang ist daran zu erinnern, dass Inländer bei Sachverhalten ohne jedes grenzüberschreitende Element nicht von den Grundfreiheiten Gebrauch machen können[345]. Für sekundäre Niederlassungsformen wie Zweigniederlassungen und Agenturen ist außerdem erforderlich, dass der Niederlassungswillige in einem EG-Mitgliedstaat ansässig ist. Für die Ansässigkeit maßgeblich ist der Ort, an dem der Niederlassungswillige seiner geschäftlichen Tätigkeit nachzugehen beabsichtigt[346]. Nicht entscheidend ist hingegen der private Wohnsitz des Betroffenen[347]. Nach Art. 48 EG wird die Niederlassungsfreiheit auch Gesellschaften zuerkannt, wenn sie nach den Rechtsvorschriften eines Mitgliedstaats gegründet wurden und ihren Satzungssitz, ihre Hauptverwaltung oder ihre Hauptniederlassung in der Gemeinschaft haben.

---

343 So *Grünhagen*, EuLF 2000/01, 110 (111).

344 So auch *Meyer*, GewArch. 2001, 265 (266 f.).

345 Zur Niederlassungsfreiheit vgl. *Bröhmer*, in: Calliess/Ruffert (Hrsg.), EUV/EGV, Art. 43 EG Rn. 6; *Müller-Graff*, in: Streinz (Hrsg.), EUV/EGV, Art. 43 EG Rn. 27.

346 Vgl. *Müller-Graff*, in: Streinz (Hrsg.), EUV/EGV, Art. 43 EG Rn. 31; *Bröhmer*, in: Calliess/Ruffert (Hrsg.), EUV/EGV, Art. 43 Rn. 18.

347 Vgl. EuGH, Rs. C-112/91, Hans Werner/Finanzamt Aachen-Innenstadt, Slg. 1993, I-429; *Müller-Graff*, in: Streinz (Hrsg.), EUV/EGV, Art. 43 EG Rn. 31; *Hobe*, Europarecht, Rn. 650.

Der sachliche Anwendungsbereich der Niederlassungsfreiheit umfasst nach der Rechtsprechung des Gerichtshofs „die tatsächliche Ausübung einer wirtschaftlichen Tätigkeit mittels einer festen Einrichtung in einem anderen Mitgliedstaat auf unbestimmte Zeit“[348]. Zudem muss diese Tätigkeit gegen Entgelt erfolgen, wobei es auf eine Gewinnerzielungsabsicht jedoch nicht ankommt[349]. Es muss sich ferner um eine selbständige Erwerbstätigkeit handeln. Der Begriff der selbständigen Erwerbstätigkeit, der die Niederlassungsfreiheit von der Arbeitnehmerfreizügigkeit nach Art. 39 EG abgrenzt[350], ist weit auszulegen und umfasst gewerbliche Tätigkeiten in Industrie, Handel und Handwerk ebenso wie freiberufliche Tätigkeiten[351].

Gewerbetreibende aus anderen Mitgliedstaaten, die die Voraussetzungen des § 2 IHKG erfüllen und daher der Pflichtmitgliedschaft in den Industrie- und Handelskammern ihres Bezirks unterliegen, werden mithin vom Anwendungsbereich der Niederlassungsfreiheit erfasst[352], ebenso wie die übrigen Personengruppen, deren Mitgliedschaft in den Trägern wirtschaftlicher und berufsständischer Selbstverwaltung gesetzlich vorgesehen ist.

II. Diskriminierungsverbot

Art. 43 EG enthält zunächst unstreitig ein weit gefasstes Diskriminierungsverbot[353]. Da das Gemeinschaftsrecht nur Sachverhalte mit Gemeinschaftsbezug umfasst, bedeutet Diskriminierung aufgrund der Staatsangehörigkeit die rechtliche Schlechterstellung eines zu beurteilenden Sachverhalts mit Gemeinschaftsbezug gegenüber einem reinen Inlandssachverhalt ohne Grenzüberschreitung[354]. Die bloße Andersbehandlung ohne Benachteiligung ist nicht als Diskriminierung in diesem Sinne zu qualifizieren[355]. Unter dem Aspekt des Diskriminierungsverbo-

---

348 Vgl. EuGH, Rs. C-221/89, Factortame II, Slg. 1991, I-3905, Rn. 20; Rs. C-246/89, Kommission/Großbritannien, Slg. 1991, I-4585, Rn. 21; Rs. C-55/94, Gebhard, Slg. 1995, I-4196, Rn. 37.

349 Vgl. *Müller-Graff*, in: Streinz (Hrsg.), EUV/EGV, Art. 43 Rn. 12 f.

350 S. *Frenz*, Handbuch Europarecht, Bd. 1, Rn. 2525.

351 Vgl. *Bröhmer*, in: Calliess/Ruffert (Hrsg.), EUV/EGV, Art. 43 EG Rn. 10.

352 Vgl. *Gornig*, WiVerw. 1998, 157 (177).

353 S. dazu *Bröhmer*, in: Calliess/Ruffert (Hrsg.), EUV/EGV, Art. 43 EG Rn. 19 ff.; *Müller-Graff*, in: Streinz (Hrsg.), EUV/EGV, Art. 43 EG Rn. 40 ff.; *Frenz*, Handbuch Europarecht, Bd. 1, Rn. 2215.

354 Vgl. *Bröhmer*, in: Calliess/Ruffert, EUV/EGV, Art. 43 Rn. 19.

355 Vgl. *Müller-Graff*, in: Streinz (Hrsg.), EUV/EGV, Art. 43 EG Rn. 42 u. 71; EuGH, Rs. 321/87, Kommission / Belgien, Slg. 1989, 997, Rn. 12.

tes werfen die einschlägigen Regelungen über die Pflichtmitgliedschaft in Wirtschafts- und berufsständischen Kammern keine Probleme auf[356].

Eine Diskriminierung wäre anzunehmen, wenn Unionsbürgern mit Niederlassung in Deutschland die Kammermitgliedschaft aufgrund ihrer Staatsangehörigkeit versagt bliebe und dadurch Nachteile entstünden[357]. Das ist indes nicht der Fall. In der überwiegenden Zahl der Fälle knüpft die Mitgliedschaft seit jeher an sachliche Kriterien an, wie die Ausübung eines bestimmten Berufes oder eine in sonstiger Weise qualifizierte[358] wirtschaftliche Betätigung[359]. Die einschlägigen Bestimmungen sehen die Mitgliedschaft von Unionsbürgern bzw. von Unternehmen mit Sitz in anderen Mitgliedstaaten bei Vorliegen der berufsrechtlichen Voraussetzungen ausnahmslos vor oder nehmen wie im Falle des § 2 IHKG überhaupt nicht auf die Staatsangehörigkeit Bezug[360]. In den wenigen Fällen, in denen die deutsche Staatsangehörigkeit einmal konstitutives Merkmal der Mitgliedschaft gewesen ist, waren bereits früher die Unionsbürger den deutschen Staatsangehörigen gleichgestellt[361].

Bereitet somit der Zugang zur Mitgliedschaft in den Kammern keine Schwierigkeiten hinsichtlich der Niederlassungsfreiheit als Diskriminierungsverbot, bleibt zu prüfen, ob umgekehrt die für Unionsbürger gleichermaßen angeordnete Pflichtmitgliedschaft einen Verstoß gegen das Recht auf freie Niederlassung darstellt. Soweit die Mitgliedschaftspflicht für Unionsbürger den gleichen rechtlichen und tatsächlichen Bedingungen wie bei deutschen Staatsangehörigen unterliegt – wie dies tatsächlich der Fall ist –, kommt eine Verletzung der Niederlassungsfreiheit mangels einer Diskriminierung aufgrund der Staatsangehörigkeit nur in Betracht, wenn man Art. 43 EG nicht ausschließlich ein Diskriminierungs-, sondern darüber hinaus ein weiterreichendes Beschränkungsverbot entnimmt[362].

---

356 Vgl. *Erdmann*, NdsVBl. 1997, 4 (7); *Geerlings/Leuze*, VR 2004, 113 (117); *Kluth*, NVwZ 2002, 298 (301); VGH Mannheim, NVwZ 2000, 1313 (1314).

357 VG Gießen, BB 2006, 344 (345); zu dieser Konstellation vgl. EuGH, Rs. 271/82, Auer, Slg. 1983, 2727, Rn. 18 f.

358 Etwa als Handwerk, Gewerbe etc. So knüpft beispielsweise das IHKG an die Ausübung eines Gewerbes im Kammerbezirk an.

359 Vgl. *Kluth*, Funktionale Selbstverwaltung, S. 334

360 Vgl. *Kluth*, Verw. 35 (2002), 349 (372).

361 Z.B. in § 3 HeilBerG NW a.F.; vgl. dazu *Kluth*, Funktionale Selbstverwaltung, S. 334 f.

362 Vgl. *Kluth*, Funktionale Selbstverwaltung, S. 335; ausführlich zur Einordnung der Niederlassungsfreiheit als Diskriminierungs- oder Beschränkungsverbot *Everling*, GS Knobbe-Keuk, S. 607 ff.; *Roth*, GS Knobbe-Keuk, S. 729 ff.

III. Beschränkungsverbot

1. Niederlassungsfreiheit als Beschränkungsverbot

Ob Art. 43 EG zusätzlich ein allgemeines Beschränkungsverbot enthält oder ob sich der Inhalt des Art. 43 EG in einem Diskriminierungsverbot erschöpft, war lange Zeit höchst umstritten[363]. Eine Reihe von Urteilen des Europäischen Gerichtshofes wurde von Vertretern beider Ansichten gleichermaßen zur Begründung ihrer jeweiligen Auffassung herangezogen[364]. Eine Ausweitung auf ein allgemeines Beschränkungsverbot brachten indes neuere Entscheidungen des EuGH. In einer Entscheidung vom 17. Oktober 2002 formulierte der EuGH, dass Art. 43 EG die Aufhebung der Beschränkungen der Niederlassungsfreiheit vorschreibt und „dass als solche Beschränkungen alle Maßnahmen anzusehen sind, die die Ausübung dieser Freiheit unterbinden, behindern oder weniger attraktiv machen"[365]. Diese neben der Prüfung des Diskriminierungsverbotes gebrauchte Formulierung steht eindeutig für ein weites Verständnis der Niederlassungsfreiheit als allgemeines Beschränkungsverbot[366]. Sie wurde vom EuGH bisher entsprechend im Bereich der Dienstleistungsfreiheit gebraucht[367].

In einer weiteren, den Bereich der Niederlassungsfreiheit der Gesellschaften betreffenden Entscheidung, stellt der Gerichtshof fest, dass eine Gesellschaft, die in einem Mitgliedstaat der Gemeinschaft rechtmäßig gegründet worden ist, in allen anderen Mitgliedstaaten als rechts- und parteifähig anzuerkennen ist[368]. Diese Feststellung festigt im Bereich der Niederlassungsfreiheit der Gesellschaften das Herkunftslandprinzip[369]. Zwar trifft sie keine Aussage zur Anerkennung bzw.

---

363 Lediglich für ein Diskriminierungsverbot *Nachbaur*, EuZW 1991, 470 (472); *Fischer*, DStR 1993, 1928 (1935); für ein weitergehendes Beschränkungsverbot *Everling*, GS Knobbe-Keuk, S. 607 (610 ff.); *Roth*, GS Knobbe-Keuk, S. 729 (733); *Ehlers*, NVwZ 1990, 810 (811); *Ress*, EuZW 1990, 521; *Gornig*, NJW 1989, 1120 (1121).

364 Zur Analyse der EuGH-Rechtsprechung vgl. *Frenz*, Handbuch Europarecht, Bd. 1, Rn. 2190 ff. m.w.N.; *Bröhmer*, in: Calliess/Ruffert, EUV/EGV, Art. 43 EG Rn. 22 ff.

365 EuGH, Rs. C-79/01, Payroll, Slg. 2002, I-8923, Rn. 26; unter Verweis auf Rs. C-439/99, Kommission/Italien, Slg. 2002, I-305, Rn. 22; zustimmend *Müller-Graff*, in: Streinz (Hrsg.), EUV/EGV, Art. 43 EG Rn. 39.

366 Vgl. *Frenz*, Handbuch Europarecht, Bd. 1, Rn. 2201.

367 EuGH, Rs. 33/74, van Binsbergen, Slg. 1974, 1299, Rn. 10 u. 12; Rs. 76/90, Säger, Slg. 1991, I-4221, Rn. 12; vgl. auch Rs. C-43/93, Vander Elst, Slg. 1994, I-3803, Rn. 14; Rs. C-384/93, Alpine Investments, Slg. 1995, I-1141, Rn. 35; Rs. C-55/94, Gebhard, Slg. 1995, I-4165, Rn. 37; Rs. C-3/95, Broede, Slg. 1996, I-6511, Rn. 25; Rs. C-58/98, Corsten, Slg. 2000, I-7919, Rn. 33; Rs. C-165/98, Mazzoleni, Slg. 2001, I-2189, Rn. 22; Rs. C-17/00, De Coster, Slg. 2001, I-9445, Rn. 29; Rs. 279/00, Kommission/Italien, Slg. 2002, I-1425, Rn. 31.

368 EuGH, Rs. C-208/00, Überseering, Slg. 2002, I-9919, Rn. 95.

369 Vgl. *Frenz*, Handbuch Europarecht, Bd. 1, Rn. 2202.

Existenz der Gesellschaft als solcher, gebietet jedoch als Minus hierzu die Anerkennung der Rechts- und Parteifähigkeit der Gesellschaft als Ausfluss der Niederlassungsfreiheit[370]. Diese Entscheidung deutet auf die Geltung des Herkunftslandprinzips im Bereich der Niederlassungsfreiheit und damit auf ihren Charakter auch als allgemeines Beschränkungsverbot hin[371].

In der Literatur ist inzwischen weitgehend anerkannt, dass der EuGH die Frage zugunsten eines allgemeinen Beschränkungsverbots entschieden hat[372].

2. Beschränkung durch Pflichtmitgliedschaft

Sowohl in der Literatur als auch in der Rechtsprechung wird, soweit ersichtlich, das Vorliegen einer Beschränkung der Niederlassungsfreiheit durch die Pflichtmitgliedschaft in Kammern der wirtschaftlichen und freiberuflichen Selbstverwaltung überwiegend[373] abgelehnt.

a) Mitgliedschaft in erster Linie begünstigend?

Teilweise wird vertreten, die Kammermitgliedschaft als solche stelle keinen Eingriff in den Schutzbereich der Niederlassungsfreiheit dar, weil sie nicht mit Belastungen verbunden sei, sondern vielmehr in erster Linie begünstigend wirke, da sie dem Mitglied vorrangig demokratische Partizipationsrechte einräume[374]. Eine als Beschränkung der durch Art. 43 EG gewährleisteten Grundfreiheit zu qualifizierende Belastung könne sich mithin nur aus einzelnen mit der Mitgliedschaft einhergehenden Pflichten ergeben. Vor allem komme die Beitragspflicht als Ursache einer Beschränkung in Betracht, da neben dieser keine besonderen Pflichten begründet würden[375]. Dass die Kammermitgliedschaft indes nicht lediglich eine Erweiterung des Rechtskreises bewirkt, wurde oben bereits dargelegt[376]. Neben der Beitragspflicht bestehen weitere Pflichten der Kammermitglieder, so

370 Vgl. *Kindler*, NJW 2003, 1073 (1076).

371 Vgl. *Frenz*, Handbuch Europarecht, Bd. 1, Rn. 2202.

372 Vgl. *Bröhmer*, in: Calliess/Ruffert (Hrsg.), EUV/EGV, Art. 43 EG Rn. 29 m.w.N.; *Streinz*, Europarecht, Rn. 676; *Hobe*, Europarecht, Rn. 656; zur dogmatischen Begründung s. *Frenz*, Handbuch Europarecht, Bd. 1, Rn. 2203 ff.

373 *Arndt/Fischer*, Europarecht, S. 87 ff., nehmen hingegen in ihrer Falllösung – allerdings ohne ausführliche Begründung – eine rechtfertigungsbedürftige Beschränkung der Niederlassungsfreiheit durch § 2 IHKG an, nachdem sie eine Diskriminierung abgelehnt haben. *Kaltenhäuser*, Möglichkeiten und Perspektiven einer Reform der Wirtschaftsverwaltung, S. 215, will nur „mit großen Bedenken“ eine Beschränkung der Niederlassungsfreiheit annehmen.

374 So *Kluth*, Funktionale Selbstverwaltung, S. 337 f.

375 Vgl. *Kluth*, Funktionale Selbstverwaltung, S. 338; *Geerlings/Leuze*, VR 2004, 113 (117); VG Darmstadt, NVwZ 2002, 1398 (1399).

376 S. o. II. 3. a).

etwa Auskunftspflichten. Da die Beitragspflicht aber in der Tat die am meisten belastende mit der Mitgliedschaft verbundene Pflicht darstellt, soll auf diese im Folgenden näher eingegangen werden.

b) Keine „berufsregelnde Tendenz"?

Ob die Erhebung von nicht diskriminierenden öffentlich-rechtlichen Beiträgen im Zusammenhang mit der Ausübung eines Berufes als Beschränkung der freien Niederlassung angesehen werden kann, ist davon abhängig, ob der Beitragszahlung ein sachlich erheblicher Einfluss auf die Berufstätigkeit zuzuschreiben ist[377]. Thematisch kann die Niederlassungsfreiheit nur durch die Zwangsmitgliedschaft in Selbstverwaltungsträgern berührt werden, bei denen die Zugehörigkeit an eine berufliche Tätigkeit anknüpft. Dies ist bei freiberuflichen und wirtschaftlichen Kammern der Fall. Die an diese Kammern zu entrichtenden Beiträge belaufen sich regelmäßig auf einen geringen prozentualen Anteil am Einkommen, Umsatz oder Gewinn[378]. Deswegen, und weil ihnen Gegenleistungen der Kammer gegenüberstehen, wird vertreten, dass keine spürbare Beeinträchtigung der Niederlassungsfreiheit von ihnen ausgehe[379]. Jedoch kennt das Beschränkungsverbot des Art. 43 EG im Falle öffentlicher Urheberschaft der Maßnahme ebenso wie Art. 28 EG und Art. 87 Abs. 1 EG kein Spürbarkeitserfordernis wie etwa Art. 81 EG. Eine bestimmte Intensität der Behinderung ist nicht erforderlich[380]. Die Behinderungseignung muss lediglich hinreichend substantiiert sein, so dass allenfalls Regelungen, deren behindernde Wirkung für eine Niederlassungsentscheidung oder deren Beibehaltung zu ungewiss bleibt, nicht von Art. 43 EG erfasst werden[381]. Die geringe Beitragshöhe spricht mithin nicht gegen eine Beschränkung[382].

---

377 Vgl. *Kluth*, Funktionale Selbstverwaltung, S. 338; *Gornig*, WiVerw. 1998, 157 (180).

378 Zur Beitragsgestaltung bei den Industrie- und Handelskammern vgl. *Jahn*, GewArch. 1995, 457 ff.

379 So *Kluth*, Funktionale Selbstverwaltung, S. 338.

380 S. *Müller-Graff*, in: Streinz (Hrsg.), EUV/EGV, Art. 43 EG Rn. 61.

381 Vgl. EuGH, Rs. C-418/93 u.a., Semeraro Casa Uno, Slg. 1996, I-2975, Rn. 32; dies entspricht der Rechtsprechung zu den anderen Grundfreiheiten, vgl. z.B. zu Art. 39 EG EuGH, Rs. C-190/98, Graf/Filzmoser, Slg. 2000, I-493, Rn. 24 f.; zu Art. 28 EG EuGH, Rs. C-69/88, Krantz, Slg. 1990, I-583, Rn. 11; Rs. C-93/92, CMC Motorradcenter, Slg. 1993, I-5009, Rn. 11 f.; ferner Rs. C-379/92, Peralta, Slg. 1994, I-3453, Rn. 24; Rs. C-96/94, Centro Servizi Spediporto, Slg. 1995, I-2883, Rn. 14; Rs. C-44/98, BASF, Slg. 1999, I-6269, Rn. 16.

382 So auch *Diefenbach*, GewArch. 2006, 217 (221). Eine Beschränkung liegt mithin nicht nur bei einer neben der Kammermitgliedschaft bestehenden Pflichtmitgliedschaft in den Versorgungswerken (zu einem derartigen Fall vgl. EuGH, Rs. C-53/95, Kemmler, Slg. 1996, I-703) vor, wie *Kluth*, Funktionale Selbstverwaltung, S. 338, annimmt. Zur berufsständischen Versorgung vgl. *Kilger/Prossliner*, NJW 2004, 821 ff.

Ferner wird gegen eine Beschränkung eingewandt, die Beitragspflicht sei „zu unspezifisch“, um als Beschränkung der beruflichen Betätigung qualifiziert zu werden[383], und mit der Kammerzugehörigkeit würden keine „berufspolitischen Tendenzen“ verfolgt[384]. Damit wird die vom Grundrecht der Berufsfreiheit (Art. 12 GG) bekannte Terminologie[385] auf den Bereich der Niederlassungsfreiheit des EG-Vertrags übertragen. Die Anwendung des Kriteriums der berufsregelnden bzw. berufspolitischen Tendenz im Rahmen der Grundfreiheiten erscheint sachgerecht, da die Arbeitnehmerfreizügigkeit, Niederlassungs- und Dienstleistungsfreiheit unlösbar mit der Aufnahme und Ausübung eines Berufes verknüpft sind[386].

c) Rechtsprechung zu Art. 12 GG

Im Rahmen der Berufsfreiheit gemäß Art. 12 GG wird ähnlich argumentiert und folglich ein Eingriff in den Schutzbereich durch die Pflicht zur Beitragszahlung unter Berufung auf das Fehlen einer berufsregelnden Tendenz[387] teilweise abgelehnt. Die maßgebenden Regelungen über die Zahlungspflicht hätten keine objektiv berufsregelnde Tendenz, sondern seien einfache Folge der durch die Berufsausübung begründeten Kammerzugehörigkeit. Eine andere Beurteilung sei denkbar, wenn die Beiträge erdrosselnd wirkten und zur Aufgabe des Berufes zwängen, was jedoch nicht der Fall sei[388]. An dieser Einschätzung bestehen allerdings erhebliche Zweifel[389]. Namentlich vertritt der BGH in ständiger Rechtsprechung die Ansicht, dass die Erhebung von Beiträgen zu den Notarkammern die Freiheit der Berufsausübung berühre und somit an Art. 12 Abs. 1 GG zu messen sei[390].

Auch das Bundesverfassungsgericht geht davon aus, dass Maßstab der verfassungsrechtlichen Prüfung für die Beiträge zu den Notarkammern Art. 12 GG

---

383 Vgl. VG Darmstadt, NVwZ 2002, 1398 (1399); *Kluth*, NVwZ 2002, 298 (301).

384 So *Erdmann*, NdsVBl. 1997, 4 (7).

385 S. zur berufspolitischen bzw. berufsregelnden Tendenz *Pieroth/Schlink*, Staatsrecht II, Rn. 823.

386 Vgl. zum Zusammenhang der Personenverkehrsfreiheiten mit der Berufsfreiheit *Frenz*, Handbuch Europarecht, Bd. 1, Rn. 68, 70, 74.

387 Zu diesem Erfordernis s. BVerfGE 70, 191 (214); 13, 181 (186); 52, 42 (54); 55, 25 ff.; *Schwerdtfeger*, Fallbearbeitung im Öffentlichen Recht, Rn. 525; *Pieroth/Schlink*, Staatsrecht II, Rn. 823; *Jarass*, in: Jarass/Pieroth, GG, Art. 12 Rn. 11 f.

388 So VerfGH Berlin, MedR 2004, 49.

389 So auch *Meyer*, in: Kluth (Hrsg.), Jahrbuch des Kammerrechts 2003, S. 201 (231).

390 S. beispielsweise BGH, NJW 2002, 3026 f.; ferner BVerwG, NJW 2001, 1590 f.; dazu *Hahn*, WiVerw. 2004, 178 (185 f.).

ist[391]. Es führt hierzu aus, dass Art. 12 GG die Freiheit der beruflichen Betätigung gewährleiste. Der Schutz des Grundrechts sei einerseits umfassend angelegt, schütze andererseits aber nur vor solchen Beeinträchtigungen, die gerade auf die berufliche Betätigung bezogen seien. Daher sei der Schutzbereich nicht schon dann eröffnet, wenn eine Rechtsnorm, ihre Anwendung oder andere hoheitliche Maßnahmen unter bestimmten Umständen Rückwirkungen auf die Berufstätigkeit entfalteten[392]. Hingegen sei die Berufsfreiheit dann berührt, wenn sich die Maßnahmen zwar nicht auf die Berufsfreiheit selbst bezögen, jedoch die Rahmenbedingungen der Berufsausübung veränderten und infolge ihrer Gestaltung in einem so engen Zusammenhang mit der Ausübung des Berufs stünden, dass ihnen objektiv eine berufsregelnde Tendenz zukomme[393]. Eine solch enge Verbindung könne zwischen einer beruflichen Tätigkeit und der Erhebung von Steuern oder Abgaben vorhanden sein[394]. Zwar stünden Abgabelasten oft nur in einem losen Zusammenhang mit der Berufstätigkeit, so dass sie die eigentliche Berufsausübung nicht beeinflussten und der Schutzbereich von Art. 12 Abs. 1 GG nicht berührt sei[395]. Diene aber eine nach einem einheitlichen Maßstab erhobene Abgabe mehreren Zwecken mit unterschiedlich intensivem Berufsbezug, sei die durch sie verursachte Belastung insgesamt an Art. 12 Abs. 1 GG zu messen, wenn ihre Verwendung in erheblicher Weise auf die Berufsausübung zurückwirke[396]. Diese Voraussetzungen sieht das Bundesverfassungsgericht im Hinblick auf die Beiträge zu den Notarkammern als gegeben an. Die Abgabe knüpfe an das im Beruf des Notars erwirtschaftete Gebührenaufkommen an und wirke in diesen Beruf zurück, indem sie dazu verwendet werde, eine flächendeckende Ausübung des Berufs zu unterstützen, hierfür Aus- und Fortbildung sicherzustellen, den in diesem Beruf Tätigen und ihrem Personal finanzielle Unabhängigkeit zu gewährleisten

391 BVerfG, Beschl. v. 13.07.2004, Az: 1 BvR 1298/94, 1 BvR 1299/94, 1 BvR 1332/95, 1 BvR 613/97, Rn. 137 ff. Die Entscheidung ist (teilweise ohne die hier zitierten Passagen) veröffentlicht in BVerfGE 111, 191 = DNotZ 2004, 942 = NJW 2005, 45.

392 BVerfG, Beschl. v. 13.07.2004, Az: 1 BvR 1298/94, 1 BvR 1299/94, 1 BvR 1332/95, 1 BvR 613/97, Rn. 138; unter Verweis auf BVerfGE 105, 252 (265 ff.); 106, 275 (298).

393 BVerfG, Beschl. v. 13.07.2004, Az: 1 BvR 1298/94, 1 BvR 1299/94, 1 BvR 1332/95, 1 BvR 613/97, Rn. 138.

394 BVerfG, Beschl. v. 13.07.2004, Az: 1 BvR 1298/94, 1 BvR 1299/94, 1 BvR 1332/95, 1 BvR 613/97, Rn. 138; unter Verweis auf BVerfGE 13, 181 (187) – Schankerlaubnissteuer; 22, 380 (383) – Pflicht zur Abführung der Kapitalertragsteuer; 38, 31 (79) – Straßengüterverkehrsteuer.

395 BVerfG, Beschl. v. 13.07.2004, Az: 1 BvR 1298/94, 1 BvR 1299/94, 1 BvR 1332/95, 1 BvR 613/97, Rn. 138; unter Verweis auf BVerfGE 34, 62 (70): 55, 7 (25 ff.); 75, 108 (153 f.) – Souialkassen; BVerfGE 10, 354 (362 f.) – Ärzteversorgung).

396 BVerfG, Beschl. v. 13.07.2004, Az: 1 BvR 1298/94, 1 BvR 1299/94, 1 BvR 1332/95, 1 BvR 613/97, Rn. 138.

und sie von haftungsrechtlichen Risiken zu befreien. Damit nehme sie gestaltend Einfluss auf die Berufsausübung der Notare[397].

Diese Argumentation lässt sich in weiten Teilen auf die Abgabenerhebung und -verwendung in anderen Kammern der berufsständischen und wirtschaftlichen Selbstverwaltung übertragen. Eine Beschränkung von Art. 43 EG kann demnach, auch wenn man das Kriterium auf die Niederlassungsfreiheit übertragen will, ebenso wenig wie ein Eingriff in Art. 12 GG wegen fehlender berufsregelnder oder -politischer Tendenz abgelehnt werden.

d) Bedeutung des Zeitpunktes der Mitgliedschaftsbegründung

Gelegentlich wird im Bereich der Industrie- und Handelskammern mit dem Zeitpunkt der Mitgliedschaftsbegründung argumentiert, um eine Beschränkung der Niederlassungsfreiheit zu verneinen. Eine solche liege nicht vor, da die Kammermitgliedschaft der Gründung einer Niederlassung nicht vorausgehe, sondern umgekehrt erst organisationsrechtliche Konsequenz einer inländischen gewerblichen Betriebsstätte sei und die Niederlassung der Pflichtmitgliedschaft vorausgehe[398]. Ein Abstellen auf den Zeitpunkt vermag allerdings ebenfalls nicht gegen eine Beschränkung zu sprechen. Denn „weniger attraktiv" kann eine Niederlassung auch angesichts der Aussicht werden, nach der Niederlassung mit Pflichten belastet zu werden[399]. Zum Teil sprechen in diesem Zusammenhang selbst Autoren, die das Vorliegen einer Beschränkung verneinen, von einer „beeinträchtigenden Bedingung"[400]. Schließlich hat auch der EuGH in der Rechtssache *Corsten* nicht danach differenziert, wann die Eintragung in die Handwerksrolle (und damit die Pflichtmitgliedschaft) erfolgt, sondern festgestellt, dass es eine Beschränkung (der Dienstleistungsfreiheit) darstelle, *wenn* einem Unternehmen die Pflicht zur Eintragung auferlegt werde[401].

---

397 BVerfG, Beschl. v. 13.07.2004, Az: 1 BvR 1298/94, 1 BvR 1299/94, 1 BvR 1332/95, 1 BvR 613/97, Rn. 139.

398 So z.B. *Jahn*, GewArch. 2005, 169 (172); *Burgi*, in: Kluth (Hrsg.), Jahrbuch des Kammerrechts 2002, S. 23 (34 f.); *Möllering*, WiVerw. 2001, 23 (28); *Frentzel/Jäkel/Junge*, IHKG, § 2 Rn. 7; VG Koblenz, GewArch. 1996, 283.

399 So auch *Diefenbach*, GewArch. 2006, 217 (220 f.).

400 S. *Gornig*, WiVerw. 1998, 157 (173).

401 EuGH, Rs. C-58/98, Josef Corsten, Slg. 2000, I-7919, Rn. 34.

c) *Entscheidung über die Vereinbarkeit mit Art. 43 EG auf der Rechtfertigungsebene*

Folglich muss die Entscheidung über die Vereinbarkeit der Pflichtmitgliedschaft mit Art. 43 EG nach der hier vertretenen Auffassung auf der Rechtfertigungsebene getroffen werden. Dafür sprechen auch einige Aussagen in der Rechtsprechung des EuGH. So formulierte der Gerichtshof im Urteil *Corsten*, dass die Eintragung in die Handwerksrolle und die Folge der Pflichtmitgliedschaft in der Handwerkskammer „im Fall einer Niederlassung ... gerechtfertigt sein [könnte]“[402]. Damit hat der Gerichtshof eine Beschränkung des Schutzbereichs von Art. 43 EG bejaht. Ferner hat der EuGH in der Entscheidung *Auer* ausgeführt, „dass das Erfordernis ... der Pflichtmitgliedschaft bei Berufsverbänden oder -körperschaften ... als rechtmäßig anzusehen [sei], da damit die Zuverlässigkeit und die Beachtung der standesrechtlichen Grundsätze sowie die disziplinarische Kontrolle der Tätigkeit ... und damit schutzwürdige Rechtsgüter gewährleistet werden sollen. Die Rechtsvorschriften der Mitgliedstaaten, die die Pflichtmitgliedschaft in einer berufsständischen Kammer vorschreiben, [seien] somit als solche nicht unvereinbar mit dem Gemeinschaftsrecht“[403]. Fehlte es bereits an einer Beschränkung, hätte es eines Eingehens auf die durch die Vorschrift zu schützenden Rechtsgüter gar nicht bedurft.

Die Rechtfertigungsgründe für die Mitgliedschaft in freiberuflichen Kammern sind damit bereits angesprochen. Darüber hinaus lassen sich auch im Rahmen der Niederlassungsfreiheit die verfassungsrechtlichen Gründe zur Beschränkung der allgemeinen Handlungsfreiheit durch die Pflichtmitgliedschaft in Kammern nutzbar machen[404]. So könnten beispielsweise bei einem Wegfall der Pflichtmitgliedschaft die Kammern ihre dem Allgemeinwohl dienenden Aufgaben nicht mehr effektiv erfüllen, da die Mitglieder durch die Drohung mit dem Austritt die Arbeit der Kammern beeinflussen könnten[405]. Konsequenz könnte eine weitere Ausdehnung der staatlichen Verwaltung sein. Der Wegfall der Pflichtmitgliedschaft würde so einerseits ein Weniger an Reglementierung bedeuten, andererseits aber durch eine weitergehende Reglementierung im Rahmen einer staatsunmittelbaren Verwaltung ersetzt[406]. Auch die Grundprinzipien des Gemeinschaftsrechts, auf

---

402 EuGH, Rs. C-58/98, Josef Corsten, Slg. 2000, I-7919, Rn. 44.

403 EuGH, Rs. 271/82, Auer, Slg. 1983, 2727, Rn. 18.

404 Vgl. *Kluth*, NVwZ 2002, 298 (301); *ders.*, Funktionale Selbstverwaltung, S.339 f.; zu den Rechtfertigungsgründen bei Art. 9 GG als Maßstab vgl. *Schöbener*, VerwArch. 91 (2000), 374 (403 ff.).

405 Vgl. *Gornig*, WiVerw. 1998, 157 (173); *Stober*, Die Industrie- und Handelskammer als Mittler zwischen Staat und Wirtschaft, S. 70.

406 Vgl. *Diefenbach*, GewArch. 2006, 217 (221); *Gornig*, WiVerw. 1998, 157 (173); *Hendler*, Selbstverwaltung als Ordnungsprinzip, S. 337.

die schon in anderem Zusammenhang eingegangen wurde, können zur Rechtfertigung der Pflichtmitgliedschaft herangezogen werden[407].

Im Ergebnis lässt sich somit die Zwangsmitgliedschaft in sämtlichen Kammern der berufsständischen und wirtschaftlichen Selbstverwaltung rechtfertigen, so dass die Kammermitgliedschaft mit Art. 43 EG im Einklang steht.

IV. Die Berufsanerkennungsrichtlinie

Im Rahmen der Niederlassungsfreiheit sieht die Berufsanerkennungsrichtlinie keine Ausnahmen vom Bestimmungslandprinzip vor. Hier unterliegen die Unionsbürger demzufolge denselben Rechtsvorschriften wie Inländer; auch die Befugnisse der Behörden und Kammern sind identisch[408]. Ausnahmen bestehen für den Fall der Umsetzung der Dienstleistungsrichtlinie, die als *lex generalis* ergänzend heranzuziehen ist[409]. Die ausnahmslose Geltung des Bestimmungslandprinzips nach der Richtlinie macht die soeben herausgearbeiteten Erkenntnisse zur Gemeinschaftsrechtskonformität der Pflichtmitgliedschaft im Hinblick auf Art. 43 EG nicht entbehrlich. Die Berufsanerkennungsrichtlinie gilt ausweislich ihres Art. 2 Abs. 1 nur für „reglementierte Berufe". Damit werden in der gemeinschaftsrechtlichen Terminologie die freien Berufe bezeichnet[410]. Soweit sich etwa das IHKG auf sämtliche Gewerbetreibende erstreckt, gelangt die Berufsanerkennungsrichtlinie mithin nicht zur Anwendung.

---

407 Vgl. *Gornig*, WiVerw. 1998, 157 (180); *Kluth*, Funktionale Selbstverwaltung, S. 339.

408 S. *Kluth/Rieger*, EuZW 2005, 486 (490).

409 Vgl. *Kluth/Rieger*, EuZW 2005, 486 (490); zur Bedeutung der Dienstleistungsrichtlinie für die Kammern vgl. *Kluth*, in: ders. (Hrsg.), Jahrbuch des Kammerrechts 2003, S. 94 ff.

410 Art. 2 Abs. 1 der Richtlinie 2005/36/EG lautet:
„Diese Richtlinie gilt für alle Staatsangehörigen eines Mitgliedstaats, die als Selbstständige oder abhängig Beschäftigte, einschließlich der Angehörigen der freien Berufe, einen reglementierten Beruf in einem anderen Mitgliedstaat als dem, in dem sie ihre Berufsqualifikationen erworben haben, ausüben wollen."
Art. 3 Abs. 1 lit. a der Richtlinie bestimmt:
„'[R]eglementierter Beruf' ist eine berufliche Tätigkeit oder eine Gruppe beruflicher Tätigkeiten, bei der die Aufnahme oder Ausübung oder eine der Arten der Ausübung direkt oder indirekt durch Rechts- und Verwaltungsvorschriften an den Besitz bestimmter Berufsqualifikationen gebunden ist; eine Art der Ausübung ist insbesondere die Führung einer Berufsbezeichnung, die durch Rechts- oder Verwaltungsvorschriften auf Personen beschränkt ist, die über eine bestimmte Berufsqualifikation verfügen. Trifft Satz 1 dieser Begriffsbestimmung nicht zu, so wird ein unter Absatz 2 fallender Beruf als reglementierter Beruf behandelt."

F. Abgrenzung der Dienstleistungs- zur Niederlassungsfreiheit

Zwar ist nach den bisherigen Ausführungen die Pflichtmitgliedschaft als solche sowohl mit der Dienstleistungs- als auch mit der Niederlassungsfreiheit vereinbar. Während jedoch im Bereich der Niederlassungsfreiheit die Pflichtmitgliedschaft mitsamt ihrer Verpflichtungen wie etwa der Pflicht zur Beitragszahlung als rechtmäßig anzusehen ist, darf es sich im Rahmen der Dienstleistungsfreiheit aus Gründen der Verhältnismäßigkeit allenfalls um eine Art Pro-Forma-Mitgliedschaft handeln, die keine weitergehenden Pflichten nach sich zieht. Um im Einzelfall beurteilen zu können, ob eine Kammermitgliedschaft mit sämtlichen üblichen Pflichten zulässig ist, bedarf es der Feststellung, ob es sich bei der zu beurteilenden Tätigkeit um eine Niederlassung oder lediglich um eine Dienstleistung handelt. Es ist somit eine Abgrenzung der beiden Grundfreiheiten voneinander erforderlich. Wegen der Schwierigkeiten, die bei dieser Abgrenzung auftreten können[411], wurde von der AG Heilberufskammern des Landes Nordrhein-Westfalen im Zusammenhang mit der Berufsanerkennungsrichtlinie gefordert, den Dienstleistungserbringer zur Errichtung einer Zweitniederlassung zu verpflichten, wenn die Dienstleistungstätigkeit regelmäßig und immer wiederkehrend ist, damit das Recht des Bestimmungslandes in ausreichender Konsequenz zur Geltung kommen kann. Dieser Forderung wurde in der Richtlinie nicht entsprochen[412].

I. Die Rechtsprechung zur Abgrenzung von Art. 43 und 49 EG

Art. 50 Abs. 3 EG geht davon aus, dass beim Gebrauchmachen von der Dienstleistungsfreiheit gemäß Art. 49 EG der sich auf die Grundfreiheit Berufende seine Dienstleistung „vorübergehend" in einem anderen Mitgliedstaat erbringt. Damit kommt ein Zeitfaktor zum Tragen, der insbesondere hinsichtlich der Abgrenzung zur Niederlassungsfreiheit von Belang ist, da Letztere von einer dauerhaften Anwesenheit im anderen Mitgliedstaat ausgeht[413]. Der EuGH hat in seiner Rechtsprechung in diesem Zusammenhang verschiedene Abgrenzungsversuche unternommen[414]. So hat er für den Bereich der Direktversicherung entschieden, dass eine Tätigkeit Art. 43 EG zuzuordnen ist, wenn ein Dienstleistungserbringer sei-

411 Vgl. etwa *Henssler*, EuZW 2002, 229 (232); *Mann*, EuZW 2004, 615 (619).

412 Ablehnend zu dieser Forderung auch *Kluth/Rieger*, EuZW 2005, 486 (489).

413 Vgl. *Kluth*, in: Calliess/Ruffert (Hrsg.), EUV/EGV, Art. 50 EG Rn. 13.

414 Für einen Überblick über die Abgrenzungskriterien vgl. *Frenz*, Handbuch Europarecht, Bd. 1, Rn. 1937 ff.; *Müller-Graff*, in: Streinz (Hrsg.), EUV/EGV, Art. 43 EG Rn. 16 ff.; *Stork*, WiVerw. 2001, 229 (243 ff.).

ne Tätigkeit von vornherein ausschließlich oder ganz vorwiegend in einem anderen Mitgliedstaat erbringen will, selbst wenn er dort über keine Zweigniederlassung oder Agentur verfügt[415]. Umgekehrt soll aber die Existenz einer bestimmten Infrastruktur, wie etwa eines Büros, als solche noch nicht die Anwendung der Vorschriften über die Dienstleistungsfreiheit ausschließen[416]. Dies muss auch schon deshalb so sein, weil das Sekundärrecht selbst für einige Dienstleistungen eine ansprechbare Stelle im jeweiligen Mitgliedstaat verlangt, an die sich die Dienstleistungsempfänger jederzeit wenden können[417]. Die Zuordnung eines Sachverhalts zur Dienstleistungs- oder Niederlassungsfreiheit hat im Einzelfall unter Berücksichtigung von Dauer, Häufigkeit, Periodizität und Kontinuität der Tätigkeit zu erfolgen[418].

II. Kritik der Literatur an der EuGH-Rechtsprechung

Teilweise ist die Rechtsprechung des Gerichtshofs zur Abgrenzung von Art. 43 und 49 EG auf Kritik gestoßen. Es wird dabei geltend gemacht, dass der EuGH die Gleichrangigkeit beider Gewährleistungen missachte, indem er auf den Zeitfaktor abstelle[419]. Es sei jedoch nicht einzusehen, warum ein Gewerbetreibender eine Dienstleistung nicht dauerhaft grenzüberschreitend erbringen können soll, ohne sich im anderen Mitgliedstaat niederzulassen. Fehle es daher an einer Niederlassung, d.h. einer im anderen Mitgliedstaat organisatorisch verfestigten Präsenz, die über eine reine Kontaktstelle hinausgeht, so falle die betreffende Betätigung auch dann unter die Dienstleistungsfreiheit, wenn sie dauerhaft ausgeübt werde. Mithin sei entscheidend, ob zur Erbringung der Dienstleistung ein grenzüberschreitender Ortswechsel vorgenommen werde[420].

Darüber hinaus wird bemängelt, dass sich die Rechtsprechung des EuGH keiner transparenten Abgrenzungskriterien bediene, sondern sich von der Überlegung leiten lasse, dass der Aufnahmestaat im Falle einer Niederlassung strengere Anforderungen an die Betätigung stellen dürfe als bei einer bloß vorübergehenden Tätigkeit und dass deshalb der Tatbestand von den Schranken her bestimmt

---

415 EuGH, Rs. 205/84, Kommission/Deutschland, Slg. 1986, 3755, Rn. 21.

416 EuGH, Rs. C-55/94, Gebhard, Slg. 1995, I-4165, Rn. 27; Rs. C-3/95, Reisebüro Broede, Slg. 1996, I-6511, Rn. 21.

417 Vgl. *Kluth*, in: Calliess/Ruffert (Hrsg.), EUV/EGV, Art. 50 EG Rn. 13; so verlangt etwa Art. 46 Abs. 2 UAbs. 4 der Dritten Richtlinie zur Schadensregulierung eine entsprechende Ansprechstelle (Richtlinie 92/49/EWG v. 18.6.1992, ABl. EG 1992, Nr. L 228/1).

418 EuGH, Rs. C-3/95, Reisebüro Broede, Slg. 1996, I-6511, Rn. 22.

419 So *Schöne*, Dienstleistungsfreiheit in der EG und deutsche Wirtschaftsaufsicht, S. 43 ff. (insb. 45).

420 Vgl. *Schöne*, Dienstleistungsfreiheit in der EG und deutsche Wirtschaftsaufsicht, S. 47 f.

werde[421]. Zudem führe die Judikatur zu einer Bevorzugung großer Unternehmen, da diese sich leichter auf die unterschiedlichen Betätigungsanforderungen in verschiedenen Staaten einstellen könnten[422]. Aus diesen Gründen wird vorgeschlagen, den Zeitfaktor bei der Bestimmung der Dienstleistung außer Betracht zu lassen und alleine darauf abzustellen, ob eine Niederlassung erfolgt, d.h. die Dienstleistung ohne das Erfordernis eines grenzüberschreitenden Ortswechsels im anderen Mitgliedstaat erbracht wird[423]. Demnach soll (beispielsweise im grenznahen Bereich) auch eine dauerhafte und kontinuierliche Erbringung von Dienstleistungen Art. 49 EG zugeordnet und nicht als Niederlassung qualifiziert werden[424].

Die Definition der Dienstleistung mit Hilfe des Zeitkriteriums bei gleichzeitiger Abgrenzung zu Art. 43 EG durch den EuGH und die ihm folgende herrschende Lehre mag methodisch anfechtbar sein, weil dabei der Anwendungsbereich der Grundfreiheiten von den Schranken her bestimmt wird. Daher sei es konsequenter, auch eine dauerhafte Dienstleistungserbringung unter Art. 49, 50 EG zu subsumieren[425]. Ein erheblicher Nachteil dieser Konstruktion besteht allerdings darin, dass sie den Gesetzgeber in vielen Fällen zwingen würde, unterschiedliche Regelungen für die dauerhafte oder nur punktuelle Erbringung von Dienstleistungen zu treffen. Denn der EuGH hat für Fälle, in denen ein Dienstleister nur punktuell[426] tätig wird, die Anwendung der für den Fall der dauerhaften Niederlassung zulässigen Anforderungen für unverhältnismäßig gehalten und damit den Gemeinschaftsgesetzgeber und die Mitgliedstaaten gezwungen, differenzierende Regelungen zu treffen. Bei einer dauerhaften Erbringung von Dienstleistungen in einem anderen Mitgliedstaat wäre indes die Anwendung der gleichen Vorschriften wie im Falle einer Niederlassung gerechtfertigt und aus Gründen der Gleichbehandlung wohl auch geboten[427]. Im Ergebnis würde dies dazu führen, dass in sämtlichen Regelungen zwischen zwei Formen der Dienstleistung differenziert werden müsste, wobei die zweite Form materiell-rechtlich dem Fall der Niederlassung gleichgestellt wäre[428]. Dies hätte aber zur Folge, dass der Verzicht auf den Zeitfaktor nur zu einer anderen formalen Zuordnung ohne Ände-

---

421 Nachw. bei *Kluth*, in: Calliess/Ruffert (Hrsg.), EUV/EGV, Art. 50 EG Rn. 18.

422 Vgl. *Schöne*, Dienstleistungsfreiheit in der EG und deutsche Wirtschaftsaufsicht, S. 45.

423 Vgl. *Schöne*, Dienstleistungsfreiheit in der EG und deutsche Wirtschaftsaufsicht, S. 47 f.

424 Vgl. *Schöne*, Dienstleistungsfreiheit in der EG und deutsche Wirtschaftsaufsicht, S. 50.

425 So *Kluth*, in: Calliess/Ruffert (Hrsg.), EUV/EGV, Art. 50 EG Rn. 20.

426 Zu länger andauernden Tätigkeiten s.u. III.

427 S. dazu auch Rn. 46 ff. der Schlussanträge von GA *Mischo* vom 17.9.2002 in der Rs. C-215/01, Schnitzer, Slg. 2003, I-14847, wo sich der GA mit der Frage auseinandersetzt, ob bei länger andauernden Dienstleistungen von einem bestimmten Zeitpunkt an die Zahlung eines Beitrags an die Handwerkskammer gefordert werden kann.

428 Vgl. EuGH, Rs. 279/80, Webb, Slg. 1981, 3305, Rn. 16.

rung der materiellen Betrachtungsweise führen würde. Eine derartige, ausschließlich theoretischer Stringenz dienende Korrektur, die in ihrer praktischen Konsequenz zudem einen unnötigen Rechtsetzungsaufwand erzeugt, ist aus dem Blickwinkel der Transparenz und Effektivität nicht akzeptabel. Trotz berechtigter methodischer Einwände ist deshalb der vom Europäischen Gerichtshof praktizierten Bestimmung der Dienstleistung unter Einbeziehung des Zeitfaktors zu folgen[429].

III. Das Urteil „Schnitzer"

1. Inhalt der Entscheidung

Das oben bereits angesprochene Urteil in der Sache *Schnitzer* bestätigt nicht nur die Ausführungen in der *Corsten*-Entscheidung, sondern ist darüber hinaus auch für die vorliegend behandelte Abgrenzungsfrage von Bedeutung. In diesem Fall hatte Herr Schnitzer als Geschäftsführer einer Gesellschaft ein nicht in der Handwerksrolle eingetragenes portugiesisches Unternehmen beauftragt, „in der Zeit von November 1994 bis November 1997 Verputzarbeiten in erheblichem Umfang in Südbayern auszuführen"[430]. Der Gerichtshof hält weiterhin am Zeitkriterium fest und wiederholt zunächst, dass für den vorübergehenden Charakter nicht nur die Dauer der Leistung, sondern auch ihre Häufigkeit, regelmäßige Wiederkehr oder Kontinuität zu berücksichtigen seien und dass das Vorhandensein einer Infrastruktur (einschließlich eines Büros, einer Praxis oder einer Kanzlei) den vorübergehenden Charakter nicht ausschließe, soweit diese Infrastruktur für die Erbringung der fraglichen Dienstleistung erforderlich sei[431]. Demgegenüber soll eine Berufstätigkeit der Niederlassungsfreiheit unterfallen, wenn sich ein Angehöriger eines Mitgliedstaats in stabiler und kontinuierlicher Weise von seinem Berufsdomizil im Aufnahmestaat aus an die Staatsangehörigen dieses Staates wendet[432]. Somit kann der Begriff der Dienstleistungen auch Dienstleistungen erfassen, deren Erbringung sich über einen längeren Zeitraum, bis hin zu mehreren Jahren, erstreckt. Ebenso können Leistungen, die ein in einem Mitgliedstaat ansässiger Wirtschaftsteilnehmer mehr oder weniger häufig

---

429 So auch *Kluth*, in: Calliess/Ruffert (Hrsg.), EUV/EGV, Art. 50 EG Rn. 20; *Oppermann*, Europarecht, § 26 Rn. 19; *Hailbronner/Nachbaur*, EuZW 1992, 105 (106).

430 EuGH, Rs. C-215/01, Schnitzer, Slg. 2003, I-14847, Rn. 13.

431 EuGH, Rs. C-215/01, Schnitzer, Slg. 2003, I-14847, Rn. 28; unter Verweis auf Rs. C-55/94, Gebhard, Slg. 1995, I-4165, Rn. 27; Rs. C-131/01, Kommission/Italien, Slg. 2003, I-1659, Rn. 22.

432 EuGH, Rs. C-215/01, Schnitzer, Slg. 2003, I-14847, Rn. 29 u. 32.

oder regelmäßig, auch über einen längeren Zeitraum, für Personen erbringt, die in einem oder mehreren anderen Mitgliedstaaten niedergelassen sind, Dienstleistungen i.S. des Art. 49 EG sein[433]. Schließlich weist der Gerichtshof noch darauf hin, dass der EG-Vertrag keine Vorschrift enthält, anhand derer eine abstrakte Bestimmung der Dauer oder Häufigkeit möglich sei, ab der die Erbringung einer Dienstleistung in einem anderen Mitgliedstaat nicht mehr als eine Dienstleistung angesehen werden kann[434].

Die Kernaussage des EuGH in der *Schnitzer*-Entscheidung lässt sich folgendermaßen zusammenfassen: Ist eine Infrastruktur für die Leistungserbringung erforderlich, fällt sie noch unter die Vorgaben der Art. 49 und 50 EG; eine echte Niederlassung ist hingegen dadurch gekennzeichnet, dass sie dem Wirtschaftsteilnehmer eine kontinuierliche und stabile Erwerbstätigkeit im Zielland ermöglicht, wobei er sich von ihr aus „u.a. an die Angehörigen dieses Mitgliedstaats wendet". Demnach gelten etwa das zur Abwicklung eines Bauauftrages auf einer Großbaustelle unterhaltene Baubüro oder die zur Erfüllung eines komplexeren Großauftrages sonstiger Art, auch im freiberuflichen Bereich, eingerichtete Außenstelle nicht als Niederlassung i.S. des Art. 43 EG. Nutzt aber der Betreiber diese Infrastruktur zur Akquisition neuer Aufträge, zum Auftritt auf dem Markt des Aufnahmestaates oder zur sonstigen, über den bearbeiteten Auftrag hinausgehenden Kontaktaufnahme mit Marktteilnehmern des Zielstaates, ist Art. 43 EG einschlägig[435]. Eine derartige Abgrenzung dürfte den Anforderungen der Praxis entgegenkommen, da sie sich durch Klarheit, relativ leichte Feststellbarkeit und Rechtssicherheit auszeichnet[436]. Von den Wirtschaftsteilnehmern kann nicht erwartet werden, anhand einer Vielzahl von Kriterien die Trennlinie zwischen Dienstleistungs- und Niederlassungsfreiheit zu ziehen. Demgegenüber lässt sich auch von einem Wirtschaftsteilnehmer in einer realistischen Einschätzung selbst beurteilen, wo er ein festes Berufsdomizil hat und ob er sich unter Berücksichtigung von Dauer, Häufigkeit, der regelmäßigen Wiederkehr und der Kontinuität seiner Dienstleistung vor allem an die Staatsangehörigen des Aufnahmestaates wendet[437].

---

433 EuGH, Rs. C-215/01, Schnitzer, Slg. 2003, I-14847, Rn. 30.

434 EuGH, Rs. C-215/01, Schnitzer, Slg. 2003, I-14847, Rn. 31.

435 Vgl. *Kreil*, ZESAR 2004, 185.

436 So auch *Kreil*, ZESAR 2004, 185; kritisch hingegen *Buschle*, ELR 2004, 203 (205 f.), der nach der Rechtsprechung des EuGH unter Einbeziehung des Urteils in der Rs. „Schnitzer" die „naheliegendsten ernst zu nehmenden Kriterien [für] weitgehend disqualifiziert" hält und eher mit Rechtsunsicherheit und –uneinheitlichkeit rechnet.

437 So auch *Lottes*, EuZW 2004, 112 (113).

2. Bewertung der Entscheidung

Widersprüchlich erscheint zunächst, dass der EuGH für den vorübergehenden Charakter einer Tätigkeit einerseits die Dauer der Leistungen sowie deren Häufigkeit, regelmäßige Wiederkehr oder deren Kontinuität berücksichtigen will, andererseits aber hervorhebt, dass der Begriff Dienstleistung i.S. des Vertrages auch sich auf einen längeren Zeitraum bis zu mehreren Jahren erstreckende oder mehr oder weniger häufig oder regelmäßig erbrachte Leistungen umfassen könne. Dieser scheinbare Widerspruch lässt sich jedoch auflösen, wenn man bedenkt, dass das Erfordernis „vorübergehend" in Art. 50 Abs. 3 EG überhaupt nur dann besteht, wenn der Dienstleister sich für eine gewisse Zeit in den Zielstaat begibt und dort Aufenthalt nimmt, um seine Leistung zu erbringen[438]. Tut er dies nicht, etwa weil dies schon aufgrund der Art der Dienstleistung nicht erforderlich ist, so ist es von vornherein nicht von Belang, ob die Dienstleistung längerfristigen Charakter hat oder wie häufig sie erbracht wird, denn ohne eine gewisse physische Präsenz mit entsprechender Infrastruktur gibt es grundsätzlich keine Niederlassung und daher kein Abgrenzungsproblem, das es mit Hilfe des Kriteriums „vorübergehend" zu lösen gilt[439].

Dem Gerichtshof ging es darum, zu klären, was noch als eine „vorübergehende" Tätigkeit gemäß Art. 50 Abs. 3 EG gilt, wenn diese mit einer (der Niederlassung dem Anschein nach bereits nahe stehenden) Infrastruktur der eingangs beschriebenen Art verbunden ist. Auffällig ist dabei, dass zeitliche Kriterien wie „häufig", „regelmäßig", „stabil" und „kontinuierlich" fest mit der Funktion der „Außenstelle" im Zielland verknüpft werden, was auch durch die Formulierung in Rn. 32 des Urteils deutlich wird: Aufgrund der Verwendung der Konjunktion „und" ist ersichtlich, dass es sich um kumulative Erfordernisse handelt, dass mithin selbst die häufige etc. Tätigkeit im Zielstaat *mit* einer Infrastruktur die Grenze zu Art. 43 EG noch nicht zu überschreiten vermag, wenn von dieser Infrastruktur nicht auch eine Marktbearbeitung oder eine sonstige nach außen tretende Aktivität ausgeht[440]. Demnach entscheidet weniger die Häufigkeit etc. der Leistungser-

---

438 Vgl. *Kreil*, ZESAR 2004, 185 (186); *Randelzhofer/Forsthoff*, in: Grabitz/Hilf, Das Recht der EU, Art. 43 EG Rn. 26 ff.

439 Vgl. *Kreil*, ZESAR 2004, 185 (186). Eine andere Frage ist, ob in einem Fall permanenter Leistungserbringung durch einen Wirtschaftsträger in einem Zielstaat ohne dortige Infrastruktur Art. 43 EG analog zur Anwendung gelangen würde: In diesem Sinne *Hailbronner/Nachbaur*, EuZW 1992, 105 (107); ablehnend *Randelzhofer/Forsthoff*, in: Grabitz/Hilf, Das Recht der EU, Art. 43 EG Rn. 28; zu Missbrauchskonstellationen s.o. E. II. 2.

440 *Kreil*, ZESAR 2004, 185 (186).

bringung, sondern letztlich erst die Funktion der Außenstelle über die Zuordnung zu einer der hier relevanten Personenverkehrsfreiheiten[441].

Angesichts der Anforderung „vorübergehend", also des zeitlichen Kriteriums, fragt sich, ob sich diese Betrachtungsweise nicht zu weit vom insofern deutlichen Primärrecht entfernt, zumal Generalanwalt *Mischo* – dem damaligen Richtlinienvorschlag betreffend die Anerkennung von Berufsqualifikationen[442] entsprechend – eine absolute zeitliche Grenze, namentlich eine 16-Wochen-Höchstdauer pro Jahr vorschlägt[443]. Der EuGH ist dem Generalanwalt hier – wie im Hinblick auf die Schlussanträge insgesamt – nicht gefolgt[444]. Ein absolutes Zeitlimit scheint nicht nur besser zu Art. 50 Abs. 3 EG zu passen, sondern hätte wohl auch den Vorteil der Rechtssicherheit[445]. Der Nachteil läge indes in ihrer Starrheit[446], die in der Rechtspraxis wohl zu vielfältigen Vermeidungs- und Umgehungsversuchen, etwa in Form der Zersplitterung eines Auftrags in „Auftragsketten" mit zeitlichen Unterbrechungen[447] führen könnte. Zudem gibt der Gerichtshof zu Recht zu bedenken, dass den betroffenen Personen im Vorhinein nicht immer klar sein könne, ob die Leistung nur einmal oder öfter erbracht werden würde[448].

Insgesamt lässt sich festhalten, dass das vom EuGH angewandte Kriterium dem in Art. 50 Abs. 3 EG enthaltenen Zeitelement durchaus angemessen ist, zumal eine etwaige Funktion der Außenstelle, im Zielstaat nach außen zu treten, dem lediglich vorübergehenden Charakter dieser Stelle, der sich in der Abwicklung des bestehenden Auftrages erschöpft, entgegenstehen würde[449]. Somit ver-

---

441 Vgl. *Kreil*, ZESAR 2004, 185 (186); die Bedeutung der Funktion im Zusammenhang mit dem Begriff der Niederlassung betonen auch auch *Tiedje/Troberg*, in: v.d. Groeben/Schwarze (Hrsg.), EGV/EUV, Bd. 1, Art. 43 EG Rn. 9.

442 Vorschlag für eine Richtlinie des Europäischen Parlamentes und des Rates über die Anerkennung von Berufsqualifikationen, KOM (2002) 119 endg.; dazu *Henssler*, EuZW 2003, 229 (232).

443 S. Rn. 20 der Schlussanträge vom 17.9.2002 in der Rs. C-215/01, Schnitzer, Slg. 2003, I-14847.

444 Auch in Art. 5 Abs. 2 UAbs. 2 der nun beschlossenen Richtlinie 2005/36/EG hat die 16-Wochen-Grenze keinen Eingang gefunden. Danach ist der vorübergehende und gelegentliche Charakter der Erbringung von Dienstleistungen vielmehr im Einzelfall, insbesondere anhand der Dauer, Häufigkeit, der regelmäßigen Wiederkehr und Kontinuität der Dienstleistung, zu beurteilen.

445 Da der Richtlinienvorschlag allerdings eine Korrektur des Zeitkriteriums im Einzelfall vorsah, sind durchaus Zweifel angebracht, ob damit wirklich ein Gewinn an Rechtssicherheit verbunden gewesen wäre, vgl. *Lottes*, EuZW 2004, 112 (113).

446 S. *Randelzhofer/Forsthoff*, in: Grabitz/Hilf, Das Recht der EU, Art. 43 EG Rn. 25; *Kreil*, ZESAR 2004, 185 (186).

447 Vgl. Rn. 26 der Schlussanträge von GA *Mischo* vom 17.9.2002 in der Rs. C-215/01, Schnitzer, Slg. 2003, I-14847.

448 EuGH, Rs. 215/01, Schnitzer, Slg. 2003, I-14847, Rn. 39.

449 So auch *Kreil*, ZESAR 2004, 185 (187).

liert zwar das zeitliche Kriterium gewissermaßen an Bedeutung, ohne jedoch aufgegeben zu werden, indem es – jedenfalls beim Vorhandensein einer Infrastruktur im Aufnahmeland – nicht mehr das vorrangig zu prüfende Tatbestandsmerkmal darstellt[450]. Zugleich wird aber das Zeitmoment insofern ausgedehnt und erweitert, als nun länger dauernde, häufige und regelmäßige Leistungen auch für den Fall, dass sie mit einer auf den ersten Blick niederlassungsähnlichen Einrichtung einhergehen, eindeutig als Dienstleistungen im Sinne von Art. 49, 50 EG anerkannt sind[451].

G. Bindung der Notarkammern an die Personenverkehrsfreiheiten

Der Notarberuf nimmt gegenüber anderen freien Berufen eine Sonderstellung ein, weil er unter Art. 45 EG subsumiert wird[452]. Die Vorschrift nimmt diejenigen Tätigkeiten von der Niederlassungs- und Dienstleistungsfreiheit aus, die „in einem Mitgliedstaat dauernd oder zeitweise mit der Ausübung öffentlicher Gewalt verbunden sind". Tätigkeiten, die unter diese Ausnahme fallen, werden auch nicht von der Richtlinienkompetenz der Gemeinschaft erfasst[453]. Dementsprechend findet auch die Berufsanerkennungsrichtlinie keine Anwendung auf den Notarberuf[454].

Über die Auslegung und den Anwendungsbereich von Art. 45 EG bestehen Meinungsverschiedenheiten: Während die Mitgliedstaaten Art. 45 EG weit auslegen und als Vorbehalt gegenüber der Gemeinschaft zugunsten ihrer nationalen Souveränität betrachten, möchte die EU-Kommission diese Bereichsausnahme zurückdrängen und die Notare wie die anderen freien Berufe nicht als Träger öffentlicher Gewalt, sondern als mehr oder weniger gewerbliche Dienstleister qualifizieren[455]. Bei der Prüfung, ob bestimmte Tätigkeiten „mit der Ausübung öffentlicher Gewalt verbunden sind", bietet sich ein Vorgehen nach dem „Zweistufenmodell" des EuGH[456] an, nach dem zuerst zu klären ist, ob die betreffende Tätigkeit nach nationalem Recht öffentlich-rechtlich ausgestaltet ist, um anschließend zu prüfen, ob sie nach dem EG-Recht von den Freizügigkeitsrechten ausgenommen ist.

---

450 *Kreil*, ZESAR 2004, 185 (187).
451 Zur Erweiterung des Zeitmoments s. *Lottes*, EuZW 2004, 112 (113).
452 Vgl. *Fleischhauer*, DNotZ 2002, 325 (327); ausführlich *Ficher*, DNotZ 1989, 469 (478 ff.)
453 Vgl. *Fleischhauer*, DNotZ 2002, 325 (327).
454 S. Erwägungsgrund 41 der Richtlinie; dazu *Kluth/Rieger*, EuZW 2005, 486 (487).
455 Vgl. dazu *Fleischhauer*, DNotZ 2002, 325 (349 ff. u. 356 ff.).
456 EuGH, Rs. 2/74, Reyners, Slg. 1974, 631, Rn. 33 ff.

Nach § 1 BNotO sind Notare „unabhängige Träger eines öffentlichen Amtes“[457] und nehmen originäre Staatsaufgaben wahr. Prüft man hiervon ausgehend, ob die notarielle Tätigkeit auch im Sinne des Gemeinschaftsrechts als Ausübung öffentlicher Gewalt anzusehen ist, ist zunächst zu beachten, dass nach der Rechtsprechung des Gerichtshofs insoweit nicht auf den Beruf als solchen abzustellen ist, sondern jeweils auf die konkrete, sachlich abgrenzbare Tätigkeit[458]. Nach überwiegender Auffassung in der Literatur sind jedenfalls die notariellen Kerntätigkeiten mit der Ausübung öffentlicher Gewalt verbunden[459]. Dies gilt beispielsweise für die Beurkundung, da notarielle Urkunden der freien Beweiswürdigung entzogen sind und Vollstreckungstitel darstellen[460]. Die notarielle Rechtsberatung hingegen beinhaltet keine Ausübung öffentlicher Gewalt[461].

Wenn auch einzelne Tätigkeitsbereiche nicht mit der Ausübung von Hoheitsgewalt verbunden sind, ist doch der Beruf des Notars ganz ohne die Ausübung öffentlicher Gewalt nicht vorstellbar. Zwar wurde festgestellt, dass nicht der Beruf, sondern die konkrete Tätigkeit für die Anwendbarkeit von Art. 45 EG entscheidend ist. Bei der Frage der Mitgliedschaft in der Notarkammer kommt es jedoch auf den Beruf als solchen an. Wollte sich z.B. ein ausländischer Notar in Deutschland niederlassen oder dort Dienstleistungen erbringen und dabei völlig auf die Ausübung hoheitlicher Tätigkeiten verzichten, würde dies nicht mehr dem Erscheinungsbild des Notarberufs entsprechen. Bei einer Beschränkung des Dienstleistungsangebots auf nicht-hoheitliche Tätigkeiten würde er nicht mehr den Notarberuf ausüben. Für die Pflichtmitgliedschaft in den Notarkammern sind somit weder Art. 43 EG noch Art. 49 EG Prüfungsmaßstab.

H. Pflichtmitgliedschaft und europäisches Kartellrecht, Art. 81 ff. EG

Trotz vereinzelter Stimmen, die in der Pflichtmitgliedschaft eine Wettbewerbsbeschränkung erblicken, hat sich der gelegentlich erhobene Vorwurf, die Pflicht-

---

457 Vgl. auch BVerfGE 73, 280 (293).

458 Vgl. *Hirsch*, DNotZ 2000, 729 (736); EuGH, Rs. 2/74, Reyners, Slg. 1974, 631, Rn. 46 f.; Müller-Graff, in: Streinz (Hrsg.), EUV/EGV, Art. 45 EG Rn. 6.

459 *Hirsch*, DNotZ 2000, 729 (736); a.A. wohl *Bröhmer*, in: Calliess/Ruffert (Hrsg.), EUV/EGV, Art. 45 EG Rn. 3.

460 *Frenz*, Handbuch Europarecht, Bd. 1, Rn. 1997; *Hirsch*, DNotZ 2000, 729 (736).

461 *Frenz*, Handbuch Europarecht, Bd. 1, Rn. 1997; a.A. *Hirsch*, DNotZ 2000, 729 (736), der die notarielle Rechtsberatung als akzessorisch zur Beurkundung betrachtet, da sie Letztere regelmäßig vorbereite.

mitgliedschaft verstoße gegen Art. 81 EG, als unbegründet erwiesen[462]. Mit der Eigenschaft der Kammern als Körperschaften des öffentlichen Rechts lässt sich dies jedoch nicht begründen[463], da die Rechtsform für das Eingreifen der kartellrechtlichen Vorschriften der Art. 81 ff. EG unerheblich ist[464]. Darauf wird im folgenden Kapitel noch einzugehen sein.

Vielmehr scheitert ein Verstoß gegen das gemeinschaftsrechtliche Kartellverbot aus folgenden Gründen: Zunächst ist nicht ersichtlich, inwiefern die Kammermitgliedschaft den Wettbewerb spürbar beschränken soll. Darüber hinaus beruht die Pflichtmitgliedschaft nicht auf einer Vereinbarung zwischen Unternehmen, auf einem Beschluss einer Unternehmensvereinigung oder aufeinander abgestimmten Verhaltensweisen. Stattdessen sind die Regelungen zur Pflichtmitgliedschaft in Wirtschafts- und berufsständischen Kammern in Parlamentsgesetzen enthalten. Zwar sind auch die Mitgliedstaaten an Art. 81 EG i.V.m. Art. 10 EG gebunden. Doch handelt es sich vorliegend um *rein* staatliche hoheitliche Regelungen, die keiner der zu Art. 81 EG i.V.m. Art. 10 EG entwickelten Fallgruppen[465] zugerechnet werden können.

I. Fazit zur Pflichtmitgliedschaft

Die Ausgestaltung der Pflichtmitgliedschaft in den deutschen Kammern der wirtschaftlichen und berufsständischen Selbstverwaltung ist mit dem Gemeinschaftsrecht vereinbar. Weder bestehen Konflikte mit den Gemeinschaftsgrundrechten, noch verstößt die Pflichtmitgliedschaft gegen die in Art. 43 und 49 EG verankerten Grundfreiheiten oder das Kartellverbot des Art. 81 EG. Dementsprechend sieht auch die EU-Kommission keinen Anlass, gegen die Pflichtmitgliedschaft vorzugehen. Ebenso wenig hat die Bundesregierung Zweifel an der Europarechtskonformität der Kammermitgliedschaft[466].

---

462 Vgl. *Frentzel/Jäkel/Junge*, IHKG, § 2 Rn. 7; *Jahn*, GewArch. 1999, 449 (451); *ders.*, GewArch. 2005, 169 (172); VG Lüneburg, GewArch. 1995, 473; OVG Lüneburg, GewArch. 1996, 413; BVerwG, GewArch. 1997, 22 = NVwZ 1997, 501.

463 So auch *Kaltenhäuser*, Möglichkeiten und Perspektiven einer Reform der Organisation der Wirtschaftsverwaltung, S. 216 ff., deren Ausführungen sich allerdings nicht direkt auf die Pflichtmitgliedschaft beziehen. A.A. *Möllering*, WiVerw. 2001, 25 (28); VG Lüneburg, GewArch. 1995, 473; OVG Lüneburg, GewArch. 1996, 413; BVerwG, GewArch. 1997, 22 = NVwZ 1997, 501.

464 Vgl. *Schwarze*, EuZW 2000, 613 (616).

465 Zur diesbezüglichen Rechtsprechung *Schwarze*, EuZW 2000, 613 (617 ff.).

466 BT-Drucks. 15/3265, S. 5

Zusammenfassend lässt sich feststellen, dass die Kammern „auch im Rahmen des von Grundfreiheiten wie der Dienstleistungs- und der Niederlassungsfreiheit geprägten Binnenmarkts sehr wohl zukunftsfähig" sind[467].

467 S. *Tettinger*, DÖV 2000, 534 (542).

Kapitel 3: Satzungserlass und Primärrecht

Ein kennzeichnendes Merkmal der wirtschaftlichen und freiberuflichen Kammern und Ausprägung des Selbstverwaltungsgedankens ist die Satzungsgewalt der Kammern. Konflikte des autonom erlassenen Satzungsrechts mit dem europäischen Gemeinschaftsrecht sind in mehrerlei Hinsicht denkbar. So kann beispielsweise die Begründung einer Niederlassung durch Gewerbetreibende, Handwerker oder Freiberufler aus dem EU-Ausland weniger attraktiv erscheinen, weil ihnen in einer Beitragssatzung Zahlungsverpflichtungen auferlegt werden. Auch wenn *im Ergebnis* keine Zweifel an der Vereinbarkeit mit Art. 43 EG bestehen (vgl. die obigen Ausführungen zur Pflichtmitgliedschaft), ist doch zumindest der Anwendungsbereich der Grundfreiheiten betroffen.

Bei den als Satzung erlassenen Berufsordnungen der freiberuflichen Kammern[468] ist ein weiterer Regelungsbereich berührt. Enthalten diese beispielsweise Werbebeschränkungen oder sogar –verbote, kann von ihnen eine wettbewerbsbeschränkende Wirkung ausgehen, so dass über die Grundfreiheiten hinaus zusätzlich die Art. 81 ff. EG einschlägig sein könnten. Im Hinblick auf die Wirtschaftskammern tritt dieses Problem nicht auf[469]. Einerseits enthalten ihre Satzungen regelmäßig keine wettbewerbsbeschränkenden Regelungen[470]; zum anderen ließe sich bei ihnen aufgrund ihrer heterogenen Zusammensetzung kaum sinnvoll der sachlich relevante Markt bestimmen[471].

Im Rahmen der folgenden Ausführungen zum Kartellrecht soll nicht die Vereinbarkeit einzelner Satzungen mit dem Kartellrecht[472] im Vordergrund stehen, sondern die grundsätzliche Frage nach der Anwendbarkeit der Art. 81 ff. EG auf die rechtsetzende Tätigkeit der Kammern. Dabei wird sich die Darstellung im

---

468 Ein Überblick über die von den berufsständischen Kammern erlassenen Satzungen findet sich bei *Schulte*, Das Werberecht der freien Berufe, S. 36 ff.

469 Offen gelassen bei *Burgi*, in: Kluth (Hrsg.), Jahrbuch des Kammerrechts 2002, S. 23 (38).

470 A.A. hinsichtlich der Regelung des Sachverständigenwesens durch IHKen gemäß § 36 Abs. 4 GewO: *Waldhorst*, Kammern zwischen Kartell- und Verwaltungsorganisationsrecht, S. 126 ff. u. 207 ff.

471 Auch das Sachverständigenwesen stellt keinen homogenen, einheitlichen Markt dar. Auf der Nachfrageseite ebenso wie auf der Angebotsseite fehlt es bei Sachverständigen für verschiedene Sachgebiete an der für die Bestimmung des sachlich relevanten Marktes erforderlichen Austauschbarkeit. So kann etwa ein Kfz-Sachverständiger kein Gutachten zu Baumängeln erstellen.

472 Dazu *Waldhorst*, Kammern zwischen Kartell- und Verwaltungsorganisationsrecht, S. 149 ff.

Wesentlichen, wenn auch nicht ausschließlich, auf die von den Rechtsanwaltskammern erlassenen Satzungen konzentrieren. Die zu ihnen getroffenen Aussagen lassen sich aufgrund vergleichbarer Strukturen grundsätzlich auf die übrigen Kammern der freien Berufe übertragen.

Schließlich sind Untersuchungsgegenstand nur *die Kammern selbst* mit ihrer normsetzenden Tätigkeit. Auf die durch das Kartellrecht begründeten staatlichen Pflichten (Art. 81 EG i.V.m. Art. 10 EG) wird hingegen nicht eingegangen. Ob die Delegation von Rechtsetzungsbefugnissen auf die Kammern ein Vorschreiben, Fördern oder Begünstigen wettbewerbswidrigen Verhaltens darstellt, wird aus der folgenden Darstellung ausgeklammert[473].

A. Kartellrecht, Art. 81 EG

I. Freie Berufe und Unternehmensbegriff

Im EG-Vertrag findet sich keine Definition des Unternehmensbegriffs. Es handelt sich um einen gemeinschaftsrechtlichen Begriff, der unabhängig von der Rechtspersönlichkeit nach nationalem Recht ist[474]. Im Rahmen des EG-Kartellrechts hat sich ein funktionaler Unternehmensbegriff durchgesetzt[475]. Danach ist als Unternehmen jede eine wirtschaftliche Tätigkeit ausübende Einheit unabhängig von ihrer Rechtsform und der Art ihrer Finanzierung anzusehen[476]. Dabei definiert der EuGH eine wirtschaftliche Tätigkeit als jede Tätigkeit, die darin besteht, Güter oder Dienstleistungen auf einem bestimmten Markt anzubieten[477].

Freiberufliche Tätigkeit ist auf das entgeltliche Anbieten von Dienstleistungen auf einem Markt gerichtet, so dass Freiberufler unter den europarechtlichen

---

473 Dazu *König*, Standesrechtliche Wettbewerbsbeschränkungen im gemeinsamen Markt, S. 164 ff; *ders.*, DZWir 1997, 359 (362 ff.); allgemein zu der Frage, inwiefern die Mitgliedstaaten Adressaten des europäischen Wettbewerbsrechts sind: *Schwarze*, EuZW 2000, 613 ff.

474 Vgl. *Weiß*, in: Calliess/Ruffert (Hrsg.), EUV/EGV, Art. 81 EG Rn. 31.

475 Vgl. *König*, Standesrechtliche Wettbewerbsbeschränkungen im gemeinsamen Markt, S. 134 m.w.N.; *Emmerich*, in: Immenga/Mestmäcker, EG-Wettbewerbsrecht I, Art. 85 EGV Rn. 14 f.

476 EuGH, Rs. C-309/99, Wouters, Slg. 2002, I-1577, Rn. 46 unter Verweis auf EuGH, Rs. C-41/90, Höfner und Elser, Slg. 1991, I-1979, Rn. 21; Rs. C-244/94, Fédération française des sociétés d'assurance u.a., Slg. 1995, I-4022, Rn. 14; Rs. C-55/96, Job Centre II, Slg. 1997, I-7119, Rn. 21. Siehe ferner *Sagawe*, ZRP 2002, 281 (282); *Lettl*, Kartellrecht, Rn. 41 f.

477 EuGH, Rs. C-82/01, Aéroports de Paris, Slg. 2002, I-9297, Rn. 79; Rs. C-309/99, Wouters, Slg. 2002, I-1577, Rn. 46 unter Verweis auf Rs. 118/85, Kommission/Italien, Slg. 1987, 2599, Rn. 7; Rs. C-35/96, Kommission/Italien, Slg. 1998, I-3851, Rn. 36.

Unternehmensbegriff zu subsumieren sind[478]. Hinweise auf die Gemeinwohlbezogenheit freiberuflicher Tätigkeit können die freien Berufe nicht aus dem Adressatenkreis der Wettbewerbsvorschriften des EG-Vertrages ausschließen[479]. Auch dass ihre Dienstleistungen komplex und fachspezifisch sind und dass ihre Berufsausübung Regeln unterliegt, vermag an diesem Ergebnis nichts zu ändern[480].

II. Kammern als Unternehmensvereinigungen

1. Unerheblichkeit der Rechtsform

Der Begriff der Unternehmensvereinigung erfüllt primär die Funktion eines Umgehungsschutzes des Kartellverbots, um zu verhindern, dass die Unternehmen eine direkte wettbewerbsbeschränkende Vereinbarung durch den Beschluss einer koordinierenden Vereinigung ersetzen[481]. Voraussetzung ist daher, dass sich die Vereinigung aus Einheiten zusammensetzt, denen wiederum die Unternehmenseigenschaft im Sinne des Art. 81 Abs. 1 EG zukommt[482], wie es auf die freien Berufe zutrifft.

Allerdings könnten sich unter diesem Aspekt Bedenken gegen die Anwendung des Art. 81 Abs. 1 EG auf Bundeskammern ergeben, da dort oft nicht die einzelnen Freiberufler in ihrer Unternehmenseigenschaft Mitglieder sind, sondern regionale Untergliederungen als Mitglieder in ihnen zusammengefasst werden, die selbst nicht als Unternehmen zu qualifizieren sind. In teleologischer Auslegung haben Kommission und Gerichtshof jedoch schon früh auch Vereinigungen von Unternehmensvereinigungen zu Normadressaten des Art. 81 Abs. 1 EG erklärt[483]. Mithin richtet sich das gemeinschaftsrechtliche Kartellverbot auch an

---

478 Vgl. *König*, Standesrechtliche Wettbewerbsbeschränkungen im gemeinsamen Markt, S. 134; ausführlich *Waldhorst*, Kammern zwischen Kartell- und Verwaltungsorganisationsrecht, S. 86 ff.

479 Vgl. *König*, Standesrechtliche Wettbewerbsbeschränkungen im gemeinsamen Markt, S. 134 f.

480 Vgl. EuGH, Rs. C-309/99, Wouters, Slg. 2002, I-1577, Rn. 49; verb. Rs. C-180/98 bis C-184/98, Pavlov u. a., Slg. 2000, I-6451, Rn. 77.

481 *König*, Standesrechtliche Wettbewerbsbeschränkungen im gemeinsamen Markt, S. 135 m.w.N.; *Waldhorst*, Kammern zwischen Kartell- und Verwaltungsorganisationsrecht, S. 88.

482 Vgl. *Weiß*, in: Calliess/Ruffert (Hrsg.), EUV/EGV, Art. 81 EG Rn. 48.

483 EuGH, Rs. 71/74, Frubo, Slg. 1975, 563 (583 f.); Kommission, Entscheidung vom 13.03.1969, EMO I, ABl. EG 1969 Nr. L 69/13; dazu auch *Emmerich*, in: Immenga/Mestmäcker, EG-Wettbewerbsrecht I, Art. 85 EG Rn. 39 m.w.N. aus der Praxis.

Bundeskammern[484], sofern berufsständische Kammern überhaupt zu seinem Adressatenkreis gehören.

Zweifel daran könnten sich aufgrund der Ausgestaltung der Kammern als öffentlich-rechtliche Körperschaften ergeben, da Art. 81 EG auf private Wettbewerbsbeschränkungen abzielt. Nach zumindest missverständlichen Äußerungen im Urteil *IGAV/ENCC*[485] hat sich der EuGH in späteren Entscheidungen ausdrücklich gegen eine derartige Eingrenzung ausgesprochen[486]: Der Gerichtshof stellte unmissverständlich fest, dass die rechtliche Einordnung und Ausgestaltung einer Organisation durch die nationalen Rechtsordnungen für die Anwendung von Art. 81 Abs. 1 EG unbeachtlich sind.

Damit trägt der EuGH einer funktionalen und gemeinschaftsorientierten Bestimmung des Adressatenkreises Rechnung. Die rechtliche Einordnung der jeweiligen Berufsorganisationen differiert von Mitgliedstaat zu Mitgliedstaat und ist zufällig, ohne den materiellen Charakter der Organisation zu ändern. Dem gebotenen weiten Anwendungsbereich des Art. 81 EG[487] liefe es ferner zuwider, wenn die Mitgliedstaaten allein durch die Verleihung einer bestimmten Rechtsform Unternehmenszusammenschlüsse aus dem Anwendungsbereich des Kartellverbots ausnehmen könnten[488]. Der Charakter als öffentlich-rechtliche Körperschaft schützt die Kammern mithin nicht vor der Anwendung des Art. 81 Abs. 1 EG[489].

---

484 *König*, Standesrechtliche Wettbewerbsbeschränkungen im gemeinsamen Markt, S. 135.

485 EuGH, Rs. 94/74, IGAV/ENCC, Slg. 1975, 699. In der Entscheidung stellte der Gerichtshof fest, dass die Tätigkeit einer – sei es auch autonomen – öffentlich-rechtlichen Körperschaft nicht unter Art. 81 EG fällt, soweit diese Körperschaft im öffentlichen Interesse und nicht zu Erwerbszwecken tätig wird (Rn. 33 ff.). Hieraus ist vereinzelt gefolgert worden, der EuGH habe die Anwendung von Art. 81 ff. EG auf öffentlich-rechtliche Standesorganisationen versperrt (*Schmidt*, Standesrecht und Standesmoral, S. 152). Dabei wird aber übersehen, dass das Urteil Art. 81 Abs. 1 EG nur in seiner Zielrichtung „Unternehmen" betrifft. Der EuGH stützt sich ausdrücklich auf das Fehlen eigener Erwerbszwecke der Körperschaft. Bei der Alternative „Unternehmensvereinigung" besteht dieses Erfordernis gerade nicht, so dass die Entscheidung für die obige Fragestellung keine Aussagekraft besitzt, vgl. *König*, Standesrechtliche Wettbewerbsbeschränkungen im gemeinsamen Markt, S. 135 m. Fn. 50.

486 EuGH, Rs. 123/83, BNIC/Clair, Slg. 1985, 391; Rs. 136/86, BNIC/Aubert, Slg. 1987, 4789.

487 Vgl. hierzu *Emmerich*, JuS 1990, 695 (696).

488 Vgl. *König*, Standesrechtliche Wettbewerbsbeschränkungen im gemeinsamen Markt, S. 136; *Schmidt*, Standesrecht und Standesmoral, S. 152.

489 Vgl. *Michalski/Römermann*, AnwBl. 1996, 191 (192); *Schmidt*, Standesrecht und Standesmoral, S. 153 f.; *König*, Standesrechtliche Wettbewerbsbeschränkungen im gemeinsamen Markt, S. 136; *Schaub*, AnwBl. 2002, 18.

2. Art. 81 EG und hoheitliche Verwaltungstätigkeit

Aufgrund des funktionalen Ansatzes wird der Unternehmensbegriff relativiert, indem er auf die Ausübung wirtschaftlicher Tätigkeiten beschränkt wird[490]. Aus der Qualifikation einer Einheit als Unternehmen bzw. Unternehmensvereinigung folgt also nicht, dass diese im Hinblick auf alle ihre Tätigkeiten Art. 81 EG unterliegt[491]. Fraglich ist im vorliegenden Zusammenhang, ob Kammern *beim Satzungserlass* als Unternehmensvereinigung angesehen werden können. Stellen, die staatliche Hoheitsgewalt mittels Rechtsprechung, Rechtsetzung und behördlichen Handelns ausüben, unterliegen nicht dem Anwendungsbereich von Art. 81 EG[492]. Da den berufsständischen Kammern Normsetzungsbefugnisse übertragen sind und sie bindende Einzelakte sowie disziplinarische Sanktionen erlassen können, weisen sie zumindest eine gewisse Nähe zu staatlicher Gewalt auf[493]. Im Folgenden ist auf die Kriterien einzugehen, die eine Zuordnung der Rechtsetzungstätigkeit der Kammern zum hoheitlichen Handeln oder zur Teilnahme am Wirtschaftsverkehr ermöglichen.

3. Einhaltung des innerstaatlichen Gesetzesrahmens als Abgrenzungskriterium

Zur Beantwortung der Frage, ob die nationalen Kartellvorschriften des GWB auf den Satzungserlass der freiberuflichen Kammern anwendbar sind, wird auf die Einhaltung des Gesetzesrahmens abgestellt[494]: Geht eine Berufsordnung über ihre Rechtsgrundlage hinaus, ist sie bereits von Verfassungs wegen nichtig[495]; eine weitere kartellrechtliche Prüfung findet nicht statt[496]. Steht die Satzung mit der Verfassung im Einklang, unterfällt sie nach herrschender Ansicht nicht den Kartellverbot[497].

Die Entscheidungen der Kommission gegen das Bureau National Interprofessionel de l'Armagnac (BNIA)[498] bzw. das Bureau National Interprofessionel du

490 *Eilmansberger*, in: Streinz (Hrsg.) EUV/EGV, vor Art. 81 EG Rn. 21; näher dazu *Lange*, WuW 2002, 953; *Lenk*, Die Ausnahme standesrechtlicher Werbeverbote aus dem EG-Kartellrecht, S. 62.

491 Vgl. *Eilmansberger*, in: Streinz (Hrsg.) EUV/EGV, vor Art. 81 EG Rn. 21.

492 Vgl. EuGH, Rs. C-2/91, Meng, Slg. 1993, I-5751, Rn. 12 f.

493 Vgl. *König*, Standesrechtliche Wettbewerbsbeschränkungen im gemeinsamen Markt, S. 136.

494 Vgl. *Römermann/Wellige*, BB 2002, 633; ausführlich dazu *König*, Standesrechtliche Wettbewerbsbeschränkungen im gemeinsamen Markt, S. 44 ff.

495 Vgl. BVerfGE 76, 171 = NJW 1988, 191; BVerfGE 76, 196 = NJW 1988, 194.

496 Vgl. *Michalski/Römermann*, AnwBl. 1996, 191 (193).

497 Vgl. *Michalski/Römermann*, AnwBl. 1996, 191 (193); *Römermann/Wellige*, BB 2002, 633.

498 Kommission, Entscheidung v. 26.07.1976, ABl. 1976 Nr. L 231/24.

Cognac (BNIC)[499] legten zunächst den Schluss nahe, dass sich die Gemeinschaftsorgane einer Differenzierung in diesem Sinne angeschlossen hätten[500]. Für die Einordnung der beiden öffentlich-rechtlichen Körperschaften als Unternehmensvereinigung stellte die Kommission darauf ab, dass diese außerhalb ihres gesetzlichen Ermächtigungsrahmens gehandelt haben, woraus *e contrario* zu folgern wäre, dass eine entsprechende Einordnung bei Beachtung des gesetzlichen Rahmens nicht möglich wäre.

In seinen beiden Vorabentscheidungsverfahren zur Behandlung des BNIC im Rahmen von Art. 81 EG ist der Gerichtshof dieser Differenzierung jedoch nicht gefolgt. Ohne ausdrücklich auf sie einzugehen, begnügte sich der EuGH damit festzustellen, dass der rechtliche Rahmen einer Beschlussfassung für die Qualifizierung als Beschluss einer Unternehmensvereinigung irrelevant sei[501]. Daraus folgt, dass die Einhaltung der Ermächtigungsgrenzen für die Einordnung ebenfalls nicht von Belang ist[502]. In späteren Entscheidungen schloss sich die Kommission dieser Auffassung an[503].

Somit wenden sich die Gemeinschaftsorgane übereinstimmend gegen das Kriterium der Einhaltung des innerstaatlichen Gesetzesrahmens zur Einordnung öffentlich-rechtlicher Körperschaften als Unternehmensvereinigung einerseits bzw. staatlicher Verwaltung andererseits. Hierdurch wird den Mitgliedstaaten die Möglichkeit genommen, unternehmerische Wettbewerbsbeschränkungen mittels eines passenden rechtlichen Rahmens dem Anwendungsbereich von Art. 81 Abs.1 EG zu entziehen[504].

4. Das Kriterium des „wahren Regelungsautors“

Ausgehend von der Umgehungsschutzfunktion der Tatbestandsalternative „Unternehmensvereinigung“ wird von einer Literaturansicht auf den internen Vorgang der Entscheidungsfindung abgestellt. Maßgeblich sei insofern die Frage nach „dem *wahren Autor* und Veranlasser der wettbewerbsbeschränkenden Maßnahme“, so dass der Entscheidungsprozess daraufhin zu untersuchen sei, ob sich

499 Kommission, Entscheidung v. 15.12.1982, ABl. 1982 Nr. L 379/1.

500 Dazu *König*, Standesrechtliche Wettbewerbsbeschränkungen im gemeinsamen Markt, S. 137.

501 EuGH, Rs. 123/83, BNIC/Clair, Slg. 1985, 391; Rs. 136/86, BNIC/Aubert, Slg. 1987, 4789, Rn. 13.

502 So auch *König*, Standesrechtliche Wettbewerbsbeschränkungen im gemeinsamen Markt, S. 138.

503 S. Kommission, Entscheidung v. 30.06.1993, ABl. 1993 Nr. L 203/27 (italienische Zollspediteure – CNSD); Entscheidung v. 30.01.1995 (spanische Patentanwaltskammer – COAPI).

504 S. *König*, Standesrechtliche Wettbewerbsbeschränkungen im gemeinsamen Markt, S. 139.

die Beschlüsse als Willensbetätigung der Unternehmen oder des Staates darstellten[505].

Bereits auf Grundlage der früheren Kommissionspraxis und Rechtsprechung des Gerichtshofs[506] wurde in Bezug auf die berufsständischen Kammern gefolgert, dass diese beim Satzungserlass als Unternehmensvereinigungen anzusehen seien[507]. Das Kammerwesen beruhe auf dem Grundgedanken der Selbstverwaltung, und dementsprechend solle der Berufsstand seine Angelegenheiten weitestgehend autonom und in eigener Verantwortung entsprechend den Interessen der Mitglieder regeln. Dies werde auch in der institutionellen Ausgestaltung deutlich. Die Entscheidungsorgane setzten sich in der Regel ausschließlich aus Angehörigen des jeweiligen Berufsstandes zusammen, und ihre Wahl erfolgte durch Standesangehörige ohne maßgebliche staatliche Einflussnahme. Hinsichtlich der Normsetzungsbefugnis bestünden regelmäßig lediglich allgemeine gesetzliche Vorgaben. Zwar hätten die Kammern für die ausreichende Berücksichtigung der Gemeinwohlinteressen bei der Berufsausübung zu sorgen, jedoch beschränke sich der Gesetzgeber hier im Allgemeinen auf eine von den Kammern nach eigenem Ermessen zu konkretisierende Generalklausel. Insgesamt folge daraus, dass Kammerbeschlüsse regelmäßig auf die autonome Willensbildung von Repräsentanten der „Unternehmen" Rechtsanwälte, Architekten etc. zurückzuführen seien[508]. Anders sei die Lage nur im Falle gesetzlicher Detailbestimmungen zu beurteilen; bei Beschlüssen, die derartige Bestimmungen ohne eigenen Handlungsspielraum lediglich wiederholten oder umsetzten, werde letztlich allein der staatliche Regelungswille wirksam, so dass Art. 81 EG nicht einschlägig sei[509]. Unter Berücksichtigung des Kriteriums des „wahren Regelungsautors" seien öffentlich-rechtliche Standesorganisationen folglich im Rahmen des Art. 81 EG regelmäßig wirtschaftliche Unternehmensvereinigungen und nicht als Teil des Staates anzusehen[510].

505 *König*, Standesrechtliche Wettbewerbsbeschränkungen im gemeinsamen Markt, S. 140.

506 Dazu *König*, Standesrechtliche Wettbewerbsbeschränkungen im gemeinsamen Markt, S. 140 f.

507 Vgl. *Römermann*, MDR 1998, 1149; *Schulte*, Das Werberecht der freien Berufe, S. 47; *König*, Standesrechtliche Wettbewerbsbeschränkungen im gemeinsamen Markt, S. 141.

508 *König*, Standesrechtliche Wettbewerbsbeschränkungen im gemeinsamen Markt, S. 141.

509 Vgl. *Michalski/Römermann*, AnwBl. 1996, 191 (194).

510 *König*, Standesrechtliche Wettbewerbsbeschränkungen im gemeinsamen Markt, S. 141 f.

5. Das „Vorbehaltsmodell" des EuGH

In zwei mit Spannung erwarteten[511] Urteilen vom 19. Februar 2002 hatte der EuGH Gelegenheit, sich mit der Einordnung berufsständischer Kammern im Rahmen der gemeinschaftsrechtlichen Kartellvorschriften zu befassen. Dabei hat der Gerichtshof den Gesichtspunkt des „wahren Regelungsautors" nicht wörtlich, aber der Sache nach aufgegriffen und Kriterien dafür aufgestellt, unter welchen Umständen eine berufsständische Kammer als Unternehmensvereinigung zu qualifizieren ist bzw. wann sie als Teil des Staates betrachtet werden kann.

a) Das Urteil in der Rechtssache „Wouters"

In seiner *Wouters*-Entscheidung[512] konkretisierte der Gerichtshof die Voraussetzungen, unter denen eine Satzung entweder als autonome Willensbetätigung einer Unternehmensvereinigung oder als hoheitliche Regelung einzuordnen ist.

aa) Sachverhalt

In dem Vorlageverfahren nach Art. 234 EG hatte der EuGH über die Bedeutung der Art. 81 ff. EG für das in den Niederlanden geltende Sozietätsverbot zwischen Rechtsanwälten und Wirtschaftsprüfern zu befinden. Dieses Verbot ergibt sich aus der Satzung über die Zusammenarbeit von Rechtsanwälten und Angehörigen anderer freier Berufe (Samenwerkingsverordening 1993). Die Zusammenarbeit mit Notaren, Steuerberatern und Patentanwälten hingegen ist zulässig. Die Satzung ist von der Satzungsversammlung der Nationalen Rechtsanwaltskammer der Niederlande (Nederlandse Orde van Advocaten, NOvA) aufgrund gesetzlicher Ermächtigung erlassen worden und verbindlich. Die Versammlung setzt sich aus von den regionalen Kammern gewählten Rechtsanwälten zusammen, deren Aufgabe darin besteht, die „gute Berufsausübung" zu regeln. Die von der Versammlung erlassenen Satzungen sind dem Justizminister anzuzeigen und können durch königlichen Erlass suspendiert oder aufgehoben werden, wenn sie rechtswidrig sind oder dem Allgemeininteresse zuwiderlaufen. Die Rechtsanwälte *Wouters* und *Savelbergh* wollten sich als Mitglieder einer regionalen Rechtsanwaltskam-

---

511 Stellungnahmen der Literatur rief bereits die Anhängigkeit der Vorabentscheidungsverfahren beim EuGH hervor, lange bevor die Schlussanträge oder die Urteile vorlagen, s. zum „Arduino"-Verfahren *Loner*, BRAK-Mitt. 2000, 28 f.; zu den Schlussanträgen von Generalanwalt Léger im „Wouters"-Verfahren s. *Lörcher/Eichele*, BRAK-Mitt. 2001, 218 ff.

512 EuGH, Rs. C-309/99, Wouters, Slg. 2002, I-1577 = NJW 2002, 877 = Stbg 2002, 128 = EWS 2002, 124 = EuZW 2002, 172 = DVBl. 2002, 464 = BB 2002, 638 = WRP 2002, 405 = JZ 2002, 990.

mer mit den Steuerberatungsgesellschaften *Arthur Andersen* bzw. *Price Waterhouse* zusammenschließen. Ihre diesbezüglichen Anträge wurden allerdings von den zuständigen Rechtsanwaltskammern jeweils mit der Begründung abgelehnt, dass der angestrebte Zusammenschluss gegen das Sozietätsverbot mit Wirtschaftsprüfern verstoße, da beide Steuerberatungsgesellschaften enge Beziehungen zu den gleichnamigen Wirtschaftsprüfer-Schwestergesellschaften unterhielten.

bb) Entscheidung

(1) Die Niederländische Rechtsanwaltskammer als Unternehmensvereinigung

Bei der Prüfung, ob eine berufsständische Vertretung beim Erlass einer Verordnung wie der Samenwerkingsverordening 1993 als Unternehmensvereinigung oder vielmehr als Organ der öffentlichen Gewalt anzusehen ist[513], weist der Gerichtshof zunächst darauf hin, dass eine Tätigkeit nicht den Wettbewerbsregeln des EG-Vertrags unterliegt, wenn sie nach ihrer Art, den für sie geltenden Regeln und ihrem Gegenstand keinen Bezug zum Wirtschaftsleben hat[514] oder wenn sie mit der Ausübung hoheitlicher Befugnisse zusammenhängt[515].

Ein Berufsverband wie die Niederländische Rechtsanwaltskammer erfülle beim Erlass einer Verordnung wie der Samenwerkingsverordening 1993 anders als bestimmte Einrichtungen der Sozialversicherung keine auf dem Solidaritätsgrundsatz beruhende Aufgabe[516] und übe zudem keine typischerweise hoheitlichen Befugnisse aus[517]. Stattdessen handele sie als Organ zur Regelung eines Berufes, dessen Ausübung im Übrigen eine wirtschaftliche Tätigkeit darstelle[518]. Dass dem Allgemeinen Rat nach Art. 26 Advocatenwet auch die Aufgabe zukomme, sich für die Rechte und Interessen der Rechtsanwälte einzusetzen, bedeute nicht, dass dieser Berufsverband von vornherein auch dann vom Anwen-

---

513 EuGH, Rs. C-309/99, Wouters, Slg. 2002, I-1577, Rn. 56 ff.

514 EuGH, Rs. C-309/99, Wouters, Slg. 2002, I-1577, Rn. 57 unter Verweis auf verb. Rs. C-159/91 u. C-160/91, Poucet und Pistre, Slg. 1993, I-637, Rn. 18 f. in Bezug auf die Verwaltung der öffentlichen Aufgabe der sozialen Sicherheit.

515 EuGH, Rs. C-309/99, Wouters, Slg. 2002, I-1577, Rn. 57 unter Verweis auf Rs. C-364/92, SAT Fluggesellschaft, Slg. 1994, I-43, Rn. 30, zur Kontrolle und Überwachung des Luftraums; Rs. C-343/95, Diego Calì & Figli, Slg. 1997, I-1547, Rn. 22 f. bezüglich der Überwachung zur Bekämpfung der Umweltverschmutzung im Meeresbereich.

516 Zu diesem Aspekt vgl. EuGH, verb. Rs. C-159/91 u. C-160/91, Poucet und Pistre, Slg. 1993, I-637, Rn. 18.

517 Vgl. dazu EuGH, Rs. C-364/92, SAT Fluggesellschaft, Slg. 1994, I-43, Rn. 30.

518 EuGH, Rs. C-309/99, Wouters, Slg. 2002, I-1577, Rn. 58.

dungsbereich des Art. 81 EG ausgenommen sei, wenn er seine Aufgabe der Regelung der anwaltlichen Berufsausübung wahrnehme[519].

Für die Anwendbarkeit des Art. 81 EG auf eine Organisation wie die Niederländische Rechtsanwaltskammer spreche außerdem, dass ihre Leitungsorgane ausschließlich aus Rechtsanwälten bestehen, die nur von den Angehörigen dieses Berufes gewählt werden. Es bestehe keine Einflussmöglichkeit seitens staatlicher Behörden hinsichtlich der Mitglieder der Vorstände, der Delegiertenversammlung und des Allgemeinen Rates[520]. Zum anderen sei die Niederländische Rechtsanwaltskammer beim Erlass von Rechtsakten wie der Samenwerkingsverordening 1993 nicht verpflichtet, bestimmte Kriterien des Allgemeininteresses zu berücksichtigen, da die einschlägige Norm des niederländischen Rechtsanwaltsgesetzes (Art. 28 Advocatenwet) lediglich bestimme, dass die Verordnungen im Interesse der ordnungsgemäßen Berufsausübung sein müssten[521].

Angesichts des Einflusses der streitigen Verordnung auf dem Markt für juristische Dienstleistungen fehle ihr schließlich auch nicht jeder Bezug zum Wirtschaftsleben. Da eine solche Verordnung den Willen der Vertreter eines Berufsstandes zum Ausdruck bringe, die Standesangehörigen bei ihrer Wirtschaftstätigkeit zu einem bestimmten Verhalten zu veranlassen, sei ein Berufsverband wie die Niederländische Rechtsanwaltskammer beim Erlass einer Verordnung wie der Samenwerkingsverordening 1993 als Unternehmensvereinigung i.S.d. Art. 81 Abs. 1 EG anzusehen, wobei der öffentlich-rechtliche Charakter der Einrichtung keine Rolle spiele[522].

(2) Die Ausgestaltungsmöglichkeiten der Mitgliedstaaten bei der Delegation von Rechtsetzungsbefugnissen

Die folgenden Ausführungen des EuGH sind für die später noch durchzuführende Einordnung der deutschen berufsständischen Kammern von besonderem Interesse: Nachdem der Gerichtshof bereits zu dem Ergebnis gelangt ist, dass die NOvA bei der zu beurteilenden Tätigkeit als Unternehmensvereinigung anzusehen ist, nimmt er Bezug auf den von der deutschen Regierung angeführten Grundsatz der

519 EuGH, Rs. C-309/99, Wouters, Slg. 2002, I-1577, Rn. 59 unter Verweis auf verb. Rs. C-180/98 bis C-184/98, Pavlov u. a., Slg. 2000, I-6451, Rn. 86.

520 EuGH, Rs. C-309/99, Wouters, Slg. 2002, I-1577, Rn. 61; unter Verweis auf Rs. C-35/96, Kommission/Italien, Slg. 1998, I-3851, Rn. 42 zu einem Berufsverband von Zollspediteuren (CNSD); verb. Rs. C-180/98 bis C-184/98, Pavlov u. a., Slg. 2000, I-6451, Rn. 88 zu einem Berufsverband von Ärzten.

521 EuGH, Rs. C-309/99, Wouters, Slg. 2002, I-1577, Rn. 62; unter Verweis auf Rs. C-35/96, Kommission/Italien, Slg. 1998, I-3851, Rn. 43.

522 EuGH, Rs. C-309/99, Wouters, Slg. 2002, I-1577, Rn. 63-65.

institutionellen Selbständigkeit[523]. Dieser werde vom Gerichtshof nicht missachtet; vielmehr sei zwischen zwei Fällen zu differenzieren:

„Im einen Fall legt ein Mitgliedstaat bei der Übertragung von Rechtsetzungsbefugnissen an einen Berufsverband Kriterien des Allgemeininteresses und wesentliche Grundsätze fest, die bei der Satzungsgebung zu beachten sind, und behält die Letztentscheidungsbefugnis. Die vom Berufsverband aufgestellten Regeln bleiben staatliche Regeln und unterliegen nicht den für die Unternehmen geltenden Bestimmungen des EG-Vertrags.

Im anderen Fall sind die von dem Berufsverband erlassenen Regeln allein diesem zuzurechnen. Soweit [Art. 81 Abs. 1 EG] anwendbar ist, hat der Verband die Regeln der Kommission zu notifizieren[524]*. Diese Verpflichtung führt jedoch nicht zu einer übermäßigen Erschwerung der Satzungsgebung der Berufsverbände, wie die deutsche Regierung behauptet, da die Kommission insbesondere die Möglichkeit hat, eine Gruppenfreistellungsverordnung nach [Art. 81 Abs. 3 EG] zu erlassen.*

Dass die beiden in den Randnummern 68 und 69 des vorliegenden Urteils beschriebenen Systeme jeweils unterschiedliche Folgen im Hinblick auf das Gemeinschaftsrecht haben, ändert nichts an der Freiheit der Mitgliedstaaten, sich für das eine oder das andere System zu entscheiden“[525].

Die Überprüfung des niederländischen Systems durch den EuGH deckt sich nur teilweise mit den von ihm selbst in den in Rn. 68 f. aufgestellten Kriterien[526]. Dass der Gerichtshof aber, obwohl er bereits die Unternehmensvereinigungseigenschaft der niederländischen Rechtsanwaltskammer beim Verordnungserlass

---

523 EuGH, Rs. C-309/99, Wouters, Slg. 2002, I-1577, Rn. 67 u. 54 f.

524 Nach Art. 1 Abs. 2 der Verordnung 1/2003 des Rates vom 16.02.2002 zur Durchführung der in den Artikeln 81 und 82 des Vertrages niedergelegten Wettbewerbsregeln (ABl. Nr. L 1/7 vom 04.01.2003) beinhaltet Art. 81 Abs. 3 EG inzwischen eine Legalausnahme. Die Kommission ist daher nicht mehr zu notifizieren, um eine Genehmigung einzuholen, vgl. *Weitbrecht*, EuZW 2003, 357; *Koch/Eichele*, NJW 2004, 334 (335); eingehend zur Verordnung 1/2003 *Schöler*, Die Reform des Europäischen Kartellverfahrensrechts durch die Verordnung (EG) Nr. 1/2003, 2004.

525 EuGH, Rs. C-309/99, Wouters, Slg. 2002, I-1577, Rn. 68-70. Der EuGH hat das Fehlen der Verpflichtung zur Beachtung von Allgemeininteressen und das Fehlen der staatlichen Letztentscheidungsbefugnis nicht „bemängelt“ (so aber *Henssler*, JZ 2002, 983 [985] und *Lörcher*, NJW 2002, 1092), sondern lediglich die Anwendbarkeit der Kartellvorschriften von ihr abhängig gemacht. Über die Vereinbarkeit mit diesen Regelungen ist damit noch nichts gesagt. Die Normdelegation auf die Kammern wird europarechtlich auch nicht „nur dann toleriert“, wenn die Voraussetzungen des Vorbehaltsmodells erfüllt sind (so aber *Jaeger*, Stbg 2002, 163 [167]). Dass der Gerichtshof beide Modelle toleriert, hat er ausdrücklich klargestellt. Mit der staatlichen Letztentscheidungsbefugnis lässt sich auch nicht unbedingt „die Europarechtswidrigkeit immerhin noch vermeiden“ (so aber *Jaeger*, a.a.O.). Eine staatliche Regelung könnte z.B. die Grundfreiheiten verletzen.

526 Darauf weist auch *Henssler*, JZ 2002, 983 (984) hin.

bejaht hat, zusätzlich noch definiert, anhand welcher Gesichtspunkte Berufsverbände als Unternehmensvereinigungen einzustufen sind, zeigt die allgemeine Bedeutung des „Vorbehaltsmodells“[527] über den Fall *Wouters* hinaus. Hätte der EuGH nicht auch auf andere Berufsstände und Kammern anderer Mitgliedstaaten anwendbare Kriterien aufzustellen beabsichtigt, hätte er es bei der Entscheidung des ihm vorgelegten Falles belassen und die Prüfung abbrechen können, nachdem er die Niederländische Rechtsanwaltskammer bereits als Unternehmensvereinigung eingestuft hatte.

b) Das Urteil in der Rechtssache „Arduino“

Im zweiten Urteil desselben Tages hatte der EuGH Gelegenheit, die in der *Wouters*-Entscheidung aufgestellten Kriterien anzuwenden.

aa) Sachverhalt

Im Fall *Arduino*[528] hatte sich der EuGH im Rahmen eines Vorabentscheidungsverfahrens mit der italienischen Gebührenordnung für Rechtsanwälte auseinanderzusetzen. Diese ist vom Nationalen Anwaltsrat (Consiglio nazionale forense, CNF) entworfen worden und nach Genehmigung durch den Justizminister in Kraft getreten. Auch in Italien setzt sich der Nationale Anwaltsrat aus Rechtsanwälten zusammen, welche über die regionalen Kammern gewählt worden sind. Rechtsgrundlage hierfür ist ein Gesetz aus dem Jahre 1933, das das Berufsrecht der Rechtsanwälte regelt. Nach diesem Gesetz ist dem Anwaltsrat die Aufgabe übertragen, die Mindest- und Höchstgebühren für anwaltliche Leistungen zu entwerfen und alle zwei Jahre zu überarbeiten. Erst mit Genehmigung des italienischen Justizministers tritt die Gebührenordnung in Kraft. Auf Grundlage der Gebührenordnung setzen die Gerichte die Gebühren den Rahmensätzen entsprechend fest. Nur unter bestimmten, außergewöhnlichen Umständen ist es einem Gericht möglich, von den Gebührensätzen abzuweichen. Der Angeklagte *Arduino* wurde aufgrund eines Verkehrsdeliktes mit Personenschaden unter anderem dazu verurteilt, dem in dem Verfahren als Nebenkläger aufgetretenen Geschädigten dessen Anwaltskosten zu erstatten, wobei der Anwalt des Nebenklägers seine Gebühren auf der Grundlage der Gebührenordnung für Rechtsanwälte berechnete. Der Pretore von Pinerolo wich jedoch von der Gebührenordnung ab und setzte die Gebühren unter dem in ihr vorgesehenen Mindestsatz fest.

527 Begriffsbildung nach *Römermann/Wellige*, BB 2002, 633 (635).

528 EuGH, Rs. C-35/99, Arduino, Slg. 2002, I-1529 = NJW 2002, 882 = EuZW 2002, 179 = DVBl. 2002, 462 = WRP 2002, 417 = JZ 2002, 453.

bb) Entscheidung

Den CNF stuft der Gerichtshof in seiner Entscheidung anders als die Niederländische Rechtsanwaltskammer nicht als Unternehmensvereinigung ein. Zwar seien die Gebühren und Vergütungen nach Art. 58 des Real Decreto Legislativo anhand des Streitwerts und des Rangs der mit der Sache befassten Stelle sowie in Strafsachen nach der Verfahrensdauer festzulegen, doch stelle das Real Decreto Legislativo nicht wirklich Kriterien des Allgemeininteresses auf, die vom CNF zu beachten seien. Die dem Ausgangsverfahren zugrunde liegende nationale Regelung enthalte daher weder Verfahrensvorschriften noch materielle Bestimmungen, durch die mit hinreichender Wahrscheinlichkeit sichergestellt werden könnte, dass der CNF bei der Ausarbeitung des Vorschlags für die Gebührenordnung als eine im Allgemeininteresse tätige Ausprägung der öffentlichen Gewalt handele[529].

Zudem sei nicht zu erkennen, dass der italienische Staat auf die Ausübung seiner Letztentscheidungsbefugnis oder auf die Kontrolle der Anwendung der Gebührenordnung verzichtet hätte. Zum einen sei der CNF nur mit der Ausarbeitung eines Vorschlags für die Gebührenordnung betraut, der als solcher keine Bindungswirkung entfalte. Ohne die Genehmigung des Ministers trete die vorgeschlagene Gebührenordnung nicht in Kraft, so dass die früher genehmigten Gebührensätze anwendbar blieben. Auf diese Weise könne der Minister den CNF zur Änderung seines Vorschlags veranlassen. Im Übrigen stünden dem Minister zwei staatliche Organe zur Seite, deren Stellungnahme er vor der Genehmigung einzuholen habe. Zum anderen sehe Art. 60 des Real Decreto Legislativo vor, dass die Gebühren durch das Gericht anhand der in Art. 57 des Real Decreto Legislativo vorgesehenen Maßstäbe und unter Berücksichtigung der Schwierigkeit und der Anzahl der behandelten Probleme festzusetzen seien. Das Gericht könne außerdem unter bestimmten außergewöhnlichen Umständen durch eine ordnungsgemäß begründete Entscheidung von den nach Art. 68 des Real Decreto Legislativo festgelegten Höchst- und Mindestsätzen abweichen[530].

Unter diesen Umständen könne nicht angenommen werden, dass der italienische Staat die Verantwortung für in die Wirtschaft eingreifende Entscheidungen privaten Wirtschaftsteilnehmern übertragen hätte, was zur Folge hätte, dass die dem Ausgangsverfahren zugrunde liegende Regelung ihren staatlichen Charakter verlieren würde[531].

---

529 EuGH, Rs. C-35/99, Arduino, Slg. 2002, I-1529, Rn. 38 f.

530 EuGH, Rs. C-35/99, Arduino, Slg. 2002, I-1529, Rn. 40-42.

531 EuGH, Rs. C-35/99, Arduino, Slg. 2002, I-1529, Rn. 43.

c) *Erfordernis des kumulativen Vorliegens von Allgemeinwohlverpflichtung und Letztentscheidungsbefugnis*

In der *Arduino*-Entscheidung stellt der EuGH letztendlich nur auf die Letztentscheidungsbefugnis des italienischen Staates ab. Obwohl keine Verpflichtung der italienischen Rechtsanwaltskammer auf die Berücksichtigung von Allgemeinwohlinteressen vorliegt, geht der Gerichtshof von einer staatlichen Regelung aus und stuft den CNF folglich nicht als Unternehmensvereinigung i.S.d. Art. 81 Abs.1 EG ein.

Eine Relativierung oder Abkehr von den am selben Tag im *Wouters*-Urteil entwickelten Maßstäben kann darin jedoch nicht gesehen werden. Die Ausführungen des EuGH im Fall *Wouters* sind hinsichtlich des Erfordernisses des kumulativen Vorliegens von Kriterien des Allgemeininteresses und staatlicher Letztentscheidungsbefugnis eindeutig und lassen eine Deutung im Sinne alternativer Voraussetzungen nicht zu[532]. Noch deutlicher wird dies im englischen Entscheidungstext, in dem es heißt „and also retains its power to adopt decisions in the last resort". Zudem stützt sich der Gerichtshof in seinen Ausführungen ersichtlich auf die Schlussanträge des Generalanwalts *Léger*[533], der die Letztentscheidungsbefugnis als kumulative Voraussetzung ausdrücklich herausgearbeitet hat[534].

Die Erwägungen des EuGH im *Arduino*-Urteil scheinen darauf angelegt zu sein, zu dem gewünschten Ergebnis zu gelangen[535]. Schließlich wird noch in Betracht gezogen, dass es sich im Fall *Arduino* gar nicht um einen Anwendungsfall der in Rn. 68 der Rechtssache *Wouters* aufgestellten Kriterien handele, da der italienische Staat dem CNF keine Rechtsetzungsbefugnisse übertragen, sondern lediglich eine Beratungsfunktion zugebilligt habe[536].

532 So auch *Kilian*, WRP 2002, 802 (807); *Meyer*, in: Kluth (Hrsg.), Jahrbuch des Kammerrechts 2002, S. 223 (247); i.d.S. auch *Römermann/Wellige*, BB 2002, 633 (635). *Lenk*, Die Ausnahme standesrechtlicher Werbeverbote aus dem EG-Kartellrecht, S. 96 f., spricht sich für eine flexible Handhabung der Kriterien untereinander aus.

533 Schlussanträge in der Rs. C-35/99 vom 10.07.2001, Rn. 129.

534 *Kilian*, WRP 2002, 802 (807).

535 *Fleischhauer*, DNotZ 2002, 325 (341).

536 *Vossestein*, CMLR 2002, 841 (862).

d) Kommission ./. belgische Architektenkammer als Anwendungsfall der neueren EuGH-Rechtsprechung

In einer Entscheidung vom 24. Juni 2004[537] hat die Kommission die belgische Architektenkammer wegen Verstoßes gegen Art. 81 Abs. 1 EG mit einer Geldbuße belegt, weil diese eine Honorarordnung mit Mindestsätzen ausgearbeitet und zur Verfügung gestellt hatte. Die Kommission setzt sich nicht mit allen in der Rechtssache *Wouters* herausgearbeiteten Kriterien auseinander, sondern stützt die Einordnung der fraglichen standesrechtlichen Vorschrift als Beschluss einer Unternehmensvereinigung im Wesentlichen auf das Fehlen einer Letztentscheidungsbefugnis[538]. Da die Kammer die Norm veröffentlicht, weitergegeben und 1978 und 2002 aktualisiert habe, obwohl sie nicht durch einen königlichen Erlass genehmigt worden sei, stehe fest, dass die Norm nicht nur ein vorbereitender Rechtsakt, sondern eine Maßnahme gewesen sei, um das Verhalten der Kammermitglieder zu steuern[539].

Auf die deutsche Honorarordnung für Architekten und Ingenieure (HOAI) hat diese Entscheidung der Kommission keine Auswirkungen, da die Preisfestsetzungen der HOAI ohne Kammerbeteiligung als von der Bundesregierung mit Zustimmung des Bundesrates erlassene Rechtsverordnung zustande gekommen sind und eine rein staatliche Regelung darstellen[540].

6. Übertragbarkeit des Vorbehaltsmodells auf die deutschen Kammern

Äußerst umstritten ist, ob die berufsständischen Kammern in Deutschland unter das Ermächtigungssystem zu subsumieren und somit beim Satzungserlass als Unternehmensvereinigung zu betrachten sind, oder ob sie dem Vorbehaltsmodell entsprechen mit der Folge, dass das europäische Kartellrecht auf ihre Rechtsetzungstätigkeit keine Anwendung findet[541]. Die Meinungen hierzu gehen in Bezug

---

537 Kommission, EuZW 2004, 561 ff.; kritisch hierzu *Vallone*, Auswirkungen des Kartellverbots auf das Standes- und Berufsrecht der verkammerten Freien Berufe, S. 262 ff.

538 Kommission, EuZW 2004, 561 (563) Rn. 47 ff.

539 Kommission, EuZW 2004, 561 (563) Rn. 49.

540 Dazu *Hettich*, NZBau 2005, 190 (191); *Fetsch*, NZBau 2005, 71 (77).

541 Für eine Subsumtion unter das Ermächtigungsmodell sprechen sich aus: *Jaeger*, NJW 2004, 1492; *Römermann/Wellige*, BB 2002, 633 (637); *Kilian*, MDR 2002, 850; *Kleine-Cosack*, Das Werberecht der rechts- und steuerberatenden Berufe, Rn. 145; *Sosnitza*, EWS 2002, 460 (465); *Kilian*, WRP 2002, 802 (806 ff.); *Meyer*, in: Kluth (Hrsg.), Jahrbuch des Kammerrechts 2002, S. 223 (246); *Nuckelt*, in: Kluth (Hrsg.), Jahrbuch des Kammerrechts 2002, S. 145 (168); *Mailänder*, BRAK-Mitt. 2003, 114 (116); *Lenk*, Die Ausnahme standesrechtlicher Werbeverbote aus dem EG-Kartellrecht, S. 111. Für die Zuordnung zum Vorbehaltsmodell: *Hund*, DStR 2002, 519 (520); *Henssler*, JZ 2002, 983 (985 ff.); *Hartung*, EWS 2002, 133; *Eichele/Happe*, NJW 2003, 1214 (1218); *Eichele*, NJW 2004, 2342 (2344); *Lörcher*,

auf alle vom EuGH in der Rechtssache *Wouters* aufgestellten Kriterien auseinander.

a) Festlegung wesentlicher Grundsätze

aa) Verfassungsrechtliche Anforderungen

Hinsichtlich der Festlegung wesentlicher Grundsätze wird (z.B. im Bezug auf die Anwaltschaft[542]) vertreten, dass bereits die verfassungsrechtlichen Prinzipien von Parlamentsvorbehalt und Wesentlichkeitstheorie den parlamentarischen Gesetzgeber zwängen, in der Ermächtigungsnorm des § 59b Abs. 2 BRAO[543] die wesentlichen Grundsätze anwaltlicher Berufspflichten festzulegen[544]. Je intensiver der Eingriff in die Freiheit der Berufsausübung sei, desto präziser müssten die gesetzlichen Vorgaben sein[545]. Die Befugnisbeschränkung des § 59b Abs. 2 BRAO wirke, da ihre Einhaltung in dem Verfahren nach § 191e BRAO überwacht werde, wie eine Vorabkontrolle der Satzung[546].

Zudem wird vertreten, die verfassungsrechtlichen Anforderungen an die parlamentsgesetzliche Ermächtigung gingen mit den kartellrechtlichen Voraussetzungen konform[547]. Die im Schrifttum erhobene Forderung, eine Satzungsbestimmung nur dann von Art. 81 EG freizustellen, wenn der Staat unmittelbar selbst durch den Einsatz hoheitlicher Mittel ein bestimmtes Verhalten erzwinge – etwa indem er den Kammern konkrete Regeln vorschreibt, ohne ihnen einen eigenen Handlungsspielraum zu lassen –, stehe mit dem gedanklichen Konzept des EuGH ersichtlich nicht im Einklang. Für ein Vorbehaltsmodell bliebe nach diesem Ansatz keinerlei Raum. Das umfassende Selbstverwaltungsrecht der Anwaltschaft und der Grundsatz der freien Advokatur (Art. 12 Abs. 1 GG; §§ 1, 3 BRAO; § 1 BORA) geböten es nach deutschem Recht, der Satzungsversammlung ein eigenständiges berufspolitisches Ermessen zu belassen[548].

NJW 2002, 1092; *Eichele*, EuZW 2002, 182 (183); *Deards*, ELRev. 2002, 618 (621); *Vallone*, Auswirkungen des Kartellverbots auf das Standes- und Berufsrecht der verkammerten Freien Berufe, S. 260.

542 Im Hinblick auf andere Berufsstände wird nicht anders argumentiert.

543 Vgl. zudem etwa § 86 Abs. 4 StBerG, § 57 Abs. 4 WPO.

544 *Henssler*, JZ 2002, 983 (985); *Kluth/Goltz*, Kammern der berufsständischen Selbstverwaltung in der EU, S. 65 f.; *Eichele/Happe*, NJW 2003, 1214 (1215).

545 *Henssler*, JZ 2002, 983 (985) unter Verweis auf BVerfGE 33, 125 (158); 98, 49 (60 f.).

546 *Eichele/Happe*, NJW 2003, 1214 (1215).

547 *Henssler*, JZ 2002, 983 (985); *Lörcher*, NJW 2002, 1092 f.; *Hartung*, EWS 2002, 133.

548 *Henssler*, JZ 2002, 983 (985).

bb) Kompetenzkataloge als „wesentliche Grundsätze"?

Die Wesentlichkeitstheorie betrifft indes eine andere als die hier aufgeworfene Frage. Nach ihr muss der parlamentarische Gesetzgeber alle wesentlichen Angelegenheiten selbst regeln[549]. Hinsichtlich dieser wesentlichen Angelegenheiten ist dann eine Delegation von Normsetzungsbefugnissen an die Exekutive ausgeschlossen. Vorliegend geht es aber darum, welche Grundsätze die Kammern ihrerseits, nachdem sie vom Gesetzgeber zum Satzungserlass ermächtigt worden sind, bei der Satzungsgebung zu beachten haben[550].

Derartige Grundsätze finden sich entgegen der eingangs beschriebenen Auffassung nicht in § 59b Abs. 2 BRAO bzw. den Ermächtigungsnormen der übrigen Berufskammern. Diese Ermächtigungsgrundlagen beinhalten Kompetenzkataloge, in denen festgelegt ist, auf welche Regelungsgegenstände sich die Satzungsgebung der Kammern beziehen darf, aber keine Grundsätze, die bei der Regelung dieser Gegenstände zu beachten wären. Die Kompetenzkataloge stellen lediglich eine gegenständliche Beschränkung der Satzungskompetenz dar[551].

Auch wenn den Kammern aus der Perspektive der Selbstverwaltung ein eigener Handlungsspielraum verbleiben muss, ist doch aus der Sicht des Vorbehaltsmodells zu fordern, dass wenigstens irgendwelche „wesentlichen Grundsätze" bei der Delegation von Rechtsetzungsbefugnissen festgelegt werden. Diese Voraussetzung ist bei den freiberuflichen Kammern in Deutschland nicht erfüllt, so dass es bereits am ersten der vom Gerichtshof in der Entscheidung *Wouters* aufgestellten Kriterien fehlt, um die deutschen berufsständischen Kammern vom Anwendungsbereich des Art. 81 EG ausnehmen zu können.

b) Bestimmte Kriterien des Allgemeininteresses

Auch hinsichtlich der zweiten Voraussetzung, der Berücksichtigung von Kriterien des Allgemeininteresses, wird mit den Vorgaben des deutschen Verfassungsrechts argumentiert[552].

aa) Gemeinwohlverpflichtung durch Grundrechtsbindung

Die Ermächtigungsnorm des § 59b BRAO gibt der Satzungsversammlung die Berücksichtigung bestimmter Kriterien des Allgemeininteresses nicht explizit auf.

---

549 Vgl. *Maurer*, Staatsrecht I, § 17 Rn. 14 f.

550 Vgl. *Schöbener/Scheidtmann*, WiVerw. 2006, 286 (292).

551 *Kleine-Cosack*, Das Werberecht der rechts- und steuerberatenden Berufe, Rn. 145; *Schöbener/Scheidtmann*, WiVerw. 2006, 286 (292).

552 *Henssler*, JZ 2002, 983 (986); *Eichele/Happe*, NJW 2003, 1214 (1215 f.).

Allerdings, so wird argumentiert, gewährleiste Art. 12 Abs. 1 GG mittelbar, dass die Satzungsversammlung nur solche Berufsregeln aufstellt, die durch vernünftige Erwägungen des Gemeinwohls gerechtfertigt seien. Der Grundsatz der verfassungskonformen Auslegung und das Modell der Normenhierarchie sicherten auch aus europarechtlicher Sicht hinreichend die Berücksichtigung der Allgemeinwohlinteressen. Berufsausübungsbeschränkende Satzungsbestimmungen, die nicht durch Gemeinwohlinteressen gedeckt seien, seien verfassungswidrig und damit nichtig. Jede den Wettbewerb unter den Rechtsanwälten beschränkende Satzungsnorm stelle zugleich eine berufsausübungsbeschränkende Vorschrift dar. Schutzlücken, über die es zu Wettbewerbsbeschränkungen kommen könnte, seien mithin nicht denkbar. Sollte die „recht oberflächliche Stellungnahme des EuGH zum niederländischen Modell“ dahin zu interpretieren sein, dass das Gebot der verfassungskonformen Auslegung der berufsrechtlichen Ermächtigungsnormen die Wahrung der Allgemeinwohlinteressen nicht genügend sichere, so könne dies angesichts der Normenhierarchie nicht überzeugen[553].

bb) „Bestimmte“ Kriterien aus Grundrechtsbindung?

Auch Vertreter der Ansicht, dass die Berücksichtigung von Gemeinwohlbelangen nach der deutschen Rechtslage gewährleistet ist, räumen ein, dass das Merkmal der „bestimmten Allgemeininteressen“[554] Probleme bereitet[555]. Es sei allerdings zweifelhaft, ob der EuGH eine ausdrückliche Auflistung der zu berücksichtigenden Allgemeininteressen fordere. Der Gerichtshof habe nie daran Anstoß genommen, dass es der Rechtstradition etlicher Mitgliedstaaten, insbesondere Deutschlands[556], entspreche, die mit einer Regelung verfolgten Allgemeininteressen nicht jeweils explizit zu benennen, sondern sie aus verfassungsrechtlichen oder sonstigen allgemeinen Grundsätzen herzuleiten[557].

---

553 *Henssler*, JZ 2002, 983 (986). *Vallone*, Auswirkungen des Kartellverbots auf das Standes- und Berufsrecht der verkammerten Freien Berufe, S. 236 f., hält ebenfalls eine verfassungsrechtliche Bindung an das Allgemeinwohl für ausreichend, verlangt aber, dass der Mitgliedstaat diese im Rahmen seiner vorbehaltenen Letztentscheidungsbefugnis auch tatsächlich überprüft. Er meint, der EuGH habe die Berücksichtigung von Allgemeinwohlkriterien lediglich als zusätzliches Argument für die Qualifikation des NOvA als Unternehmensvereinigung herangezogen. Das Kriterium diene aber nicht der Abgrenzung zwischen Maßnahmen der Niederländischen Rechtsanwaltskammer und staatlichem Handeln. Diese Interpretation ist allerdings mit den in Rn. 68-70 des Wouters-Urteils getroffenen Aussagen (s. dazu oben A. II. 5. a) bb) [2]) nicht vereinbar. Dort werden kumulative Kriterien genannt, die sich nicht nur auf die Niederländische Rechtsanwaltskammer beziehen.

554 Dazu EuGH, Rs. C-309/99, Wouters, Slg. 2002, I-1577, Rn. 62.

555 *Eichele/Happe*, NJW 2003, 1214 (1215).

556 Dazu *Jaeger*, Stbg 2002, 163 (166 f.).

557 *Eichele/Happe*, NJW 2003, 1214 (1215).

Allenfalls aus der Formulierung in Rn. 62 des *Wouters*-Urteils, in der der Gerichtshof von bestimmten Allgemeininteressen spricht, könne sich das Erfordernis einer ausdrücklichen Benennung der zu berücksichtigenden Allgemeininteressen ergeben[558]. Dagegen spreche aber schon die wesentlich zurückhaltendere Formulierung in der niederländischen Fassung des Urteils. Es gehe dem EuGH weniger um eine bestimmte Benennung der Interessen als vielmehr darum, dass nach den gesetzlichen Vorgaben mehrere Allgemeininteressen Berücksichtigung finden müssten. Dass dem Gerichtshof die Benennung eines einzelnen bestimmten Allgemeininteresses in Art. 28 Abs. 1 Advocatenwet nicht genüge, verdeutliche, dass es ihm nicht um eine ausdrückliche Festlegung des oder der verfolgten Allgemeininteressen gehe, sondern um die Pflicht zur Berücksichtigung der verschiedenen widerstreitenden Interessen[559].

Der Gerichtshof hat aber nirgends im Urteil *Wouters* festgestellt, dass es sich bei dem Interesse der ordnungsgemäßen Berufsausübung um ein Allgemeininteresse i.S. seiner Rechtsprechung handelt. Das Wort „lediglich" in Rn. 62 des Urteils ist nicht quantitativ in dem Sinne zu verstehen, dass nur ein einziges Interesse zu berücksichtigen wäre, sondern qualitativ in dem Sinne, dass bloß ein Interesse zu berücksichtigen ist, welches keines der Allgemeinheit darstellt, sondern bei dem es sich um ein Interesse des Berufsstandes handelt. Zwar kommt die ordnungsgemäße Berufsausübung auch Dritten zugute, doch scheint eine solche reflexartige Beachtung von Allgemeininteressen nicht auszureichen[560].

cc) Festsetzung bei der Übertragung von Rechtsetzungsbefugnissen

Für das Erfordernis einer ausdrücklichen Normierung der zu beachtenden Kriterien des Allgemeininteresses spricht zudem die Forderung nach einer *Festlegung* der Interessen *bei der Übertragung* von Rechtsetzungsbefugnissen[561]. Eine Fest-

---

558 *Eichele/Happe*, NJW 2003, 1214 (1216).

559 *Eichele/Happe*, NJW 2003, 1214 (1216); *Waldhorst*, Kammern zwischen Kartell- und Verwaltungsorganisationsrecht, S. 111 f.

560 *Schöbener/Scheidtmann*, WiVerw. 2006, 286 (294).

561 Besonders deutlich wird dies im englischen und im französischen Wortlaut der Rn. 68 des *Wouters*-Urteils:
Die entsprechende Passage in der englischen Fassung lautet: "The first is that a Member State, when it grants regulatory powers to a professional association, *is careful to define* the public-interest criteria and the essential principles with which its rules must comply and also retains its power to adopt decisions in the last resort. In that case the rules adopted by the professional association remain State measures and are not covered by the Treaty rules applicable to undertakings."
In der französischen Urteilsfassung lauten die Ausführungen: "Ou bien, lorsqu'il octroie des pouvoirs normatifs à une association professionnelle, un État membre *veille à définir* les critères d'intérêt général et les principes essentiels auxquels la réglementation ordinale doit se

legung beinhaltet nämlich, dass nicht nur mehrere Interessen Berücksichtigung finden müssen, sondern dass auch explizit niedergelegt wird, um welche Interessen es sich handelt[562].

dd) Gemeinwohlkriterien in der Praxis deutscher Berufskammern

Eine nur mittelbare Verpflichtung auf das Allgemeinwohl aufgrund der Grundrechte und des Verhältnismäßigkeitsgrundsatzes sollte nicht ausreichen, um bei den Berufssatzungen von „staatlichem" und mithin nicht der Bindung an das europäische Kartellrecht unterliegendem Recht zu sprechen[563]. Dagegen lässt sich auch die seit dem Inkrafttreten des Grundgesetzes zu beobachtende Satzungspraxis der berufsständischen Kammern anführen, die sich überwiegend als „manifest verfassungswidrig" erwiesen hat, so dass Vertretungen der Freiberufler immer wieder von Gerichten – einschließlich des Bundesverfassungsgerichts[564] – zwangsweise „auf den Boden des Grundgesetzes ... versetzt werden" mussten[565]. Auch heute scheuen sich die Satzungsgremien nicht, offensichtlich verfassungswidrige Bestimmungen zu beschließen, wie zahlreiche Satzungen der Wirtschaftsprüfer, Notare und der Heilberufe belegen. Insbesondere im Bereich der Satzungsgebung ist dieses Verfassungsdefizit – wenn auch in unterschiedlichem Ausmaß – anzutreffen[566]. Es mag etwas weit gehen, die Satzungsautonomie der Kammern als „gemeinwohlgefährlich" einzustufen[567]. Hinreichend gewährleistet ist die Berücksichtigung von Allgemeininteressen aber jedenfalls nicht[568]. Auch die in der Praxis durchaus vorkommende gerichtliche Kontrolle des Allgemeininteresses entspricht nicht einer staatlichen Überwachung, wie sie die Rechtsprechung des Gerichtshofs vorsieht. Vielmehr basiert sie auf Klagen von Privaten und stellt keine Ausprägung staatlicher Kontrolle über die Tätigkeit der Kammern dar[569].

---

conformer ainsi qu'à conserver son pouvoir de décision en dernier ressort. Dans ce cas, les normes qui sont arrêtées par l'association professionnelle conservent un caractère étatique et échappent aux règles du traité applicables aux entreprises." (Hervorhebungen durch den Verf.)

562 *Schöbener/Scheidtmann*, WiVerw. 2006, 286 (294); ähnlich *Waldhorst*, Kammern zwischen Kartell- und Verwaltungsorganisationsrecht, S. 109 f.

563 So auch *Kleine-Cosack*, Das Werberecht der rechts- und steuerberatenden Berufe, Rn. 145.

564 Vgl. etwa BVerfGE 76, 176 ff. zu den Richtlinien der Rechtsanwälte.

565 *Kleine-Cosack*, Das Werberecht der rechts- und steuerberatenden Berufe, Rn. 145.

566 *Kleine-Cosack*, Das Werberecht der rechts- und steuerberatenden Berufe, Rn. 145.

567 So aber *Kleine-Cosack*, Das Werberecht der rechts- und steuerberatenden Berufe, Rn. 145.

568 *Römermann/Wellige*, BB 2002, 633 (637).

569 *Lenk*, Die Ausnahme standesrechtlicher Werbeverbote aus dem EG-Kartellrecht, S. 94.

ee) Ausdrückliche Erwähnung in neueren Kammergesetzen

Inzwischen hat sich auch bei manchem Landesgesetzgeber die Einsicht durchgesetzt, dass es einer ausdrücklichen Allgemeinwohlverpflichtung bedarf. So hat etwa der baden-württembergische Landtag als Reaktion auf die EuGH-Rechtsprechung in § 4 Abs. 1 S. 2 des baden-württembergischen Heilberufe-Kammergesetzes nunmehr explizit festgehalten, dass die baden-württembergischen Heilberufskammern bei ihrer Aufgabenerfüllung die Interessen des Gemeinwohls zu beachten haben. Der Gesetzgeber will damit verhindern, dass die baden-württembergischen Heilberufskammern als Unternehmensvereinigungen i.S.d. Art. 81 EG behandelt werden[570]. Ob dies für die Annahme einer Kartellrechtsimmunität genügt, darf allerdings bezweifelt werden, da sich die Regelung in einer pauschalen Bezugnahme auf das Allgemeininteresse erschöpft, ohne spezifische Interessen zu benennen.

c) Staatliche Letztentscheidungsbefugnis

Schließlich ist fraglich, wie es im deutschen Kammerwesen um die vom Europäischen Gerichtshof für die Nichtanwendbarkeit des Art. 81 Abs. 1 EG geforderte staatliche Letztentscheidungsbefugnis bestellt ist.

aa) Der Maßstab der Staatsaufsicht im Kammerrecht

Die Intensität der Staatsaufsicht[571] hängt entscheidend von dem jeweils heranzuziehenden Kontrollmaßstab ab, wobei mit der Rechts- und der Fachaufsicht zwischen zwei Aufsichtstypen differenziert wird[572]. Dabei erstreckt sich die Rechtsaufsicht allein auf die Beachtung und Wahrung der Rechtsordnung, so dass die Aufsichtsbehörde nur die Gesetzmäßigkeit des Kammerverhaltens zu kontrollieren hat. Was nicht von Gesetzes wegen verboten ist, kann dementsprechend nicht im Wege der Aufsicht untersagt oder aufgehoben werden[573]. Im Gegensatz dazu bezieht sich die Fachaufsicht zusätzlich auf die Zweckmäßigkeit der Handlungen

570 *Hartmann*, in: Kluth (Hrsg.), Jahrbuch des Kammerrechts 2003, S. 241 (246); Gesetzentwurf eines Gesetzes zur Änderung heilberufsrechtlicher Vorschriften vom 12.12.2002, LReg-Drucks. 12/1621.

571 Ausführlich zur staatlichen Aufsicht im deutschen Kammerrecht *Heusch*, in: Kluth (Hrsg.), Handbuch des Kammerrechts, Abschnitt M.

572 *Heusch*, in: Kluth (Hrsg.), Handbuch des Kammerrechts, Abschnitt M Rn. 19.

573 *Heusch*, in: Kluth (Hrsg.), Handbuch des Kammerrechts, Abschnitt M Rn. 20.

einer Kammer. Die Aufsichtsbehörde hat eine Weisungsbefugnis, die sich auch auf das von einer Kammer auszuübende Ermessen beziehen kann[574].

Der Aufsichtsmaßstab wird wesentlich durch den Aufgabenkreis bestimmt, über den die Aufsicht jeweils ausgeübt wird[575]. Ordnet man den Satzungserlass der Kammern als Bestandteil der Vertretung der berufsständischen Interessen ihrer Mitglieder[576] oder als Erfüllung der den Kammern übertragenen Ordnungsaufgaben ein, die jeweils keine typisch staatlichen Aufgaben darstellen, ist die Staatsaufsicht auf eine reine Rechtsaufsicht beschränkt[577]. Doch selbst wenn man die Normsetzung durch Kammern als genuin staatliche Aufgabe betrachtet, die der Staat ebenso selbst wahrnehmen könnte, unterliegen die Kammern nur der Rechtsaufsicht, wenn nicht ein Gesetz explizit zur Ausübung von Fachaufsicht ermächtigt[578]. Zwar liegt bei den genuin staatlichen Aufgaben das legitime Anwendungsfeld der Fachaufsicht. Dennoch bedarf die Aufsichtsbehörde einer ausdrücklichen Ermächtigung, um mit den Mitteln der Fachaufsicht vorzugehen[579], da sich der Staat durch die Entscheidung für die dezentrale Aufgabenerledigung durch einen Träger funktionaler Selbstverwaltung und dessen Ausgliederung aus dem staatlichen Behördenaufbau selbst gebunden hat[580].

bb) Rechtsaufsicht als Letztentscheidungsbefugnis

Nach einer Ansicht soll eine reine Rechtskontrolle den Anforderungen des EuGH an die staatliche Letztentscheidungsbefugnis genügen[581]. Zwar bereite die Qualifizierung der nach § 191e BRAO vorgeschriebenen Rechtsaufsicht[582] des Bundesjustizministeriums als „Letztentscheidungsbefugnis" im Sinne der Entscheidungen *Wouters* und *Arduino* Schwierigkeiten, da die dort angeordnete Rechtsaufsicht staatlichen Stellen weder einen Gestaltungsspielraum noch Mitwir-

---

574 *Heusch*, in: Kluth (Hrsg.), Handbuch des Kammerrechts, Abschnitt M Rn. 23.

575 *Heusch*, in: Kluth (Hrsg.), Handbuch des Kammerrechts, Abschnitt M Rn. 25; *Fröhler/Kormann*, Haushaltsaufsicht über die Handwerkskammern, S. 4; *Kormann*, GewArch. 1987, 249 (251 f.).

576 Zur Aufgabe der Interessenvertretung vgl. Kapitel 1 A. IV. 2.

577 Vgl. *Heusch*, in: Kluth (Hrsg.), Handbuch des Kammerrechts, Abschnitt M Rn. 26 f.

578 *Heusch*, in: Kluth (Hrsg.), Handbuch des Kammerrechts, Abschnitt M Rn. 28.

579 *Tettinger*, Kammerrecht, S. 238.

580 *Heusch*, in: Kluth (Hrsg.), Handbuch des Kammerrechts, Abschnitt M Rn. 28.

581 S. etwa *Eichele*, NJW 2004, 2342 (2344) *Henssler*, JZ 2002, 983 (988); *Eichele/Happe*, NJW 2003, 1214 (121); *Lörcher*, NJW 2002, 1092 (1093); *Feuerich/Weyland*, BRAO, § 191e Rn. 1.

582 Vgl. *Feuerich/Weyland*, BRAO, § 191e Rn. 2 m.w.N.; teilweise wird allerdings eine über eine Rechtsaufsicht hinausgehende Kompetenz angenommen: *Henssler/Prütting*, BRAO, § 191e Rn. 3.

kungsmöglichkeiten eröffne[583]. Insbesondere sei von der Rechtsaufsicht auch keine Zweckmäßigkeitskontrolle umfasst, wohl aber eine Verhältnismäßigkeitskontrolle[584]. Unverhältnismäßige Berufsausübungsbeschränkungen seien verfassungswidrig, und diesen Umstand habe das Bundesministerium der Justiz im Rahmen seiner Rechtsaufsicht zu beachten[585].

Lediglich von verfahrensrechtlicher Bedeutung sei, dass § 191e BRAO keinen ausdrücklichen Genehmigungsvorbehalt für die BORA vorsehe. Es bestehe nur eine Vorlagepflicht beim Bundesjustizministerium. Im weiteren Verlauf könne die von der Kammer beschlossene Satzung ohne einen Akt der Behörde in Kraft treten, sofern diese nicht innerhalb von drei Monaten gegen die Bestimmungen der BORA einschreite. Der Kontrollmechanismus nach § 191e BRAO erschöpfe sich mithin in einer Vorlagepflicht mit Genehmigungsvorbehalt[586].

Es wird eingeräumt, dass das deutsche Berufsrechtsmodell damit deutlich hinter dem im Fall *Arduino* überprüften Genehmigungsverfahren zurück bleibt[587], in dem der Beteiligung staatlicher Stellen sowohl in der Ausarbeitungs- als auch in der Genehmigungsphase entscheidende Bedeutung zukommt[588]. Parallelen ergäben sich stattdessen zum niederländischen System, für das der EuGH jedoch nicht gesondert geprüft habe, ob die Anforderungen an eine Letztentscheidungsbefugnis erfüllt seien. Ob das deutsche Modell staatlichen Stellen eine hinreichende Letztentscheidungsbefugnis einräume, lasse sich nur überzeugend beurteilen, indem man sich die Funktion dieser Kompetenz innerhalb des vom EuGH entwickelten Vorbehaltsmodells vor Augen führe[589]. Diese bestehe darin, keine wettbewerbsbeschränkende Satzungsnorm in Kraft treten zu lassen, die nicht vorher einer eingehenden staatlichen Prüfung unterzogen worden sei. Es solle das Inkrafttreten von unwirksamen Vorschriften verhindert werden, da die wettbewerbsbeschränkende Wirkung bereits bei der tatsächlichen Befolgung einer Satzungsnorm eintrete[590].

Es sei hingegen nicht Sinn der Letztentscheidungsbefugnis, den Entscheidungsspielraum der Satzungsversammlung auf Null zu reduzieren. Es sei geradezu grotesk, wenn der Gesetzgeber zunächst im Hinblick auf die Kammerautono-

---

583 *Henssler*, JZ 2002, 983 (986).

584 *Henssler*, JZ 2002, 983 (986); zum Fehlen einer Überprüfungsmöglichkeit der Zweckmäßigkeit vgl. auch *Redeker*, AnwBl. 1995, 217 (220).

585 *Henssler*, JZ 2002, 983 (986); *Eichele/Happe*, NJW 2003, 1214 (1218).

586 *Henssler*, JZ 2002, 983 (986); *König*, Standesrechtliche Wettbewerbsbeschränkungen im gemeinsamen Markt, S. 243 f.

587 *Henssler*, JZ 2002, 983 (986).

588 Siehe dazu Rn. 19 der Schlussanträge des Generalanwalts *Léger*, EuGH, Rs. C-35/99, Arduino, Slg. 2002, I-1529.

589 *Henssler*, JZ 2002, 983 (986).

590 *Henssler*, JZ 2002, 983 (986).

mie verpflichtet wäre, nur die wesentlichen Kriterien vorzugeben, im Rahmen der Letztkontrolle der Staat aber doch völlig frei entscheiden könnte, ob er eine von fachnäheren und kompetenteren Gremien getroffene Entscheidung für sinnvoll erachte. In diesem Fall könne von einer Autonomie der Kammer nicht mehr die Rede sein[591].

Ferner wird teilweise geltend gemacht, dass davon ausgegangen werden könne, dass mit dem kartellrechtsimmunen Vorbehaltsmodell „in jedem Fall das deutsche Modell gemeint" sei, da sich der EuGH diesbezüglich ausdrücklich auf den Vortrag der deutschen Regierung stütze[592].

cc) Konsequenz dieser Ansicht für die Selbstverwaltung der Kammern

Ordnet man die Kammern „im vermeintlichen Kammerinteresse" dem Vorbehaltsmodell zu, erweist man ihnen gerade dadurch einen „Bärendienst"[593]. Die Funktion der Differenzierung zwischen Vorbehalts- und Ermächtigungssystem besteht darin, festzustellen, ob es sich bei einer Kammersatzung um den Beschluss einer Unternehmensvereinigung oder um *staatliches Recht* handelt. In der Tat stünde eine Fachaufsicht nicht mit dem Selbstverwaltungsgedanken im Einklang. Aber die Kammern als Teil des Staates zu qualifizieren, um ihre Satzungen nicht Art. 81 EG zu unterstellen, wäre ebenso wenig mit der funktionalen Selbstverwaltung zu vereinbaren. Die Einordnung der Kammern als Unternehmensvereinigung ist die logische Konsequenz aus der Ausgliederung der Kammern aus der unmittelbaren Staatsverwaltung[594].

dd) Erfordernis einer Fachaufsicht

Im deutschen System fehlt es an der vom EuGH geforderten Letztentscheidungsbefugnis[595]. Von einer hinreichenden Letztentscheidungsbefugnis kann nur ausgegangen werden, wenn staatliche Eingriffsbefugnisse mit Mitteln der Fachauf-

591 *Henssler*, JZ 2002, 983 (986 u. 988); *Eichele*, NJW 2004, 2342 (2344); *Eichele/Happe*, NJW 2003, 1214 (1218).

592 *Lörcher*, NJW 2002, 1092 (1093); in diesem Sinne auch *Hund*, DStR 2002, 519 (520).

593 *Möstl*, WiVerw. 2002, 213 (226 f.).

594 *Schöbener/Scheidtmann*, WiVerw. 2006, 286 (296); in diesem Sinne auch *Burgi*, in: Kluth (Hrsg.), Jahrbuch des Kammerrechts 2002, S. 23 (41); *Lenk*, Die Ausnahme standesrechtlicher Werbeverbote aus dem EG-Kartellrecht, S. 105; vgl. auch *Diefenbach*, GewArch. 2006, 217 (225).

595 Vgl. *Kleine-Cosack*, Das Werberecht der rechts- und steuerberatenden Berufe, Rn. 145; *Römermann/Wellige*, BB 2002, 633 (637); *Kilian*, AnwBl. 2003, 256; *ders.*, WRP 2002, 802 (807); *ders.*, MDR 2002, 850 (851); *Sosnitza*, EWS 2002, 460 (465); wohl auch *Weil*, BRAK-Mitt. 2002, 50 (51); unentschieden *Eule*, ZNotP 2002, 228 (230).

sicht bestehen. Auch wenn keine vollständige Identität des deutschen mit dem niederländischen System vorliegt[596], ist an dieser Stelle noch einmal darauf hinzuweisen, dass das deutsche System dem niederländischen System wesentlich mehr ähnelt als dem italienischen[597]. Vor allem kann nicht davon die Rede sein, dass in Deutschland die „Beteiligung staatlicher Stellen ... sowohl in der Ausarbeitungs- als auch in der Genehmigungsphase entscheidende Bedeutung [hat]“, wie es der Gerichtshof[598] hinsichtlich des italienischen Systems festgestellt hat[599].

Zwar besteht keine Identität in allen Details, doch in den entscheidenden Punkten stimmen das niederländische und das deutsche System überein: Normenbeschluss durch eine aus Anwälten zusammengesetzte Organisation, gesetzliche Ermächtigungsgrundlage, Prüfung durch das Justizministerium mit Kassationsmöglichkeit[600]. Dass das niederländische Rechtsanwaltsgesetz anders als die BRAO eine Repressivkontrolle vorsieht, stellt keinen *entscheidenden* Punkt dar, in dem die beiden Systeme voneinander abweichen[601]. Der Unterschied liegt lediglich im Zeitpunkt der Kontrolle, ohne dass sich am staatlichen Einfluss auf den Satzungsinhalt etwas ändern würde. Schließlich ist auch nicht von Belang, dass im Fall *Arduino* eine Regelung überprüft wurde, die als Preisabsprache im Falle ihrer Qualifizierung als Beschluss einer Unternehmensvereinigung eine besonders schwerwiegende Wettbewerbsbeschränkung, ein sog. „hardcore“ Kartell dargestellt hätte[602]. Dies ist relevant für die Frage, ob die Wettbewerbsbeschränkung *rechtfertigungsfähig* ist[603], hat jedoch keine Bedeutung für die vorgelagerte Frage der *Anwendbarkeit* der Kartellvorschriften.

Es trifft zwar zu, dass der Gerichtshof das niederländische System keiner ausdrücklichen Prüfung der im *Wouters*-Urteil aufgestellten Kriterien unterzogen hat. Allerdings sind auch die Äußerungen im Anschluss an die Entwicklung des Vorbehaltsmodells in die Bewertung einzubeziehen. Dort stellt der EuGH fest, dass eine Satzung, die „von einer Einrichtung *wie der Niederländischen Rechtsanwaltskammer* erlassen wurde, als Beschluss einer Unternehmensvereinigung im Sinne von [Art. 81 Abs. 1 EG] anzusehen ist“[604]. Diese Aussage ist im Zu-

---

596 *Waldhorst*, Kammern zwischen Kartell- und Verwaltungsorganisationsrecht, S. 119, ordnet das deutsche System *zwischen* dem italienischen und niederländischen System ein.

597 A.A. *Eichele/Happe*, NJW 2003, 1214 (1217); *Eichele*, NJW 2004, 2342 (2343).

598 EuGH, Rs. C-35/99, Arduino, Slg. 2002, I-1529, Rn. 17.

599 *Kilian*, WRP 2002, 802 (807).

600 *Römermann/Wellige*, BB 2002, 633 (637).

601 So aber *Eichele/Happe*, NJW 2003, 1214 (1217); wie hier *Kleine-Cosack*, Das Werberecht der rechts- und steuerberatenden Berufe, Rn. 145; *Schöbener/Scheidtmann*, WiVerw. 2006, 286 (297).

602 A.A. *Eichele*, NJW 2004, 2342 f.; *Eichele/Happe*, NJW 2003, 1214 (1218).

603 Zur Frage der Rechtfertigung eines *prima facie*-Verstoßes gegen Art. 81 Abs. 1 EG s.u. V.

604 EuGH, Rs. C-309/99, Wouters, Slg. 2002, I-1577 Rn. 71 (Hervorhebung durch den Verf.).

sammenhang mit den vorherigen Ausführungen zum Vorbehaltssystem zu sehen und so zu verstehen, dass der Gerichtshof die Letztentscheidungsbefugnis bei der niederländischen Rechtsanwaltskammer als nicht gegeben ansieht[605].

Angesichts dieser Aussage in Rn. 71 des Urteils *Wouters* kann dem Vergleich mit der niederländischen Rechtslage auch nicht nur eine Hilfsfunktion zukommen[606]. Mit keinem Wort erwähnt der EuGH, dass das deutsche Kammersystem nicht am Maßstab des europäischen Kartellrechts zu messen sei. Vergegenwärtigt man sich nochmals die großen Übereinstimmungen mit dem niederländischen Modell und das Ergebnis, zu dem der EuGH gelangt ist, muss das nicht als Zugeständnis an das deutsche System[607], sondern als deutlicher Hinweis gewertet werden, dass auch die von deutschen berufsständischen Kammern erlassenen Satzungen als Beschlüsse von Unternehmensvereinigungen qualifiziert werden müssen[608].

d) Zwischenergebnis zur Anwendbarkeit des Art. 81 EG

Zusammenfassend gewährleistet die Ausgestaltung der Satzungsbefugnis deutscher Kammern weder die Berücksichtigung von Allgemeininteressen und wesentlichen Grundsätzen, noch sieht sie eine hinreichende Letztentscheidungsbefugnis der Aufsichtsbehörden vor, um bei Kammersatzungen von staatlich gesetztem Recht sprechen zu können, das nicht am EG-Kartellrecht zu messen ist. Dies wäre im Übrigen auch nicht mit der Selbstverwaltungsidee vereinbar. Hingegen steht die Einsicht, dass es sich bei den Kammern um Unternehmensvereinigungen handelt, deren Beschlüsse Art. 81 Abs. 1 EG entsprechen müssen, keineswegs im Widerspruch zur berufsständischen Selbstverwaltung.

7. Andere Berufskammern im Lichte der Wouters-*Kriterien*

Die bisher hauptsächlich am Beispiel der Rechtsanwaltskammern gewonnenen Erkenntnisse sollen nun im Überblick auch für andere berufsständische Kammern auf ihre Gültigkeit hin überprüft werden. Im Wesentlichen gelten die Grundsätze auch für das vergleichbare Satzungsrecht anderer freier Berufe[609].

---

605 *Schöbener/Scheidtmann*, WiVerw. 2006, 286 (297).

606 So aber *Eichele/Happe*, NJW 2003, 1214 (1215). Nicht recht erklärbar ist, warum die Autoren mit großem Aufwand versuchen, die angeblich so erheblichen Unterschiede zur niederländischen Rechtslage zu betonen, wenn es auf einen Vergleich mit dem im *Wouters*-Fall überprüften System gar nicht ankommen soll.

607 So aber *Hund*, DStR 2002, 519 (520).

608 *Schöbener/Scheidtmann*, WiVerw. 2006, 286 (297).

609 *Kilian*, WRP 2002, 802 (808).

a) Beratungsberufe

Das Satzungsrecht der Steuerberater entspricht in seinen Strukturen exakt jenem der Rechtsanwälte. Das Satzungsrecht der Wirtschaftsprüfer stimmt damit in seinen wesentlichen Grundsätzen überein. Dies ist auf die parallel erfolgte Novellierung der Berufsrechte der Rechtsanwälte, Steuerberater und Wirtschaftsprüfer im Jahr 1994 zurückzuführen[610].

aa) Steuerberater

Die Berufsordnung der Steuerberater (BOStB) wird aufgrund einer entsprechenden Ermächtigung in § 86 StBerG von der Satzungsversammlung als demokratisch legitimiertem Organ der Bundessteuerberaterkammer erlassen. § 86 Abs. 4 StBerG listet enumerativ auf, welche Aspekte der Steuerberatertätigkeit einer Regelung mittels Satzungsrechts zugänglich sind. Nach § 86 Abs. 3 StBerG tritt die BOStB drei Monate nach Übermittlung an das Bundesministerium der Finanzen als Aufsichtsbehörde in Kraft, soweit dieses nicht die Satzung ganz oder teilweise aufhebt. Den Gesetzgebungsmaterialien, die ursprünglich einen echten Genehmigungsvorbehalt vorsahen und erst in einem späteren Stadium die § 191e BRAO nachempfundene Widerspruchslösung entwickelten[611], lässt sich entnehmen, dass das in § 86 Abs. 3 StBerG und § 191 BRAO vorgesehene Modell keine Maßnahme der Staatsaufsicht darstellt[612]. Die vom EuGH vorausgesetzte staatliche Involvierung beim Zustandekommen und Wirksamwerden des Beschlusses der Unternehmensvereinigung „Satzungsversammlung" liegt mithin bei der BOStB ebenso wenig vor wie bei der BORA, so dass davon auszugehen ist, dass die BOStB ebenfalls vollumfänglich am Maßstab des EG-Wettbewerbsrechts zu messen ist[613].

bb) Wirtschaftsprüfer

Der Beirat der Wirtschaftsprüferkammer beschließt gemäß § 57 Abs. 3 S. 1, 2. Hs. WPO eine Berufssatzung, welche die enumerativ in § 57 Abs. 4 aufgeführten Aspekte regeln darf. Diese Satzung tritt, entsprechend § 191e BRAO, drei Monate nach Übermittlung an das zur Rechtsaufsicht berufene Bundesministerium für Wirtschaft und Arbeit in Kraft, soweit dieses die Satzung oder Teile derselben nicht aufhebt, § 57 Abs. 3 S. 2 WPO. Mithin gilt sinngemäß das zu den

---

610 *Kilian*, WRP 2002, 802 (808).

611 Vgl. BT-Drucks. 12/7545, S. 26.

612 Vgl. BT-Drucks. 794/93, S. 54; *Kilian*, WRP 2002 (809).

613 *Kilian*, WRP 2002, 802 (809).

Rechtsanwalts- und Steuerberaterkammern Gesagte mit der Folge, dass auch die Berufsordnung der Wirtschaftsprüfer einer Kontrolle nach Art. 81 EG unterliegt[614].

b) Architekten

Die Gesetzgebungskompetenz hinsichtlich der Regelung des Berufszugangs und der Berufsausübung liegt für die Architekten anders als bei den Beratungsberufen nicht beim Bund, sondern bei den Ländern, die entsprechende Architektengesetze erlassen haben[615]. Diese beinhalten typischerweise eine Satzungsermächtigung zugunsten der Landesvertreterversammlung der Architekten. In Baden-Württemberg z.B. bestimmt § 15 Abs. 2 Nr. 7 ArchG BW, dass in der Satzung der Architektenkammer u.a. Bestimmungen über die Berufspflichten (Berufsordnung) vorzusehen sind. Nähere Vorgaben über die möglichen Regelungsbereiche sind § 17 ArchG BW zu entnehmen. Eine unmittelbare staatliche Beteiligung bei der Erarbeitung und Verabschiedung der Berufsordnung ist wegen des Gedankens der Satzungsautonomie nicht vorgesehen. § 15 Abs. 3 ArchG BW sieht lediglich eine Genehmigung des Innenministeriums für die Satzung oder Änderungen derselben vor.

Von den entsprechenden Regelungen bei den Beratungsberufen unterscheidet sich diese Norm dadurch, dass sie einen echten Genehmigungsvorbehalt normiert. Da dieser allerdings als reine Rechtsaufsicht ausgestaltet ist, dem zuständigen Ministerium somit keinerlei inhaltliche Gestaltungsmöglichkeit zubilligt, ist bei einem Vergleich mit der in der Sache *Wouters* nicht als ausreichend erachteten Rechtsaufsicht und den im Fall *Arduino* als hinreichend bewerteten staatlichen Einflussmöglichkeiten äußerst zweifelhaft, ob der Genehmigungsvorbehalt den Anforderungen an die Letztentscheidungsbefugnis genügt[616].

c) Heilberufe

Im Bereich der Heilberufe werden Berufsordnungen auf der Grundlage einer umfassenden Ermächtigung in den jeweiligen Landesgesetzen betreffend die Kammern der Heilberufe erlassen[617]. So ermächtigt beispielsweise § 9 Abs. 1, Abs. 2 S. 1 i.V.m. § 10 Nr. 15 Heilberufe-KammerG BW zum Erlass einer Berufsordnung durch die Vertreterversammlung der Kammer des jeweiligen Heilberufs.

---

614 *Kilian*, WRP 2002, 802 (809).

615 Ausführlich dazu *Herrmann*, Recht der Kammern und Verbände Freier Berufe, S. 370.

616 *Kilian*, WRP 2002, 802 (809).

617 Ausführlich zum Kammerwesen der Heilberufe *Herrmann*, Recht der Kammern und Verbände Freier Berufe, S. 311 ff.

Die zulässigen Regelungsgegenstände der Berufsordnung ergeben sich ähnlich wie bei den Beratungsberufen aus einem Katalog, wie ihn etwa § 31 Abs. 1 Heilberufe-KammerG BW enthält. Wie jede von der Vertreterversammlung verabschiedete Satzung ist die Berufsordnung von der zuständigen Aufsichtsbehörde zu genehmigen (vgl. etwa § 9 Abs. 3 Heilberufe-KammerG BW). Ebenso wie im Falle der Architekten dürfte ein derartiger Genehmigungsvorbehalt im Rahmen einer reinen Rechtsaufsicht nicht genügen, um den Beschluss der Vertreterversammlung als hoheitliches Handeln anzusehen[618]. Ein Unterschied zu den Beratungsberufen und Architekten besteht allerdings insofern, als die Kammergesetze mitunter vorsehen, dass die Aufsichtsbehörde zu den Vertreterversammlungen, die z.B. eine Berufsordnung erlassen, Abgeordnete entsenden kann, denen auf Verlangen jederzeit das Wort zu erteilen ist (vgl. etwa § 8 Abs. 3 S. 2 Heilberufe-KammerG BW). Insofern ist eine gewisse staatliche Einflussmöglichkeit im Vorfeld der Beschlussfassung der Kammer gegeben. Da die Delegierten der Aufsichtsbehörde jedoch keinen Einfluss im Stadium der Beschlussfassung ausüben können und ihnen lediglich eine konsultative Funktion zukommt, wird ihre (theoretisch mögliche und überdies nicht zwingende) Anwesenheit nicht genügen, um von einer staatlichen Letztentscheidungsbefugnis sprechen zu können[619].

d) Ausnahme bei den Notarkammern?

Im Hinblick auf die Tätigkeit der Notare wird teilweise angenommen, dass diese als Ausübung eines öffentlichen Amtes schon dem Grundsatz nach von der Anwendung der Kartellvorschriften ausgenommen sei. Notare seien im Gegensatz etwa zu den Rechtsanwälten keine Unternehmen und ihre Berufskammern keine Unternehmensvereinigungen[620]. Aufgrund des funktionellen Unternehmensbegriffs kann dies aber nur für den Bereich der notariellen Tätigkeit überzeugen, der mit der Ausübung hoheitlicher Gewalt verbunden ist[621]. Wie bereits im Rahmen der Ausführungen zur Pflichtmitgliedschaft und den Grundfreiheiten festgestellt wurde, gehen Notare auch Tätigkeiten nach, die nicht mit der Ausübung von Hoheitsbefugnissen i.S.d. Art. 45 EG zusammenhängen. Konsequenz daraus ist, dass die Satzungstätigkeit der Notarkammern nur dann vom EG-Wettbewerbsrecht ausgenommen ist, wenn sie sich auf die Regelung hoheitlicher Tätigkeiten bezieht.

---

618 *Kilian*, WRP 2002, 802 (809 f.).
619 *Kilian*, WRP 2002, 802 (810).
620 *Fleischhauer*, DNotZ 2002, 325 (346).
621 In diese Richtung auch *Meyer*, in: Kluth (Hrsg.), Jahrbuch des Kammerrechts 2002, S. 223 (243) Fn. 61.

Für den Fall, dass Notarkammern als Unternehmensvereinigungen zu qualifizieren seien, wird vertreten, dass jedenfalls die staatliche Letztentscheidungsbefugnis zu bejahen sei. Die mitgliedstaatlichen Einwirkungsmöglichkeiten auf die Ausübung des staatlich gebundenen Berufs der Notare seien häufig erheblich direkter und umfassender als bei den klassischen freien Berufen[622]. Diese Ansicht vermag allerdings nicht zu überzeugen. Den Notarkammern obliegt es nach § 67 Abs. 2 S. 1 BNotO, in Richtlinien die Amtspflichten und sonstigen Pflichten ihrer Mitglieder im Rahmen der gesetzlichen Vorschriften und auf deren Grundlage erlassenen Verordnungen durch Satzung näher zu bestimmen, deren mögliche Regelungsgegenstände sich § 67 Abs. 2 S. 3 BNotO entnehmen lassen. Nach §§ 67 Abs. 2 S. 2; 66 Abs. 1 S. 2 BNotO werden die Satzung und Änderungen derselben von der Versammlung der Kammer beschlossen und bedürfen der Genehmigung der Landesjustizverwaltung[623]. Letztere führt nach § 66 Abs. 2 BNotO eine reine Rechtsaufsicht. Die Bundesnotarkammer hat nach § 78 Abs. 1 S. 2 Nr. 5 BNotO durch Beschluss der Vertreterversammlung Empfehlungen für die von den Notarkammern nach § 67 Abs. 2 BNotO zu erlassenden Richtlinien auszusprechen, wobei sie ihrerseits gemäß § 77 Abs. 2 BNotO ebenfalls der Rechtsaufsicht des Bundesjustizministeriums unterliegt. Ein wesentlicher Unterschied zu den übrigen Kammern, der die Annahme einer Letztentscheidungsbefugnis rechtfertigen könnte, ist nicht erkennbar.

Mithin sind die kartellrechtlichen Kontrollmöglichkeiten hinsichtlich der von den Notarkammern verabschiedeten Satzungen zwar eingeschränkt, soweit sie sich auf die hoheitlichen Tätigkeiten der Notare beziehen. Im Übrigen unterliegen die Satzungen aber genauso wettbewerbsrechtlichen Bindungen wie diejenigen anderer Berufskammern.

8. Konsequenzen

Als Konsequenz der Qualifizierung von Satzungen der Berufskammern als Beschlüsse einer Unternehmensvereinigung ergibt sich, dass alle in den Satzungen enthaltenen Vorschriften auf ihre Vereinbarkeit mit dem EG-Kartellrecht zu überprüfen sind[624]. Das Bemühen, berufsständische Kammern unter das Vorbehaltssystem zu subsumieren, könnte darauf beruhen, dass nicht wenige sich eingestehen, dass ein Teil der in Berufsordnungen enthaltenen Regelungen einer

---

622 *Fleischhauer*, DNotZ 2002, 325 (347).

623 Diese hält *Eule*, ZNotP 2002, 226 (228) entgegen der hier vertretenen Auffassung für ausreichend, um den Satzungserlass der Notarkammern dem Vorbehaltssystem zuzuordnen. Er räumt jedoch ein, dass der Unterschied zwischen § 66 Abs. 1 S. 2 BNotO und § 191e BRAO gering ist.

624 *Römermann/Wellige*, BB 2002, 633 (637).

strikten Prüfung an Allgemeininteressen nicht standhalten würde, auch nicht nach den Maßstäben, die das Europäische Parlament am 16. Dezember 2003[625] definiert hat[626]: Regeln können notwendig sein, wenn sie sich auf Organisation, Qualifikation, Standesethik, die Überwachung, Haftung, Unparteilichkeit oder auch auf den Sachverstand der Berufsangehörigen beziehen oder wenn sie Interessenkonflikte und irreführende Werbung verhindern sollen, sofern sie dem Endverbraucher die Sicherheit geben, dass die notwendigen Garantien im Hinblick auf Integrität und Erfahrung der Berufsträger gegeben sind und es sich nicht lediglich um Wettbewerbsbeschränkungen handelt.

Normen in den Berufsordnungen müssen den Freiberuflern die Dienstleistungserbringung erleichtern und den Verbrauchern Vorteile bringen[627]. Wenn sie berechtigte Allgemeininteressen verfolgen und sich bei einer Abwägung staatlicher Interessen mit der Wettbewerbsfreiheit als verhältnismäßig erweisen, dürften sie auch vor dem Hintergrund des Gemeinschaftsrechts Bestand haben. Dies wird regelmäßig bei Vorschriften anzunehmen sein, die nachvollziehbar die Funktionsfähigkeit der Rechtspflege oder das Anwalt-/Mandantenverhältnis schützen. Kleinliche Beschränkungen etwa der Werbefreiheit dürften hingegen im Lichte des EG-Kartellrechts größere Schwierigkeiten haben, EuGH oder Kommission von der Notwendigkeit ihrer Existenz zu überzeugen[628]. In diesem Zusammenhang bleiben allerdings die derzeitigen Deregulierungsvorhaben der Kommission im Bereich freiberuflicher Dienstleistungen zu beobachten[629].

Die Prüfung am Maßstab des Kartellrechts neben der grundrechtlichen Prüfung anhand von Art. 12 GG ist keineswegs überflüssig und muss nicht immer zu demselben Ergebnis gelangen. Eine Kongruenz der Prüfungsmaßstäbe besteht nämlich nur scheinbar. Der Ausgangspunkt bei der Interessenabwägung ist jeweils anders akzentuiert: Während bei den Grundrechten des Grundgesetzes eine Abwägung zwischen dem verfolgten staatlichen Zweck und den Interessen des

---

625 Zitiert im Bericht über den Wettbewerb bei freiberuflichen Dienstleistungen, KOM (2004) 83, Rn. 29.

626 *Jaeger*, NJW 2004, 1492 (1493).

627 *Römermann/Wellige*, BB 2002, 633 (637); *Nuckelt*, in: Kluth (Hrsg.), Jahrbuch des Kammerrechts 2002, S. 145 (168).

628 *Kilian*, MDR 2002, 850 (851); in diesem Sinne auch *Schaub*, AnwBl. 2002, 18 (19); s. etwa zur Beschränkung der Angabe von Interessenschwerpunkten *Michalski/Römermann*, AnwBl. 1996, 191 (196 ff.).

629 Vgl. dazu etwa die Mitteilung der Kommission „Bericht über den Wettbewerb bei freiberuflichen Dienstleistungen, KOM(2004) 83 endg. vom 9.2.2004 sowie die von der Generaldirektion Wettbewerb in Auftrag gegebene Studie „Economic Impact Of Regulation In The Field Of Liberal Professions In Different Member States“ vom Institut für Höhere Studien (IHS) Wien. Stellungnahmen zu den Deregulierungstendenzen der Kommission finden sich etwa bei *Weil*, BRAK-Mitt. 2003, 246 ff.; *Dombek*, BRAK-Mitt. 2003, 245; *Hellwig*, BRAK-Mitt. 2004, 19 ff.; *Henssler*, BB 2004, Heft 22, I.

Einzelnen erfolgt, wird im Rahmen der europarechtlichen Prüfung das staatliche Interesse mit der Wettbewerbsfreiheit abgewogen[630].

III. Zwischenstaatlichkeitsklausel

Ein Verstoß gegen Art. 81 Abs.1 EG setzt voraus, dass der betreffende Beschluss der Unternehmensvereinigung, hier eine Kammersatzung oder einzelne Bestimmungen daraus, geeignet ist, den Handel[631] zwischen den Mitgliedstaaten tatsächlich oder auch nur potentiell zu beeinträchtigen.

1. Bundesweit geltende Satzungen

Was die Beeinträchtigung des innergemeinschaftlichen Handels angeht, hat ein Kartell, welches sich auf das gesamte Hoheitsgebiet eines Mitgliedstaats erstreckt, nach der Rechtsprechung des Europäischen Gerichtshofs schon seinem Wesen nach die Wirkung, die Abschottung der Märkte auf nationaler Ebene zu verfestigen, indem es die vom EG-Vertrag intendierte wirtschaftliche Verflechtung verhindert[632]. Bundesweit geltende Satzungen wie etwa die von der Bundesrechtsanwaltskammer erlassene BORA oder Fachanwaltsordnung sind mithin regelmäßig geeignet, den innergemeinschaftlichen Handel zu beeinträchtigen.

2. Kammersatzungen mit geographisch beschränktem Geltungsbereich

Hinsichtlich der von den regionalen Untergliederungen erlassenen Satzungen ist jeweils im Einzelfall zu überprüfen, ob die Eignung zur Beeinträchtigung des zwischenstaatlichen Handels gegeben ist. Bei landesgesetzlicher Ermächtigung ist immerhin noch die Abschottung eines regionalen Wirtschaftsraumes zu befürchten[633]. Oftmals orientieren sich derartige Satzungen allerdings an Empfehlungen einer Bundeskammer. So wird beispielsweise die Zielrichtung der Satzungen durch Bundeskammern – etwa in den Musterberufsordnungen der Ärzte, Zahnärzte und Tierärzte – vorgegeben, so dass auch die Beeinträchtigung des

---

630 *Kilian*, WRP 2002, 802 (808).

631 Erfasst wird der gesamte wirtschaftliche Verkehr, so dass auch Dienstleistungen gemeint sind, vgl. *Weiß*, in: Calliess/Ruffert (Hrsg.), EUV/EGV, Art. 81 EG Rn. 131; *Streinz*, Europarecht, Rn. 817.

632 EuGH, Rs. C-309/99, Wouters, Slg. 2002, I-1577, Rn. 95; Rs. 8/72, Vereeniging van Cementhandelaren/Kommission, Slg. 1972, 977, Rn. 29; Rs. 42/84, Remia u.a./Kommission, Slg. 1985, 2545, Rn. 22; Rs. C-35/96, Kommission/Italien, Slg. 1998, I-3851, Rn. 48; *Schulte*, Werberecht der freien Berufe, S. 48; *Michalski/Römermann*, AnwBl. 1996, 191 (194).

633 *Schulte*, Werberecht der freien Berufe, S. 48.

zwischenstaatlichen Handels möglich ist[634]. Hier ist denkbar, dass bereits der jeweiligen Musterberufsordnung als solcher eine den innergemeinschaftlichen Handel beeinträchtigende Wirkung zukommt[635]. Auch wenn keine Pflicht der regionalen Kammern besteht, derartige Musterberufsordnungen in ihren eigenen Satzungen umzusetzen, ist es doch offensichtlich Sinn und Zweck derartiger Musterentwürfe, das Verhalten der regionalen Berufskammern zu beeinflussen und in eine bestimmte Richtung zu lenken. Angesichts der recht weiten Auslegung der Tatbestandsmerkmale des Art. 81 Abs. EG durch die Gemeinschaftsorgane dürfte auch den an sich nicht verbindlichen Musterberufsordnungen jedenfalls potentiell die Eignung zukommen, den Handel zwischen den Mitgliedstaaten zu beeinträchtigen. Führen Musterberufsordnungen dazu, dass sich die Satzungen der einzelnen Kammern inhaltlich gleichen, ist auch eine tatsächliche Beeinträchtigung des innergemeinschaftlichen Handels zu befürchten.

IV. Beschränkung des Wettbewerbs

Ein Verstoß gegen Art. 81 Abs. 1 EG liegt nur vor, wenn der Beschluss der Unternehmensvereinigung eine Beschränkung des Wettbewerbs bezweckt oder bewirkt. Die „Verhinderung, Einschränkung oder Verfälschung des Wettbewerbs", d.h. die Wettbewerbsbeschränkung[636], bildet das zentrale Tatbestandsmerkmal von Art. 81 Abs. 1 EG. Eine genaue Definition des Wettbewerbsbegriffs wurde in der Rechtsprechung und Entscheidungspraxis nicht unternommen. Im Kern handelt es sich um den Leistungswettbewerb, also den Wettstreit verschiedener Anbieter um Geschäftsabschlüsse mit Dritten auf der Grundlage eines hinsichtlich des Preises und der Qualität möglichst attraktiven Angebotes[637]. EuGH und Kommission vertreten einen weiten Begriff der Wettbewerbsbeschränkung, der jede künstliche Veränderung der Marktbedingungen ausreichen lässt[638]. Die Gerichte der Gemeinschaft stellen in ihrer Judikatur[639] ebenso wie die ihnen folgen-

---

634 *Römermann*, MDR 1998, 1149; *Schulte*, Werberecht der freien Berufe, S. 48.

635 Vgl. *Römermann*, MDR 1998, 1149.

636 In der Entscheidungspraxis wurde darauf verzichtet, Verhaltensweisen einer dieser drei Varianten präzise zuzuordnen. Im Schrifttum hat es sich dementsprechend ebenfalls eingebürgert, den Begriff Wettbewerbsbeschränkung als Oberbegriff zu betrachten und nicht weiter zwischen Verhinderung, Verfälschung und Beschränkung des Wettbewerbs zu differenzieren, vgl. *Eilmansberger*, in: Streinz (Hrsg.), EUV/EGV, Art. 81 EG Rn. 37 m. Fn. 132.

637 *Eilmansberger*, in: Streinz (Hrsg.), EUV/EGV, Art. 81 EG Rn. 37 m.w.N.

638 Dazu *Weiß*, in: Calliess/Ruffert (Hrsg.), EUV/EGV, Art. 81 EG Rn. 88 f.

639 So etwa EuGH, Rs. 86/82, Hasselblad/Kommission, Slg. 1984, 883, Rn. 46; Rs. 65/86, Bayer u.a./Süllhöfer, Slg. 1988, 5249, Rn. 19; Rs. C-70/93, Bayerische Motorenwerke, Slg. 1995, I-3439, Rn. 19, 21; Rs. C-266/93, Volkswagen und VAG Leasing, Slg. 1995, I-3477, Rn. 24;

de Kommission[640] auf ein formales Kriterium ab, nämlich auf die Beeinträchtigung der wettbewerblich relevanten Handlungsfreiheit der betroffenen Unternehmen. Dass diese Handlungsfreiheit der Kammermitglieder beeinträchtigt wird, wenn sie z.B. Werbebeschränkungen oder –verboten unterliegen, liegt auf der Hand. Werbung dient ja gerade dazu, im Wettbewerb mit verschiedenen Anbietern Geschäftsabschlüsse mit Dritten herbeizuführen.

Eine Wettbewerbsbeschränkung unterfällt nur dem Verbot des Art. 81 Abs. 1 EG, wenn sie spürbar ist[641]. Die Spürbarkeit ist nicht gegeben, wenn der relevante Markt wegen der schwachen Stellung der Beteiligten auf ihm nur geringfügig beeinträchtigt wird[642]. Entscheidend ist hierbei insbesondere der Marktanteil[643]. Bei einem auf der Pflichtmitgliedschaft der Berufsangehörigen basierenden Kammersystem liegt es in der Natur der Sache, dass der Marktanteil der (in der Unternehmensvereinigung Kammer zusammengefassten) Unternehmen auf dem deutschen Markt bei nahezu 100 % liegt. Zwar können nicht in Deutschland niedergelassene Berufsträger aus dem EU-Ausland im Rahmen der Dienstleistungsfreiheit ihre Leistungen anbieten, ohne Kammermitglied zu sein. Der Marktanteil der Kammerangehörigen wird dadurch aber nicht merklich gemindert. Auch wenn man als räumlich relevanten Markt den gemeinsamen Markt zugrunde legt[644], kann man bei einem Marktanteil von fast 100 % in einem Mitgliedstaat der Größe Deutschlands nicht von einer fehlenden Spürbarkeit ausgehen.

V. Berücksichtigung positiver Auswirkungen

Wenn im Einzelfall festgestellt worden ist, dass eine Kammersatzung als Beschluss einer Unternehmensvereinigung spürbar den Wettbewerb beschränkt und

---

Rs. C-306/96, Javico, Slg. 1998, I-1983, Rn. 13; EuG, Rs. T-88/92, Leclerc/Kommission, Slg. 1996, II-1961, Rn. 111; Rs. T-504/93, Tiercé Ladbroke/Kommission, Slg.1997, II-923, Rn. 158 ; Rs. T-144/99, EPI, Slg. 2001, II-1087, Rn. 65.

640 Siehe z.B. Kommission, Entscheidung 1999/267/EG, Richtlinien für die Berufsausübung des Instituts der beim Europäischen Patentamt zugelassenen Vertreter, ABl. 1999 L 106/14, Rn. 39; Entscheidung 1999/271/EG, Griechische Fährschiffe, ABl. 1999 L 109/24, Rn. 142; Entscheidung 2001/135/EG, Nathan-Bricolux, ABl. 2001 L 54/1, Rn. 75; Entscheidung 2001/663/EG, Eco-Emballages, ABl. 2001 L 233/37, Rn. 72 f.; Entscheidung 2002/759/EG, Luxemburgische Brauereien, ABl. 2002 L 253/21, Rn. 50, 52.

641 EuGH, Rs. 56/65, LTM/MBU, Slg. 1966, 281 (304); Rs. 22/71, Béguelin Import/G. L. Import/Export, Slg. 1971, 949, Rn. 18; verb. Rs. 209-215 u. 218/78, Van Landewyck/Kommission, Slg. 1980, 3125, Rn. 154.

642 *Weiß*, in: Calliess/Ruffert (Hrsg.), EUV/EGV, Art. 81 EG Rn. 90.

643 EuGH, verb. Rs. 29 u. 30/83, CRAM und Rheinzink/Kommission, Slg. 1984, 1679, Rn. 30.

644 Dazu *Weiß*, in: Calliess/Ruffert (Hrsg.), EUV/EGV, Art. 81 Rn. 97 m.w.N.

den innergemeinschaftlichen Handel beeinträchtigt, ist damit noch kein endgültiges Urteil über ihre Vereinbarkeit mit Art. 81 Abs. 1 EG getroffen.

1. Kein Verstoß gegen Art. 81 EG trotz Wettbewerbsbeschränkung

In der Entscheidung *Wouters* hat der EuGH die fragliche Satzung der Niederländischen Rechtsanwaltskammer nicht für einen Verstoß gegen das Kartellverbot des Art. 81 EG gehalten, obwohl diese den Wettbewerb beschränkt. Es sei zu berücksichtigen, dass nicht jede Vereinbarung zwischen Unternehmen oder jeder Beschluss einer Unternehmensvereinigung, durch die die Handlungsfreiheit der Parteien beschränkt werde, automatisch vom Verbot des Art. 81 Abs. 1 EG erfasst würden. Bei der Anwendung der Vorschrift im Einzelfall seien nämlich der Gesamtzusammenhang, in dem der fragliche Beschluss zustande gekommen sei oder seine Wirkungen entfalte, und insbesondere dessen Zielsetzung zu würdigen. Zudem sei zu prüfen, ob die mit dem Beschluss verbundenen wettbewerbsbeschränkenden Wirkungen notwendig mit der Verfolgung der Ziele zusammenhängen[645]. Dies ist die im Vorstehenden bereits angesprochene Verhältnismäßigkeitsprüfung. Im Hinblick auf die Samenweringsverordening 1993 der Niederländischen Rechtsanwaltskammer ist der Gerichtshof zu dem Ergebnis gelangt, dass die wettbewerbsbeschränkenden Wirkungen nicht über das hinausgehen, was erforderlich ist, um die ordnungsgemäße Ausübung des Rechtsanwaltsberufs sicherzustellen[646].

2. Abwägung im Rahmen von Art. 81 Abs. 1 EG

Fraglich – und umstritten – ist die dogmatische Einordnung dieser Verhältnismäßigkeitsprüfung[647]. Teilweise wird darin eine Art *rule of reason* als ungeschriebenes Tatbestandsmerkmal gesehen[648]. Der Anerkennung einer *rule of reason* im europäischen Kartellrecht kann nun, unter der Geltung der Kartellverordnung 1/2003, jedenfalls nicht mehr das Argument entgegengehalten werden, dass dadurch in die Kompetenzen bzw. ein Monopol der Kommission eingegriffen wer-

---

645 EuGH, Rs. C-309/99, Wouters, Slg. 2002, I-1577, Rn. 97.

646 EuGH, Rs. C-309/99, Wouters, Slg. 2002, I-1577, Rn. 109.

647 Vgl. dazu *Waldhorst*, Kammern zwischen Kartell- und Verwaltungsorganisationsrecht, S. 100 ff.

648 S. etwa *Kilian*, WRP 2002, 802 (804); *Novak*, ELR 2002, 105 (109); *Lausegger*, wbl 2002, 141 (143); *Sosnitza*, EWS 2002, 460 (465); *O'Loughlin*, ECLR 2003, 62 (67 f.); allgemein zur *rule of reason* im EG-Wettbewerbsrecht *Weiß*, in: Calliess/Ruffert (Hrsg.), EUV/EGV, Art. 81 EG Rn. 110.

de[649]. Allerdings lässt sich gegen sie einwenden, dass der Sinn und Zweck einer weit verstandenen *rule of reason*, nur tatsächlich unangemessene Wettbewerbsbeschränkungen dem Kartellverbot zu unterwerfen, bereits bei der Auslegung des Merkmals des Bewirkens einer Wettbewerbsverfälschung erreicht werden kann[650]. Die Betrachtung und Bewertung der Effekte auf die Wettbewerbsentwicklung bieten eine Handhabe, um Akte nicht dem Verbot des Art. 81 Abs. 1 EG zu unterstellen, die sachlichen Zwängen entspringen und einen tendenziell wettbewerbsbeschränkenden Reflex aufweisen[651].

Unabhängig von dieser eher dogmatischen Frage kann aber festgestellt werden, dass die Abwägung zwischen der Wettbewerbsfreiheit und den Allgemeininteressen bereits auf Tatbestandsebene vorgenommen wird. Weder geht der EuGH im *Wouters*-Urteil auf die Ausführungen des Generalanwalts zu Art. 86 Abs. 2 EG ein[652], noch greift er auf Art. 81 Abs. 3 EG zurück. Die vom EuGH in der *Wouters*-Entscheidung gewählte Formel erinnert in ihrer Formulierung an die Definition der immanenten Schranken der Warenverkehrs- und Niederlassungsfreiheit. Der EuGH überprüft, ob der wettbewerbsbeschränkende Beschluss ausnahmsweise gerechtfertigt ist und dem Verhältnismäßigkeitsgrundsatz genügt. Damit überträgt er den für die Grundfreiheiten seit der *Cassis de Dijon*-Entscheidung[653] entwickelten Gemeinwohlvorbehalt auf Art. 81 Abs. 1 EG[654].

3. *Kritik der Literatur an der Tatbestandsbeschränkung des EuGH*

Die Beschränkung des Art. 81 Abs. 1 EG aufgrund von Allgemeinwohlerwägungen auf Tatbestandsebene durch den Gerichtshof sieht sich in mehrerlei Hinsicht Kritik ausgesetzt[655]. So wird zum einen bemängelt, dass diese Vorgehensweise zu einem erheblichen Maß an Rechtsunsicherheit führe[656]. Einer Übertragung des Rechtfertigungsgrundes der zwingenden Gründe des Allgemeinwohls auf das Kartellverbot stünden zudem die grundsätzlich unterschiedlichen Adressaten von

---

649 So auch *Lenk*, Die Ausnahme standesrechtlicher Werbeverbote aus dem EG-Kartellrecht, S. 157; vgl. zur Gegenansicht – bevor Art. 81 Abs. 3 EG zu einer Legalausnahme wurde – *Kilian*, WRP 2002, 802 (804).

650 *Andresen*, DVBl. 2002, 685 (686 f.).

651 *Andresen*, DVBl. 2002, 685 (687); EuGH, Rs. C-214/99, Neste, Slg. 2000, I-11121, Rn. 25.

652 Vgl. dazu *Schlosser*, EuLF 2002, 94 (99); *Fleischhauer*, DNotZ 2002, 325 (342); gegen eine direkte Anwendung von Art. 86 Abs. 2 EG spricht sich *Lenk*, Die Ausnahme standesrechtlicher Werbeverbote aus dem EG-Kartellrecht, S. 331 ff. aus und plädiert stattdessen für eine analoge Anwendung der Vorschrift auf die kammern freier Berufe (a.a.O., S. 346 ff.).

653 EuGH, Rs. 120/78, Cassis de Dijon, Slg. 1979, 649 (662).

654 *Kilian*, WRP 2002, 802 (804).

655 Ausführlich zu den Bedenken gegen den vom EuGH gewählten Weg: *Lenk*, Die Ausnahme standesrechtlicher Werbeverbote aus dem EG-Kartellrecht, S. 210 ff.

656 *Waldhorst*, Kammern zwischen Kartell- und Verwaltungsorganisationsrecht, S. 103.

Grundfreiheiten und Kartellverbot entgegen. Anders als die Grundfreiheiten, deren Verpflichtungsadressaten grundsätzlich Staaten seien, denen die Wahrung des Gemeinwohls obliege, richte sich das Kartellverbot vorrangig an Subjekte, die schon definitionsgemäß im eigenen wirtschaftlichen Interesse tätig seien und denen gemeinhin nicht an der Verfolgung von Allgemeinwohlinteressen gelegen sei[657].

Hinsichtlich der Kammern ist jedoch die Besonderheit zu beachten, dass sie beim Satzungserlass – obwohl es sich hierbei um den Beschluss einer Unternehmensvereinigung handelt – eine Aufgabe wahrnehmen, die zumindest originär dem Staat obliegt und den Kammern vom Staat erst übertragen worden ist. Ebenso wenig wie im Verwaltungsprivatrecht eine „Flucht ins Privatrecht" von der Bindung an die Grundrechte befreit, kann in diesem Zusammenhang eine „Flucht in die Selbstverwaltung" dazu führen, dass die Kammern keine Gemeinwohlbelange zu berücksichtigen hätten. Aus dieser weiterhin bestehenden Bindung an das Allgemeinwohl könnte dann aber auch geschlossen werden, dass eine Rechtfertigung anhand von Gemeinwohlinteressen möglich ist.

Fraglich ist allerdings, an welcher Stelle richtigerweise eine derartige Berücksichtigung von Allgemeinwohlinteressen zu erfolgen hat. Als problematisch und sogar als größter Schwachpunkt wird bei der Ausnahme auf Tatbestandsebene im Sinne der *Wouters*-Rechtsprechung deren potentiell weiter Anwendungsbereich angesehen, da diese beim Tatbestandsmerkmal der Wettbewerbsbeschränkung angesiedelt sei und jedem Adressaten des Art. 81 Abs. 1 EG offen stehen würde[658]. Ob diese Tatbestandsbeschränkung nach dem Willen des Gerichtshofs tatsächlich auf alle Arten von Unternehmensabsprachen Anwendung finden kann, ist allerdings zweifelhaft. Auch im Rahmen seiner Überlegungen zur Rechtfertigung hat der Gerichtshof nämlich ausgeführt, „dass eine nationale Regelung wie die Samenwerkingsverordening 1993, die von einer Einrichtung *wie der Niederländischen Rechtsanwaltskammer* erlassen wurde, nicht gegen [Art. 81 Abs. 1 EG] verstößt"[659]. Dies spricht dafür, dass sich der Anwendungsbereich der Tatbestandsbeschränkung von vornherein nur auf Unternehmensvereinigungen erstrecken soll, die als öffentlich-rechtliche Körperschaften ausgestaltet sind und somit auch gewissen staatlichen Bindungen unterliegen.

Gegen eine tatbestandsimmanente Berücksichtigung von Allgemeininteressen im Rahmen des Art. 81 Abs. 1 EG werden außerdem die Zielsetzung und Syste-

---

657 *Vallone*, Auswirkungen des Kartellverbots auf das Standes- und Berufsrecht der verkammerten Freien Berufe, S. 278; *Lenk*, Die Ausnahme standesrechtlicher Werbeverbote aus dem EG-Kartellrecht, S. 227 ff.

658 *Lenk*, Die Ausnahme standesrechtlicher Werbeverbote aus dem EG-Kartellrecht, S. 210 u. 244.

659 EuGH, Rs. C-309/99, Wouters, Slg. 2002, I-1577, Rn. 110 (Hervorhebung durch den Verf.).

matik des europäischen Kartellrechts ins Feld geführt: Die Berücksichtigung von Allgemeininteressen entspreche nicht der wettbewerblichen Grundorientierung des Kartellrechts und dem Schutzgut des Art. 81 EG, der wirtschaftlichen Handlungsfreiheit der Marktteilnehmer. Dies spiegele sich auch in den vorhandenen ausdrücklichen Ausnahmevorschriften wider. Art. 81 Abs. 3 EG als zentrale, mit dem Kartellverbot untrennbar zusammenhängende Ausnahmenorm berücksichtige nämlich ausschließlich wirtschaftliche Ziele einer Maßnahme[660]. In systematischer Hinsicht spreche vor allem die Regelung des Art. 86 Abs. 2 EG gegen eine Lösung auf Tatbestandsebene. Es sei eine Umgehung der vom Gemeinschaftsgesetzgeber bewusst vorgesehenen Ausnahmen vom Kartellverbot zu befürchten, wenn eine Schranke auf Tatbestandsebene eingeführt würde[661]. Bevor über ungeschriebene Ausnahmen nachgedacht werden könne, seien zunächst die explizit geregelten Ausnahmevorschriften auf einen Sachverhalt anzuwenden[662].

4. Direkte oder analoge Anwendung von Art. 86 Abs. 2 EG?

Zum Teil wird eine Anwendung des Art. 86 Abs. 2 EG auf freie Berufe und ihre Kammern befürwortet[663]. Nach dieser Vorschrift gelten die Wettbewerbsvorschriften für Unternehmen, die mit Dienstleistungen von allgemeinem wirtschaftlichem Interesse betraut sind, nur, soweit die Anwendung dieser Vorschriften nicht die Erfüllung der ihnen übertragenen besonderen Aufgabe rechtlich oder tatsächlich verhindert.

a) Direkte Anwendung

Ausweislich seines Wortlauts gilt Art. 86 Abs. 2 EG nur für Unternehmen und nicht wie Art. 81 EG auch für Unternehmensvereinigungen, so dass fraglich ist, ob die Vorschrift auf Maßnahmen berufsständischer Kammern angewendet werden kann. Generalanwalt *Léger* stellte in der Rechtssache *Wouters* nicht auf die niederländische Rechtsanwaltskammer als Unternehmensvereinigung, sondern auf die einzelnen Unternehmen, die Rechtsanwälte, ab. Auf dieser Grundlage kam er zur Anwendbarkeit des Art. 86 Abs. 2 EG auf die Zusammenarbeitsverordnung, obwohl diese nicht von den Rechtsanwälten, sondern von ihrer Kammer

---

660 *Lenk*, Die Ausnahme standesrechtlicher Werbeverbote aus dem EG-Kartellrecht, S. 254.

661 *Lenk*, Die Ausnahme standesrechtlicher Werbeverbote aus dem EG-Kartellrecht, S. 255.

662 *Lenk*, Die Ausnahme standesrechtlicher Werbeverbote aus dem EG-Kartellrecht, S. 256.

663 *Vallone*, Auswirkungen des Kartellverbots auf das Standes- und Berufsrecht der verkammerten Freien Berufe, S. 279 ff., 284 ff. (Rechtsanwälte, Ärzte, Apotheker, Architekten); *Fleischhauer*, DNotZ 2002, 325 (347 f.) (Notare).

erlassen worden war[664]. Eine Begründung hierfür liefern die Schlussanträge des Generalanwalts nicht. Teilweise wird in der Literatur angenommen, eine Begründung dieser Vorgehensweise sei ohne Verstoß gegen den klaren Wortlaut des Art. 86 Abs. 2 EG möglich. Zu berücksichtigen sei, dass auch dann, wenn alle Voraussetzungen des Art. 86 Abs. 2 EG vorlägen, die betroffenen Unternehmen nicht generell von der Anwendung der Wettbewerbsvorschriften befreit seien. Eine Befreiung komme lediglich insoweit in Betracht, wie es für die Wahrnehmung der ihnen übertragenen Aufgaben erforderlich sei, mithin nur für bestimmte, näher zu konkretisierende Handlungen. Daraus folge, dass zunächst eine solche Konkretisierung vorgenommen werden müsse[665]. Andererseits handele es sich bei einer Unternehmensvereinigung um einen gefestigten Zusammenschluss verschiedener Unternehmen, die regelmäßig aufgrund eines Entschlusses der beteiligten Unternehmen, mithin aufgrund unternehmerischer Handlungen, entstehe. Wenn die betreffende Unternehmensvereinigung später Beschlüsse erlasse, seien Letztere den Unternehmen funktional betrachtet zuzurechnen. Der Beschluss einer Unternehmensvereinigung könne daher als mehrteilige Handlung der in ihr organisierten Unternehmen betrachtet werden. Den ersten Bestandteil dieser Handlung stelle der Entschluss dar, sich in einer Vereinigung zusammenzuschließen. Der zweite Teil liege im Beschluss dieser Vereinigung, an dem das Mitgliedsunternehmen zumindest mittelbar durch die Delegation von Entscheidungskompetenzen mitgewirkt habe[666]. Hinsichtlich der berufsständischen Kammern stehe dieser Betrachtungsweise auch nicht entgegen, dass diese nicht aufgrund freiwilliger Initiative, sondern aufgrund gesetzlicher Verpflichtung entstanden seien. Hier sei zu beachten, dass staatliches Handeln grundsätzlich nicht von Art. 81 Abs. 1 EG erfasst werde. Wenn eine vom Kartellverbot befreiende Norm angewandt werden könne, wenn die entsprechende Handlung ausschließlich auf unternehmerische Entschlüsse zurückzuführen sei, müsse dies erst Recht gelten, wenn ein Teil der betreffenden Maßnahme auf staatlicher Initiative beruhe[667].

---

664 Schlussanträge in der Rs. C-309/99 vom 10.07.2001, Rn. 170 ff.

665 *Vallone*, Auswirkungen des Kartellverbots auf das Standes- und Berufsrecht der verkammerten Freien Berufe, S. 283 f.

666 *Vallone*, Auswirkungen des Kartellverbots auf das Standes- und Berufsrecht der verkammerten Freien Berufe, S. 284.

667 *Vallone*, Auswirkungen des Kartellverbots auf das Standes- und Berufsrecht der verkammerten Freien Berufe, S. 284.

b) Analoge Anwendung

Dem Rückgriff auf die einzelnen in der Kammer vereinigten Unternehmen wird entgegengehalten, dass darin eine Umgehung des Kriteriums der Unternehmensvereinigung zu sehen sei. Es sei außerdem wenig systemkonform, den Beschluss einer Unternehmensvereinigung dadurch zu rechtfertigen, dass auf die der Vereinigung angehörenden Unternehmen verwiesen werde[668]. Ziel der Einbeziehung von Unternehmensvereinigungen in den Tatbestand des Art. 81 Abs. 1 EG sei gerade auch gewesen, einen Auffangtatbestand zur Umgehungsvereitelung für solche Fälle bereitzustellen, in denen den einzelnen Unternehmen aufgrund der Organisationsform keine Beteiligung an einer wettbewerbswidrigen Vereinbarung nachgewiesen werden könne[669]. Folglich sei davon auszugehen, dass sich der Gemeinschaftsgesetzgeber, indem er in Art. 86 Abs. 2 EG nur Unternehmen als Adressaten aufgeführt habe, bewusst gegen eine Parallele zum Adressatenkreis des Art. 81 EG entschieden habe[670]. Befürwortet wird anstelle von einer direkten Anwendung des Art. 86 Abs. 2 EG auf die Unternehmen eine analoge Anwendung der Vorschrift auf die Kammern[671].

5. Stellungnahme

Zwar sind manche der gegen die Tatbestandslösung des EuGH vorgebrachten Einwände nicht von der Hand zu weisen. Die zuletzt geschilderte Lösung über eine analoge Anwendung von Art. 86 Abs. 2 EG sieht sich aber gleichermaßen erheblichen Bedenken ausgesetzt. Ein Einwand grundsätzlicher Art ergibt sich daraus, dass es sich hier um eine Analogie zu einer Ausnahmevorschrift handelt, die als solche eng auszulegen ist[672]. Unabhängig davon liegen aber auch die Voraussetzungen für eine Analogie nicht vor. Gegen einen Rückgriff auf die einzelnen Unternehmen statt auf die Kammern wurde zu Recht eingewandt, dass Art. 86 Abs. 2 EG bewusst nur eine Regelung für Unternehmen und nicht für Unternehmensvereinigungen trifft. Dann fehlt es aber auch an einer unbewussten

---

668 *Lenk*, Die Ausnahme standesrechtlicher Werbeverbote aus dem EG-Kartellrecht, S. 344.

669 *Lenk*, Die Ausnahme standesrechtlicher Werbeverbote aus dem EG-Kartellrecht, S. 344 f.; s. dazu auch schon oben, A. II. 1.

670 *Lenk*, Die Ausnahme standesrechtlicher Werbeverbote aus dem EG-Kartellrecht, S. 345.

671 *Lenk*, Die Ausnahme standesrechtlicher Werbeverbote aus dem EG-Kartellrecht, S. 346 ff.

672 Vgl. zu diesem Grundsatz EuGH, Rs. 46/76, Bauhuis, Slg. 1977, 5, Rn. 12 u. 15; Rs. C-156/98, Deutschland/Kommission, Slg. 2000, I-6857, Rn. 49; Rs. C-301/96, Deutschland/Kommission, Slg. 2003, I-9919, Rn. 66; zur Geltung dieses Grundsatzes für Art. 86 Abs. 2 EG siehe EuGH, Rs. C-157/94, Kommission/Niederlande, Slg. 1997, I-5699, Rn. 37; Rs. C-340/99, TNT Traco, Slg. 2001, I-4109, Rn. 56.

Regelungslücke als Voraussetzung für die analoge Anwendung einer Norm[673]. Vorzugswürdig erscheint insgesamt die vom Gerichtshof gewählte allgemeinwohlfreundliche Auslegung des Tatbestands von Art. 81 Abs. 1 EG, die die Notwendigkeit einer Analogie zu einer Ausnahmevorschrift gar nicht erst entstehen lässt.

VI. Ergebnis

Die Rechtsetzungstätigkeit der deutschen Kammern erfüllt nicht die in der *Wouters*-Entscheidung entwickelten Kriterien der wesentlichen Grundsätze, der Berücksichtigung von Allgemeinwohlkriterien und der staatlichen Letztentscheidungsbefugnis, so dass nicht von einer kartellrechtsimmunen staatlichen Normsetzung ausgegangen werden kann. Jedoch besteht auch in dem Fall, dass alle Voraussetzungen des Art. 81 EG erfüllt sind, die Möglichkeit, dass die in einer wettbewerbsbeschränkenden Kammersatzung enthaltenen Regelungen gerechtfertigt sind.

B. Das Missbrauchsverbot des Art. 82 EG

Neben dem in Art. 81 Abs. 1 EG enthaltenen Kartellverbot ist beim Satzungserlass berufsständischer Kammern an den Missbrauch einer marktbeherrschenden Stellung nach Art. 82 EG zu denken. So hatte sich der Gerichtshof im Rahmen der Rechtssache *Wouters* auch mit der Frage zu befassen, ob eine Einrichtung wie die Niederländische Rechtsanwaltskammer als Unternehmen oder Gruppe von Unternehmen i.S.d. Art. 82 EG anzusehen ist.

I. Verhältnis zu Art. 81 EG

Art. 81 und 82 EG bestehen unabhängig voneinander. Dies folgt nicht nur aus dem Wortlaut der Vorschriften, sondern auch aus dem unterschiedlichen Regelungszweck. Während Art. 81 EG dazu dient, Verhaltenskoordinierungen mehrerer Unternehmen zu unterbinden, geht es Art. 82 EG darum, einem (oder mehreren) Unternehmen bezüglich seines (ihres) einseitigen Marktverhaltens im Interesse eines wirksamen Wettbewerbs Schranken aufzuzeigen. Daraus folgt nicht

---

673 Diese Bedenken teilt *Lenk*, Die Ausnahme standesrechtlicher Werbeverbote aus dem EG-Kartellrecht, S. 357 ff., im Ergebnis nicht.

nur, dass ein Verhalten gleichzeitig Art. 81 und Art. 82 EG verletzen kann, sondern auch, dass ein Verhalten, obwohl es mit Art. 81 EG im Einklang steht, immer noch gegen Art. 82 EG verstoßen kann[674].

II. Das Kriterium der Verbindung und Homogenität der Berufsgruppe

Im Hinblick auf die Niederländische Rechtsanwaltskammer stellt der EuGH zunächst fest, dass diese kein Unternehmen im Sinne von Art. 82 EG sei, da sie keine wirtschaftliche Tätigkeit ausübe[675]. Als Gruppe von Unternehmen im Sinne dieser Vorschrift könne sie nicht angesehen werden, weil die in den Niederlanden eingetragenen Rechtsanwälte nicht so eng miteinander verbunden seien, dass die auf dem Markt in gleicher Weise vorgehen könnten, so dass das zwischen ihnen bestehende Wettbewerbsverhältnis entfiele[676]. Der Rechtsanwaltsberuf sei nämlich durch geringe Konzentration, große Heterogenität und starken Wettbewerb gekennzeichnet. Mangels struktureller Bindungen könnten die Rechtsanwälte nicht als Inhaber einer kollektiven beherrschenden Stellung im Sinne von Art. 82 EG betrachtet werden[677]. Die Schlussfolgerung, dass weder ein Unternehmen noch eine Gruppe von Unternehmen i.S.d. Art. 82 EG vorliegt, lässt sich auf die Kammern der übrigen freien Berufe übertragen[678].

III. Ergebnis

Das Verbot des Missbrauchs einer marktbeherrschenden Stellung ist im Hinblick auf den Satzungserlass durch Kammern nicht einschlägig. Mangels Ausübung einer wirtschaftlichen Tätigkeit können Kammern nicht als Unternehmen i.S.d. Art. 82 EG qualifiziert werden. Für die Einstufung als Gruppe von Unternehmen fehlt es an einer hinreichend engen Bindung und Homogenität zwischen den in den Kammern vereinigten Unternehmen.

---

674 *Weiß*, in: Calliess/Ruffert (Hrsg.), EUV/EGV, Art. 82 EG Rn. 2.

675 EuGH, Rs. C-309/99, Wouters, Slg. 2002, I-1577, Rn. 112.

676 EuGH, Rs. C-309/99, Wouters, Slg. 2002, I-1577, Rn. 113 unter Verweis auf Rs. C-96/94, Centro Servizi Spediporto, Slg. 1995, I-2883, Rn. 33 f.

677 EuGH, Rs. C-309/99, Wouters, Slg. 2002, I-1577, Rn. 114 unter Verweis auf verb. Rs. C-68/94 u. C-30/95, Frankreich u.a./Kommission, Slg. 1998, I-1375, Rn. 227; verb. Rs. C-395/96 P u. C-396/96 P, Compagnie maritime belge transports u.a./Kommission, Slg. 2000, I-1365, Rn. 36 u. 42.

678 *Nuckelt*, in: Kluth (Hrsg.), Jahrbuch des Kammerrechts 2002, S. 145 (164); zu möglichen Einwänden s. *Deards*, ELRev. 2002, 618 (623).

C. Grundfreiheiten

Schließlich kommt eine Beschränkung der Grundfreiheiten durch in Kammersatzungen enthaltene Regelungen in Betracht. Anders als die unternehmensgerichteten Wettbewerbsvorschriften richten sich die Grundfreiheiten grundsätzlich an die Mitgliedstaaten. Dies ergibt sich zwar nicht eindeutig aus dem Wortlaut der die Grundfreiheiten betreffenden Regelungen, doch sind Beschränkungen der Waren- und Personenverkehrsfreiheiten fast immer staatlichen Ursprungs[679].

I. Warenverkehrsfreiheit, Art. 28 EG

In der Rechtssache *Hünermund*[680] ging es um ein in der Berufsordnung enthaltenes Verbot jeder Werbung außerhalb der Apotheke für apothekenübliche Waren und die Auswirkung der Warenverkehrsfreiheit auf derartige Regelungen. Nach Ansicht der Landesapothekerkammer handelte es sich bei der Standesregel nicht um eine „Maßnahme" i.S.d. Art. 28 EG, da nach deutschem Recht die Landesapothekerkammern nicht befugt seien, auf die Disziplinarmaßnahme des Berufsverbots zu erkennen, die nur von den zuständigen Landesbehörden verhängt werden könne[681]. Hierzu führt der EuGH aus, dass die Kammer nach deutschem Recht eine der staatlichen Aufsicht unterstehende Körperschaft des öffentlichen Rechts sei, der alle in Baden-Württemberg ihren Beruf ausübenden Apotheker angehörten. Zudem erlasse die Kammer die für die Apotheker geltenden Standesregeln und überwache die Erfüllung der Berufspflichten durch die Kammermitglieder. Außerdem könnten bei der Kammer gebildete Berufsgerichte, denen auf Vorschlag der Kammer bestellte Kammermitglieder angehörten, gegenüber den Apothekern, die gegen die Standesregeln verstoßen hätten, Disziplinarmaßnahmen wie Geldbußen, Aberkennung der Mitgliedschaft in den Organen der Kammer oder Aberkennung des Wahlrechts und der Wählbarkeit in die Organe der Kammer verhängen[682]. Maßnahmen einer Standesorganisation, der nach nationalem Recht derartige Befugnisse zustehen, sind nach der Rechtsprechung des EuGH „Maßnahmen" im Sinne von Art. 28 EG, wenn sie den Handel zwischen Mitgliedstaaten beeinflussen können[683]. In dem konkreten Fall war die betreffen-

---

679 *O'Loughlin*, ECLR 2003, 62.

680 EuGH, Rs. C-292/92, Ruth Hünermund u.a./Landesapothekerkammer Baden-Württemberg, Slg. 1993, I-6787. = NJW 1994, 781 m. Anm. *Möschel*.

681 EuGH, Rs. C-292/92, Hünermund, Slg. 1993, I-6787, Rn. 13.

682 EuGH, Rs. C-292/92, Hünermund, Slg. 1993, I-6787, Rn. 14.

683 EuGH, Rs. C-292/92, Hünermund, Slg. 1993, I-6787, Rn. 15; verb. Rs. C-266/87 u. 267/87, Royal Pharmaceutical Society of Great Britain, Slg. 1989, 1295, Rn. 15.

de Regelung als nichtdiskriminierende Verkaufsmodalität jedoch nicht als Maßnahme gleicher Wirkung wie eine mengenmäßige Beschränkung anzusehen[684].

II. Dienstleistungsfreiheit (Art. 49 EG) und Niederlassungsfreiheit (Art. 43 EG)

Im Fall *Wouters* prüft der EuGH die Zusammenarbeitsverordnung der Niederländischen Rechtsanwaltskammer neben dem Kartellrecht auch anhand der Grundfreiheiten der Art. 49 und 43 EG, geht dabei auf den Charakter der Regelungen als „Maßnahme" jedoch nicht mehr explizit ein. Er weist allerdings darauf hin, dass die Art. 43 und 49 EG auch von Regelungen nichtstaatlichen Ursprungs einzuhalten sind, mit denen selbständige Tätigkeiten und Dienstleistungen kollektiv geregelt werden sollen. Die Beseitigung der Hindernisse für die Freizügigkeit zwischen den Mitgliedstaaten sei nämlich gefährdet, wenn die Abschaffung der Schranken staatlichen Ursprungs durch Hindernisse wirkungslos gemacht werden könnte, die sich daraus ergäben, dass nicht dem öffentlichen Recht unterliegende Vereinigungen und Einrichtungen von ihrer rechtlichen Autonomie Gebrauch machten[685]. Im Folgenden begnügt sich der Gerichtshof mit der Feststellung, dass eine Beschränkung der Niederlassungs- und/oder Dienstleistungsfreiheit, soweit diese Freiheiten auf Regelungen, wie sie in der *Samenwerkingsverordening 1993* enthalten seien, anwendbar sein sollten, jedenfalls aus den zur Rechtfertigung der Wettbewerbsbeschränkung angeführten Gründen gerechtfertigt sei[686].

D. Unterschiedliche Bewertung des Satzungserlasses im Bereich der Grundfreiheiten (staatliche Maßnahme) und des Kartellrechts (keine staatliche Maßnahme)

Auf den ersten Blick mag es widersprüchlich erscheinen, dass Kammersatzungen sowohl den an die Unternehmen und Unternehmensvereinigungen gerichteten Wettbewerbsvorschriften unterfallen, als auch den Grundfreiheiten[687], deren Adressaten grundsätzlich die Mitgliedstaaten sind. Es ergeben sich deutliche

684 EuGH, Rs. C-292/92, Hünermund, Slg. 1993, I-6787, Rn. 21.

685 EuGH, Rs. 309/99, Wouters, Slg. 202, I-1577, Rn. 120 unter Verweis auf Rs. 36/74, Walrave und Koch, Slg. 1974, 1405, Rn. 17 f. u. 24 f.; Rs. 13/76, Donà, Slg. 1976, 1333, Rn. 17 f.; Rs. C-415/93, Bosman, Slg. 1995, I-4921, Rn. 83 f.; Rs. C-281/98, Angonese, Slg. 2000, I-4139, Rn. 32.

686 EuGH, Rs. 309/99, Wouters, Slg. 202, I-1577, Rn. 122.

687 Im Unterschied zum Wettbewerbsrecht setzen die Grundfreiheiten allerdings voraus, dass ein grenzüberschreitender Sachverhalt vorliegt, vgl. *Nuckelt*, in: Kluth (Hrsg.), Jahrbuch des Kammerrechts 2002, S. 145 (165).

Diskrepanzen hinsichtlich der Zuordnungskriterien für die Kammern: Bei Art. 81 EG richtet sich der Blick stärker auf die internen Abläufe innerhalb der Körperschaft und das Zustandekommen des wettbewerbsbeschränkenden Beschlusses, während im Rahmen der Grundfreiheiten äußerliche Attribute wie die öffentlich-rechtliche Ausgestaltung der Kammern sowie deren Ausstattung mit bestimmten Befugnissen maßgeblich sind[688].

I. Rechtfertigung der Ungleichbehandlung durch unterschiedliche Regelungszwecke

1. Einheit und Effektivität der Auslegung

In Übereinstimmung mit etlichen nationalen Rechtssystemen hat der EuGH dem Grundsatz der Einheitlichkeit der Auslegung der Gemeinschaftsrechtsordnung besondere Bedeutung beigemessen[689]. Daraus ließe sich die Forderung ableiten, zwei Normkomplexe des Vertrags, zu deren Anwendbarkeit staatliche Gewalt von sonstiger Wirtschaftstätigkeit abzugrenzen ist, diesbezüglich übereinstimmend auszulegen, so dass die Kammern jeweils gleich zu behandeln wären[690].

Diesem Grundsatz kommt allerdings keine absolute Geltung zu. Die Auslegungspraxis des EuGH wird daneben ganz wesentlich vom Effektivitätsgrundsatz („effet utile") beherrscht, der auf eine effektive Durchsetzung des Gemeinschaftsrechts abzielt[691]. Diese funktionale Betrachtung ist für jede Norm getrennt durchzuführen und kann bei unterschiedlichen Normkomplexen auf eine unterschiedliche Bewertung desselben Sachverhalts hinauslaufen, so dass es auch denkbar ist, dass die verschiedenen Normsysteme „Schutz des freien Wettbewerbs" und „Gewährleistung des ungehemmten zwischenstaatlichen Handels" unter funktionalen Gesichtspunkten eine unterschiedliche Zuordnung öffentlich-rechtlicher Körperschaften erfordern[692].

Auch das eingangs erwähnte Prinzip der Einheitlichkeit steht dem nicht entgegen, denn nur wenn bereits Ansätze für eine Einheit vorliegen, kann auch entsprechend ausgelegt werden. Wenn zwischen Regelungen hinsichtlich ihrer Zielsetzung und ihres materiellen Gehalts schon im Kern keine Übereinstimmung

688 *König*, Standesrechtliche Wettbewerbsbeschränkungen im gemeinsamen Markt, S. 144.
689 EuGH, Rs. 69/79, Slg. 1980, 75; *Oppermann*, Europarecht, § 8 Rn. 26; *Bleckmann*, in: ders., Europarecht, Rn. 552.
690 *König*, Standesrechtliche Wettbewerbsbeschränkungen im gemeinsamen Markt, S. 145.
691 Vgl. *Bleckmann*, in: ders., Europarecht, Rn. 559.
692 *König*, Standesrechtliche Wettbewerbsbeschränkungen im gemeinsamen Markt, S. 145 f.

herrscht, kann auch kein Zwang bestehen, sie ungeachtet dieser Differenzen hinsichtlich der Zuordnungsfrage übereinstimmend zu interpretieren[693].

2. Rechtfertigung der Zuordnungsdifferenzierung

Bereits im Wortlaut der Vorschriften zu den Grundfreiheiten und zum Kartellverbot finden sich Anhaltspunkte für die jeweils unterschiedliche Einordnung der Kammern. Das Abstellen auf eine „Unternehmensvereinigung" in Art. 81 EG stellt den Begriff des Unternehmens in den Vordergrund, dessen Verhalten als Wirtschaftsteilnehmer und dessen Einfluss auf die Marktmechanismen die zentrale Materie der Wettbewerbsregeln bilden[694]. Der Begriff der „Maßnahme" hingegen ist offener. Bei Art. 28 EG ergibt sich die Beschränkung des Adressatenkreises auf die Mitgliedstaaten erst aus einer systematischen Gesamtschau mit den folgenden Normen[695].

Zudem verfolgen die beiden Normkomplexe zum Teil unterschiedliche Ziele. Der Sicherung des freien Waren- und Personenverkehrs im Binnenmarkt gegen einzelstaatliche Beschränkungen steht die Gewährleistung eines redlichen, unverfälschten und wirksamen Wettbewerbs auf dem gemeinsamen Markt gegenüber[696]. Unter Berücksichtigung dieser voneinander abweichenden Zielsetzungen kann eine übereinstimmende Zuordnung öffentlich-rechtlicher Kammern nicht als zwingend angesehen werden[697]. Vielmehr entspricht es dem „Hybridcharakter" der öffentlich-rechtlichen Kammern, dass sie sowohl Adressat des europäischen Kartellrechts als auch der Grundfreiheiten sein können[698].

Gemeinsam ist den Normen allerdings ihre fundamentale Bedeutung für die Schaffung des gemeinsamen Marktes[699]. Hieraus folgt das Gebot sowie die Praxis, ihren Wirkungsbereich zugunsten einer effektiven Anwendung möglichst weit zu fassen[700]. Da die prinzipiellen Normadressaten der Grundfreiheiten und

---

693 *König*, Standesrechtliche Wettbewerbsbeschränkungen im gemeinsamen Markt, S. 146.

694 Vgl. EuGH, verb. Rs. 40/73 bis 48/73, 50/73, 54/73 bis 56/73, 111/73, 113/73 und 114/73, Suiker Unie, Slg. 1975, 1663 (1965); Rs. 172/80, Züchner, Slg. 1981, 2021 (2031), *König*, Standesrechtliche Wettbewerbsbeschränkungen im gemeinsamen Markt, S. 146.

695 *König*, Standesrechtliche Wettbewerbsbeschränkungen im gemeinsamen Markt, S. 146.

696 Vgl. *Müller-Graff*, in: v.d. Groeben/Schwarze, EUV/EGV, Art. 28 Rn. 2; *Schröter*, in: v.d. Groeben/Schwarze, EUV/EGV, Art. 81 Rn. 1-11.

697 *König*, Standesrechtliche Wettbewerbsbeschränkungen im gemeinsamen Markt, S. 147.

698 Vgl. auch *Waldhorst*, Kammern zwischen Kartell- und Verwaltungsorganisationsrecht, S. 72 ff.; *Lenk*, Die Ausnahme standesrechtlicher Werbeverbote aus dem EG-Kartellrecht, S. 115; *Schöbener/Scheidtmann*, WiVerw. 2006, 286 (300).

699 Vgl. EuGH, Rs. 6/72, Continental Can, Slg. 1973, 215 (246); Rs. 240/83, Association de défense des brûleurs d'huiles usagées, Slg. 1985, 531 (547).

700 In Bezug auf das EG-Wettbewerbsrecht s. etwa *Emmerich*, JuS 1990, 696; hinsichtlich Art. 28 ff. EG s. EuGH, Rs. 8/74, Dassonville, Slg. 1974, 837 (852).

der Kartellvorschriften verschieden sind, resultiert hieraus, dass im Rahmen der Grundfreiheiten der Kreis staatlicher, bei Art. 81 EG der Kreis unternehmerischer Maßnahmen weiter definiert werden muss[701].

II. Ähnliche Behandlung der Normkomplexe auf Rechtfertigungsebene

Neben dieser unterschiedlichen Einordnung der öffentlich-rechtlichen Selbstverwaltungsträger „Kammern" auf Tatbestandsebene ist auf Rechtfertigungsebene eine Angleichung der Normkomplexe Grundfreiheiten und Kartellrecht festzustellen. In dogmatischer Hinsicht gleicht der EuGH mit der *Wouters*-Entscheidung das Kartellrecht der Struktur der Grundfreiheiten an, indem er zur Begrenzung des Tatbestandsmerkmals „innergemeinschaftliche Handelsbeeinträchtigung" bzw. Wettbewerbsbeschränkung eine immanente Schranke einführt, die den von den Grundfreiheiten bekannten zwingenden Gründen des Allgemeinwohls gleicht[702]. Die Angleichung der Normkomplexe auf der Rechtfertigungsebene erscheint folgerichtig, weil die Kartellvorschriften ebenso wie die Grundfreiheiten dem gemeinsamen Ziel dienen, den freien innergemeinschaftlichen Handel zu sichern[703].

E. Zusammenfassung zu den Kammersatzungen

Satzungen der deutschen berufsständischen Kammern müssen sich ebenso am Maßstab des Kartellverbots nach Art. 81 EG wie an den Grundfreiheiten des EG-Vertrags messen lassen. Sie erfüllen nicht die in der *Wouters*-Entscheidung entwickelten Kriterien der wesentlichen Grundsätze, der Berücksichtigung von Allgemeinwohlkriterien und der staatlichen Letztentscheidungsbefugnis, so dass nicht von einer kartellrechtsimmunen staatlichen Normsetzung ausgegangen werden kann. Allerdings besteht auch in dem Fall, dass alle Voraussetzungen des Art. 81 EG erfüllt sind, die Möglichkeit, dass die in einer wettbewerbsbeschränkenden Kammersatzung enthaltenen Regelungen gerechtfertigt sind. Die Rechtfertigungsmöglichkeiten im Hinblick auf das Kartellverbot gleichen denjenigen im Bezug auf die Grundfreiheiten.

---

701 *König*, Standesrechtliche Wettbewerbsbeschränkungen im gemeinsamen Markt, S. 147.

702 *Römermann/Wellige*, BB 2002, 633 (637); *O'Loughlin*, ECLR 2003, 62 (68).

703 *Meyer*, in: Kluth (Hrsg.), Jahrbuch des Kammerrechts 2002, S. 223 (244); *Andresen*, DVBl. 2002, 685 (687).

Kapitel 4: Rechtsschutz gegen gemeinschaftsrechtswidrige Satzungen

Verstoßen eine Kammersatzung bzw. einzelne Bestimmungen daraus gegen Vorgaben des Gemeinschaftsrechts, stellt sich für dadurch benachteiligte Kammermitglieder die Frage, auf welchem Wege sie sich hiergegen zur Wehr setzen können. An sich läge es nahe, Rechtsschutz[704] gegen Satzungsbestimmungen im Wege der Normenkontrolle nach § 47 VwGO zu erlangen. Allerdings muss zuerst geklärt werden, ob das europäische Gemeinschaftsrecht überhaupt als Prüfungsmaßstab im Normenkontrollverfahren in Betracht kommt. Sollte dies bejaht werden, ist weiterhin fraglich, welche Rechtsschutzmöglichkeiten gegen Kammersatzungen in Bundesländern bestehen, die von der Ermächtigung des § 47 Abs. 1 Nr. 2 VwGO keinen Gebrauch gemacht haben und gegen Kammersatzungen, die nicht auf Landesrecht beruhen, sondern von einer Bundeskammer erlassen worden sind.

A. Allgemeines zu Rechtsweg und Zulässigkeit

I. Rechtsweg

In den Prozessordnungen wird die Eröffnung des Rechtsweges umfassend gewährleistet. In der Generalklausel des § 40 Abs. 1 S. 1 VwGO ist das Prinzip eines lückenlosen Rechtsschutzes gegen die hoheitliche Gewalt[705] verwirklicht, so dass der Verwaltungsrechtsweg unabhängig von der Art des hoheitlichen Handelns (oder Unterlassens) beschritten werden kann[706]. Auf die Art des Verwaltungshandelns kommt es allerdings im Rahmen der Frage nach der in der jeweiligen Konstellation statthaften Klageart und der Einhaltung klageartspezifischer (besonderer) Sachurteilsvoraussetzungen an[707].

Im vorliegenden Zusammenhang ist neben dem Rechtsweg zu den Verwaltungsgerichten aufgrund der Generalklausel auch eine mögliche Rechtswegkon-

---

704 Ausführlich zum Rechtsschutz in kammerrechtlichen Streitigkeiten: *Schöbener*, in: Kluth (Hrsg.), Handbuch des Kammerrechts, Abschnitt L.

705 BVerwGE 60, 144 (148 f.).

706 *Schöbener*, in: Kluth (Hrsg.), Handbuch des Kammerrechts, Abschnitt L Rn. 23.

707 *Schöbener*, in: Kluth (Hrsg.), Handbuch des Kammerrechts, Abschnitt L Rn. 23.

kurrenz mit den Berufsgerichten in Betracht zu ziehen[708]. Insoweit sind die gegebenenfalls spezielleren berufsrechtlichen Rechtswegzuweisungen maßgeblich. Die Streitigkeiten der Rechtsanwälte mit den Rechtsanwaltskammern dürften dem Verwaltungsrechtsweg aufgrund einer extensiven Auslegung der Generalklausel des § 223 BRAO (vgl. zudem § 90 BRAO) durch die verwaltungsgerichtliche Rechtsprechung[709] gänzlich entzogen sein[710]. Angesichts der unterschiedlichen Ausgestaltung der abdrängenden Sonderzuweisungen in den Kammergesetzen der freien Berufe ist dies allerdings nicht verallgemeinerungsfähig[711].

Ist der beschrittene Rechtsweg nicht eröffnet, hat dies nicht die Abweisung der Klage als unzulässig zur Folge, sondern das angerufene Gericht verweist gemäß § 17a Abs. 2 GVG den Rechtsstreit von Amts wegen an das zuständige Gericht des zulässigen Rechtsweges. Das gilt ebenfalls für die Verweisung an die zuständigen Berufsgerichte[712].

II. Statthaftigkeit

Das Oberverwaltungsgericht entscheidet gemäß § 47 VwGO im Rahmen seiner Gerichtsbarkeit auf Antrag u.a. über die Gültigkeit von im Rang unter dem Landesgesetz stehenden Rechtsvorschriften, „sofern das Landesrecht dies bestimmt" (prinzipale Normenkontrolle). Um solche Rechtsvorschriften im Rang unter dem Landesgesetz handelt es sich auch bei den Satzungen der als juristische Körperschaften des öffentlichen Rechts verfassten Kammern[713]. § 47 VwGO setzt als Gegenstand der Normenkontrolle eine bestehende Rechtsnorm voraus, so dass

708 *Schöbener*, in: Kluth (Hrsg.), Handbuch des Kammerrechts, Abschnitt L Rn. 24.

709 Vgl. dazu BVerwG, NJW 1993, 2883 f.; OVG Münster, NJW 1995, 3403; OVG Lüneburg, NJW 1996, 869; OVG Weimar, NJW 2003, 1339. Parallelvorschriften zu § 223 BRAO sind in § 184 PAO (dazu BayVGH, NJW 1995, 674 f.; BGH, NJW 1996, 1899 f.) und § 72 Abs. 1 WPO enthalten, vgl. *Tettinger*, Kammerrecht, S. 220. Eine weniger extensive Auslegung ist damit nicht ausgeschlossen; vgl. OVG Münster, NJW 1990, 2150 f.

710 *Schöbener*, in: Kluth (Hrsg.), Handbuch des Kammerrechts, Abschnitt L Rn. 24.

711 *Schöbener*, in: Kluth (Hrsg.), Handbuch des Kammerrechts, Abschnitt L Rn. 24. Zur Eröffnung des Verwaltungsrechtsweges bei Streitigkeiten zwischen Mitglied und Ärztekammer vgl. OVG Münster, GewArch. 2000, 378 f.: Beschränkung der Berufsgerichtsbarkeit auf disziplinarrechtliche Verfahren; ebenso OVG Lüneburg, DVBl. 1989, 48 f.

712 Siehe *Schöbener*, in: Kluth (Hrsg.), Handbuch des Kammerrechts, Abschnitt L Rn. 25, sowie die Rechtsprechungsnachweise in Fn. 709.

713 Vgl. *Hahn*, WiVerw. 2004, 178 (180); *Kuhla/Hüttenbrink*, Der Verwaltungsprozess, D Rn. 283; *Kopp/Schenke*, VwGO, § 47 Rn. 25.

die Satzung bereits erlassen, also verkündet, sein muss; die Satzung muss jedoch noch nicht in Kraft getreten sein[714].

Für die Qualifikation einer Rechtsnorm als im Rang unter einem Landesgesetz stehend ist nicht entscheidend, ob die Kammer auf bundes- oder auf landesrechtlicher Rechtsgrundlage begründet ist[715]. Vielmehr kommt es darauf an, wem das normsetzende Organ zuzurechnen ist[716]. So sind den Ländern Rechtsetzungsakte der auf bundesrechtlicher Rechtsgrundlage errichteten Kammern zuzurechnen, wenn sie der Aufsicht des Landes unterstehen[717], wie es für die IHK nach § 11 IHKG, die Handwerkskammern nach § 115 HandwO, die Rechtsanwaltskammer nach § 62 Abs. 2 BRAO (nicht jedoch für die Bundesrechtsanwaltskammer, § 176 Abs. 2 BRAO, sowie die Patentanwaltskammer, bei der es sich gemäß § 53 Abs. 2 PAO um eine bundesunmittelbare Körperschaft handelt), die Notarkammern nach § 66 Abs. 2 BNotO, die Steuerberaterkammer nach § 88 Abs. 1 StBerG sowie für die Lotsenbrüderschaften nach § 41 (arg. ex § 34 Abs. 2) SeeLG der Fall ist[718]. Eingeführt haben die „erweiterte Normenkontrolle“[719] bezüglich anderer im Rang unter dem Landesgesetz stehender Rechtsvorschriften i.S. des § 47 Abs. 1 Nr. 2 VwGO, wenn auch teilweise mit gewissen Einschränkungen, alle Bundesländer außer Berlin, Hamburg und Nordrhein-Westfalen[720].

Nicht anwendbar ist § 47 VwGO, wenn das Normenkontrollverfahren durch besondere Rechtswegzuweisungen verdrängt wird[721]. Dies hat das OVG Weimar in einem Fall angenommen, in dem das Mitglied einer Rechtsanwaltskammer die Feststellung der Nichtigkeit der Beitragsordnung begehrte. § 90 BRAO sei insoweit als die Zuständigkeit des Berufsgerichts begründende Sonderregelung anzusehen[722].

---

714 *Schöbener*, in: Kluth (Hrsg.), Handbuch des Kammerrechts, Abschnitt L Rn. 133.

715 So für Rechtsverordnungen von Landesorganen, die auf einer bundesrechtlichen Ermächtigungsgrundlage beruhen, BVerfGE 18, 407 (414); vgl. ferner BVerwGE 54, 54 (56).

716 Vgl. *Schenke*, Verwaltungsprozessrecht, Rn. 879; *Hahn*, WiVerw. 2004, 178 (180 f.); *Schöbener*, in: Kluth (Hrsg.), Handbuch des Kammerrechts, Abschnitt L Rn. 132.

717 *Gerhardt/Bier*, in: Schoch/Schmidt-Aßmann/Pietzner, VwGO, § 47 Rn. 19.

718 *Hahn*, WiVerw. 2004, 178 (181).

719 *Kuhla/Hüttenbrink*, Der Verwaltungsprozess, D Rn. 283.

720 Vgl. *Kopp/Schenke*, VwGO, § 47 Rn. 23; *Hahn*, WiVerw. 2004, 178 (181); *Pielow*, Verw. 32 (1999), 445 (449); *Schöbener*, in: Kluth (Hrsg.), Handbuch des Kammerrechts, Abschnitt L Rn. 130.

721 *Schöbener*, in: Kluth (Hrsg.), Handbuch des Kammerrechts, Abschnitt L Rn. 131.

722 OVG Weimar, NJW 2003, 1339. Das Verfahren wurde gemäß § 173 VwGO i.V.m. § 17a Abs. 2 GVG an das Berufsgericht verwiesen.

III. Antragsbefugnis

Nach § 47 Abs. 2 S. 1 VwGO setzt die Zulässigkeit des Normankontrollantrags voraus, dass der Antragsteller geltend macht, durch die angegriffene Rechtsvorschrift oder deren Anwendung in seinen Rechten verletzt zu sein oder in absehbarer Zeit verletzt zu werden. Dafür gelten grundsätzlich die Voraussetzungen, die auch hinsichtlich der Klagebefugnis nach § 42 Abs. 2 VwGO Geltung beanspruchen, so dass die Möglichkeit einer Rechtsverletzung substantiiert darzulegen ist (Möglichkeitstheorie)[723]. In Abweichung von der Klagebefugnis gemäß § 42 Abs. 2 VwGO genügt hier bereits eine absehbare, noch nicht eingetretene Rechtsverletzung[724].

IV. Rechtsschutzinteresse

Neben der Antragsbefugnis bedarf es eines Rechtsschutzinteresses an der Nichtigerklärung – bzw. hinsichtlich des Gemeinschaftsrechts der Erklärung der Unanwendbarkeit – der Rechtsvorschrift. Das Rechtsschutzinteresse kann fehlen, wenn die zur Prüfung gestellte Satzungsvorschrift sich lediglich in der Wiederholung einer unmittelbar geltenden gesetzlichen Bestimmung erschöpft[725].

V. Sonstiges

Anders als bei Anfechtungs- oder Verpflichtungsklagen ist die Durchführung eines Vorverfahrens nicht Sachentscheidungsvoraussetzung des Normenkontrollverfahrens. Zu beachten ist die Antragsfrist nach § 47 Abs. 2 S. 1 VwGO. Der Normenkontrollantrag ist gegen die die Satzung erlassende Kammer selbst zu richten, nicht gegen das auf Seiten der Kammer handelnde Organ[726]. Es gilt somit grundsätzlich[727] das Rechtsträgerprinzip[728].

---

723 Vgl. *Kopp/Schenke*, VwGO, § 47 Rn. 46.

724 *Schöbener*, in: Kluth (Hrsg.), Handbuch des Kammerrechts, Abschnitt L Rn. 134.

725 Vgl. *Hahn*, WiVerw. 2004, 178 (181 f.).

726 Vgl. *Hahn*, WiVerw. 2004, 178 (182).

727 Zu Ausnahmen vom Rechtsträgerprinzip bei „kammerinternen" Streitigkeiten s. *Schöbener*, in: Kluth (Hrsg.), Handbuch des Kammerrechts, Abschnitt L Rn. 133.

728 Zum Rechtsträgerprinzip s. *Hufen*, Verwaltungsprozessrecht, § 12 Rn. 45.

B. Europarecht als Prüfungsmaßstab im Rahmen von § 47 VwGO

Die Frage, ob Europarecht als Prüfungsmaßstab im Rahmen eines Normenkontrollverfahrens nach § 47 VwGO in Betracht kommt, wird, soweit überhaupt auf sie eingegangen wird, vor allem im Hinblick auf die Überprüfung gemeindlicher Satzungen, wie etwa Verpackungssteuersatzungen, diskutiert[729]. Sie stellt sich aber gleichermaßen im Bereich der von den Kammern der freiberuflichen und wirtschaftlichen Selbstverwaltung erlassenen Satzungen. Die Rechtsprechung zieht das Gemeinschaftsrecht zum Teil ohne weiteres als Prüfungsmaßstab heran, ohne auf die Problematik vertieft oder überhaupt einzugehen[730]. In der Literatur ist hingegen umstritten, ob gemeinschaftsrechtliche Normen im Verfahren nach § 47 VwGO (ggf. analog) zu berücksichtigen sind. Gelegentlich wird auch im Schrifttum die Relevanz des Gemeinschaftsrechts als Prüfungsmaßstab der prinzipalen Normenkontrolle vorausgesetzt, ohne die Frage explizit anzusprechen[731].

I. Argumente gegen die Berücksichtigung des Gemeinschaftsrechts

1. Direkte Anwendung des § 47 VwGO

Gegen die direkte Anwendbarkeit des § 47 VwGO zur Überprüfung der Europarechtskonformität untergesetzlicher Rechtsnormen wird die Ausgestaltung des Vorrangs des Gemeinschaftsrechts, der oben[732] bereits angesprochen wurde, vorgebracht. Es wird zwar eingeräumt, dass das Gemeinschaftsrecht Vorrang vor dem Recht der Mitgliedstaaten genießt, um eine effektive und einheitliche Durchsetzung des Europarechts zu gewährleisten[733]. Aus der ständigen Rechtsprechung des Europäischen Gerichtshofs[734], des Bundesverwaltungsgerichts[735] und des Bundesverfassungsgerichts[736], wonach mit Gemeinschaftsrecht unvereinbares

---

729 Dazu *Schmahl*, DÖV 1999, 852 (856 f.); *Huber*, BayVBl. 1998, 584 (589 f.).

730 S. dazu die Nachweise bei OVG Thüringen, ThürVGRspr. 2000, 120 ff., Rn. 85

731 Siehe etwa *Sommer*, NVwZ 1996, 135 ff.; ohne vertiefte Diskussion auch *Burgi*, Verwaltungsprozeßrecht und Europarecht, S. 34 f.

732 S. Kapitel 2 A.

733 *Rinze*, NVwZ 1996, 458 (459) unter Verweis auf EuGH, Rs. 6/64, Costa/ENEL, Slg. 1251 (1269 f.); Rs. 106/77, Simmenthal II, Slg. 1978, 629, Rn. 17 f.; BVerfGE 75, 223 (244); 85, 191 (204).

734 EuGH, Rs. 48/71, Kommission/Italien, Slg. 1972, 529 (534 f.); Rs. 167/73, Kommission/Frankreich, Slg. 1974, 359, Rn. 35; dazu *Rengeling/Middeke/Gellermann*, Rechtsschutz in der EU, Rn. 1122.

735 BVerwGE 87, 154 (158 ff.).

736 BVerfGE 75, 223 (244); 85, 191 (204).

nationales Recht nicht unwirksam und ungültig, sondern bloß nicht anwendbar ist, und daraus, dass nach § 47 VwGO die Oberverwaltungsgerichte nur über die Ungültigkeit und nicht über die bloße Unanwendbarkeit von Rechtsvorschriften entscheiden, wird gefolgert, dass Europarecht nicht Prüfungsmaßstab im Rahmen einer Normenkontrolle nach § 47 VwGO sein könne[737].

Gegen die Beachtlichkeit des Europarechts im Verfahren nach § 47 VwGO wird ferner eingewandt, dass es sich hierbei nicht um Recht der Bundesrepublik, sondern nach der Rechtsprechung des EuGH[738] um eine eigenständige Rechtsordnung handele[739].

2. Analoge Anwendung des § 47 VwGO

Einer analogen Anwendung von § 47 VwGO zur Überprüfung gemeinschaftsrechtswidriger untergesetzlicher Normen, um eine Norm für unanwendbar erklären zu lassen, wird entgegengehalten, dass § 47 VwGO keine Regelungslücke enthalte[740]. Diese setze eine „ungewollte Unvollständigkeit" voraus. Da § 47 VwGO aber seit den Leitentscheidungen des EuGH zu Beginn der 70er Jahre, die den bloßen Anwendungsvorrang europarechtlicher Vorschriften vor mitgliedstaatlichem Recht begründen, mehrfachen Novellierungen und Änderungen[741] ausgesetzt gewesen sei, ohne dass der Gesetzgeber die ihm bekannte Problematik der Wirkungsweise europäischen Rechts im nationalen Rechtsraum berücksichtigt habe, könne nicht von einer unbeabsichtigten Unvollständigkeit ausgegangen werden[742]. § 47 VwGO sei insgesamt nicht als umfassende Normenkontrollvorschrift konzipiert, sondern nehme mit seinem Verweis auf Landesrecht in Abs. 1 Nr. 2 der Vorschrift bewusst größere Lücken in der Kontrollmöglichkeit in Kauf[743]. Zudem lasse sich § 47 VwGO kein allgemeiner Rechtsgedanke entnehmen[744]. Daraus folge, dass es nicht Sinn und Zweck des verwaltungsgerichtlichen Normenkontrollverfahrens sei, umfassende Rechtsklarheit sicherzustellen. Wie sich aus § 47 Abs. 6 VwGO ergebe, der nur von einer Ungültigkeitserklärung im Falle der Klagestattgabe spreche, habe ein klageabweisendes Urteil keine „Gültigkeitserklärung" mit Wirkung *inter omnes* zum Inhalt[745]. Selbst wenn man in

---

737 Vgl. *Rinze*, NVwZ 1996, 458 (459).

738 Grundlegend EuGH, Rs. 6/64, Costa/ENEL, Slg.1964, 1253 = NJW 1964, 2371.

739 *Schmid*, in: Eyermann/Fröhler, VwGO, § 47 Rn. 38.

740 So *Rinze*, NVwZ 1996, 458 (460).

741 S. etwa Art. 1 des Gesetzes v. 24.8.1976 (BGBl. I, S. 2437), Art. 2 Nr. 9 des Gesetzes v. 8.12.1986 (BGBl. I, S. 2191) und Art. 1 Nr. 4 des Gesetzes v. 17.12.1990 (BGBl. I, S. 2809).

742 So *Rinze*, NVwZ 1996, 458 (460).

743 Vgl. *Rinze*, NVwZ 1996, 458 (460).

744 *Rinze*, NVwZ 1996, 458 (460) unter Verweis auf VGH Kassel, DÖV 1992, 121.

745 So *Rinze*, NVwZ 1996, 458 (460); *Schenk/Meyer-Ladewig*, DVBl. 1976, 198 (209 f.).

Ausnahmefällen eine Gültigkeitserklärung für eine Übergangszeit für zulässig erachten sollte, ergebe sich hieraus nicht, dass im Falle der Klageabweisung die überprüfte Norm zwingend für gültig erklärt werden müsste, sondern lediglich, dass sie ausnahmsweise für gültig erklärt werden könne. Eine Klageabweisung trotz tatsächlich gegebener Unanwendbarkeit einer deutschen Rechtsvorschrift im konkreten Einzelfall aufgrund eines Verstoßes gegen vorrangiges Gemeinschaftsrecht schaffe daher keine Rechtsunsicherheit, die nicht mittels einer Inzidentkontrolle zu beheben sei, so dass auch für eine analoge Anwendung des § 47 VwGO kein hinreichendes Bedürfnis erkennbar sei[746].

II. Argumente für das Gemeinschaftsrecht als Prüfungsmaßstab

Während der Vorrang des Gemeinschaftsrechts, bei dem es sich ja nur um einen Anwendungsvorrang handelt, von manchen herangezogen wird, um zu begründen, dass das Gemeinschaftsrecht im Rahmen der Normenkontrolle keine Berücksichtigung finden soll, geht die gegenteilige Auffassung davon aus, dass gerade wegen des Anwendungsvorrangs das Europarecht als Prüfungsmaßstab bei der Normenkontrolle nicht ausgeklammert werden kann[747].

1. Deutsches Recht

a) Wortlaut

Nach § 47 Abs. 1 VwGO überprüft das Oberverwaltungsgericht im Normenkontrollverfahren die Gültigkeit bestimmter untergesetzlicher Rechtsnormen, wobei die Gültigkeit der zu überprüfenden Rechtssätze von ihrer formellen und materiellen Rechtmäßigkeit abhängt. Regelmäßige Rechtsfolge der Rechtswidrigkeit einer Norm ist ihre Ungültigkeit (Nichtigkeit)[748]. Der Verstoß einer innerstaatlichen Vorschrift gegen europäisches Gemeinschaftsrecht hat hingegen, wie bereits angesprochen, *grundsätzlich* eine andere Folge: Er führt nicht zur Nichtigkeit, sondern zur Unanwendbarkeit der betreffenden gemeinschaftsrechtswidrigen Norm des nationalen Rechts[749].

Aufgrund dieser besonderen Rechtsfolge könnte der Wortlaut des § 47 VwGO der Berücksichtigung des Gemeinschaftsrechts als Prüfungsmaßstab im Rahmen der Normenkontrolle in der Tat auf den ersten Blick entgegenstehen,

746 So *Rinze*, NVwZ 1996, 458 (460).
747 Vgl. *Gerhardt*, in: Schoch/Schmidt-Aßmann/Pietzner, VwGO, § 47 Rn. 89.
748 Vgl. nur *Jarass*, in: ders./Pieroth, GG, Art. 20 Rn. 23 a.
749 Siehe oben Kapitel 2 A.

denn § 47 VwGO sieht in Abs. 1 explizit lediglich die Überprüfung der Gültigkeit und in Abs. 6 als Urteilsinhalt ausschließlich die Erklärung der Nichtigkeit einer Norm vor. Nicht ausdrücklich vorgesehen ist im Gegensatz dazu die im Hinblick auf entgegenstehendes Gemeinschaftsrecht notwendige Überprüfung der Anwendbarkeit einer Rechtsnorm sowie der Ausspruch der Unanwendbarkeit als Urteilsinhalt, soweit Europarecht entgegensteht.

Diese Bedenken greifen allerdings im Anwendungsbereich des europäischen Kartellrechts (Art. 81 ff. EG) von vornherein nicht durch: Stellt sich eine Satzungsbestimmung als Verstoß gegen das europäische Kartellverbot dar, ist sie als Beschluss einer Unternehmensvereinigung nicht bloß unanwendbar, sondern *eo ipso* nichtig (Art. 81 Abs. 2 EG)[750].

Insofern ist schon die Ausgangsfrage, ob „das Europarecht" als Prüfungsmaßstab der prinzipalen verwaltungsgerichtlichen Normenkontrolle in Betracht kommt, nicht korrekt, jedenfalls aber unpräzise. Es bedarf einer Differenzierung dergestalt, dass danach gefragt wird, welche Normen des Europarechts als Prüfungsmaßstab heranzuziehen sind. Die Frage, ob § 47 VwGO eine Überprüfung untergesetzlicher Normen anhand des Europarechts und eine Unanwendbarkeitserklärung als Entscheidungsinhalt auch ohne ausdrückliche Anordnung zulässt[751], stellt sich mithin nur, soweit nicht bereits das Gemeinschaftsrecht selbst (wie im Kartellrecht) die Nichtigkeit einer Bestimmung statuiert.

Soweit es die Überprüfung eines Verstoßes gegen die Grundfreiheiten betrifft, bleibt allerdings klärungsbedürftig, ob ein derartiger Verstoß im Normenkontrollverfahren Berücksichtigung finden kann. Wenn im Folgenden allgemein vom „Europarecht" oder vom „Gemeinschaftsrecht" als Prüfungsmaßstab gesprochen wird, geschieht dies der Einfachheit der Formulierung wegen. Gemeint ist aber das Gemeinschaftsrecht mit Anwendungsvorrang, dessen Verletzung nicht wie bei Art. 81 Abs. 2 EG zur Nichtigkeit einer mit ihm unvereinbaren Rechtsnorm führt.

Selbst wenn § 47 VwGO nur den Ausspruch der Nichtigkeit und nicht auch die Feststellung der Unanwendbarkeit einer Norm zuließe[752], könnte dadurch nicht das gesamte Gemeinschaftsrecht als Prüfungsmaßstab ausgeklammert werden.

---

750 Das wird in der bisherigen Diskussion um die Berücksichtigung des Gemeinschaftsrechts im Rahmen von § 47 VwGO weitestgehend übersehen. Wie hier bereits *Schöbener*, in: Kluth (Hrsg.), Handbuch des Kammerrechts, Abschnitt L Rn. 140; *Schöbener/Scheidtmann*, WiVerw. 2006, 286 (305).

751 So die insoweit zu undifferenzierte Fragestellung bei *Pache/Burmeister*, NVwZ 1996, 979.

752 S. dazu u. c).

b) Gesetzgeberischer Wille

Bei der Auslegung des § 47 VwGO ist zunächst zu bedenken, dass die Vorschrift in § 25 der in den Ländern der amerikanischen Besatzungszone geltenden Verwaltungsgerichtsgesetze aus den Jahren 1946 und 1947 ihren Ursprung hat[753]. Die Rechtsetzung der Europäischen Gemeinschaft und damit die europarechtliche Durchdringung der deutschen Rechtsordnung hatte zum Zeitpunkt der Entstehung der Norm und zum Zeitpunkt ihres Inkrafttretens im Jahre 1960 kaum begonnen, so dass ein Konflikt untergesetzlicher Normen mit dem Gemeinschaftsrecht bei der Formulierung nicht bedacht wurde[754]. Bei den zahlreichen späteren Änderungen der Vorschrift wurde die Problematik eines Verstoßes untergesetzlicher Bestimmungen gegen Europarecht ebenfalls nicht thematisiert, da sie weder in der Praxis noch in der wissenschaftlichen Diskussion größere Aufmerksamkeit und Erörterung gefunden hatte. Daraus kann aber nicht gefolgert werden, dass der Gesetzgeber beabsichtigte, mit der Beibehaltung des Wortlauts des § 47 Abs. 1 VwGO, der nach wie vor nur von der Gültigkeit einer Rechtsnorm spricht, Verstöße gegen Gemeinschafsrecht im Verfahren der Normenkontrolle für unbeachtlich und die Überprüfung der Unanwendbarkeit untergesetzlicher Rechtsnormen wegen einer Verletzung des Gemeinschaftsrechts für unzulässig zu erklären[755]. Eine derartige Intention des historischen Gesetzgebers ist nicht erkennbar. Zwar liegen auch für eine gegenteilige Absicht des Gesetzgebers keine eindeutigen Anhaltspunkte vor. Denkbar wäre allerdings, dass auf eine ausdrückliche Regelung verzichtet wurde, weil der Gesetzgeber die Berücksichtigung des Europarechts als selbstverständlich und ihre explizite Normierung daher als entbehrlich angesehen hat.

c) Entscheidungsinhalt

Der in § 47 Abs. 6 VwGO normierte Entscheidungsinhalt der „Ungültigerklärung" steht der Überprüfung einer untergesetzlichen Rechtsvorschrift und gegebenenfalls der Erklärung ihrer Unanwendbarkeit schon deshalb nicht entgegen, weil auch anderweitig abweichende Entscheidungsinhalte für zulässig gehalten werden[756]. So kann das Oberverwaltungsgericht auch bei Verstößen gegen deutsches Recht im Rahmen des § 47 VwGO ausnahmsweise die überprüften Rechts-

---

753 *Pache/Burmeister*, NVwZ 1996, 979.

754 *Pache/Burmeister*, NVwZ 1996, 979. Ausführlich zur Entstehung und zu den Änderungen des § 47 VwGO *Ziekow*, in: Sodan/Ziekow (Hrsg.), VwGO, § 47 Rn. 1 ff.

755 *Pache/Burmeister*, NVwZ 1996, 979 f; *Schmahl*, DÖV 1999, 852 (856).

756 Vgl. *Pache/Burmeister*, NVwZ 1996, 979 (980); *Schmahl*, DÖV 1999, 852 (856).

normen nur für rechtswidrig[757], lediglich bestimmte Auslegungen der angegriffenen Bestimmung für mit höherrangigem Recht unvereinbar und daher unzulässig erklären[758] oder den Eintritt der Ungültigkeit einer Rechtsnorm erst von einem bestimmten Zeitpunkt an anordnen[759]. Diese als Ausspruch der Normenkontrollentscheidung anerkannten Möglichkeiten lassen es naheliegend erscheinen, die Oberverwaltungsgerichte als durch § 47 VwGO jedenfalls zu solchen Entscheidungen ermächtigt zu betrachten, die als *Minus* gegenüber der vom Wortlaut vorgesehenen Nichtigerklärung anzusehen sind[760]. Als ein derartiges *Minus* wäre auch die aus einer Verletzung des Gemeinschaftsrechts resultierende Unanwendbarkeitserklärung einer untergesetzlichen Rechtsnorm einzustufen[761]. Warum die Erklärung der Unanwendbarkeit kein *Minus*, sondern „eher" ein *Aliud* darstellen soll[762], ist nicht ersichtlich[763].

d) Funktionen des verwaltungsgerichtlichen Normenkontrollverfahrens

Vor allem die Funktionen der prinzipalen Normenkontrolle im System des verwaltungsgerichtlichen Rechtsschutzes sprechen für die Überprüfung der Vereinbarkeit untergesetzlicher Rechtsnormen mit dem Europarecht[764]. Nach allgemeiner Auffassung erfüllt § 47 VwGO zwei Funktionen: Einerseits stellt die Vorschrift ein umfassendes objektivrechtliches Beanstandungsverfahren[765] zur Vermeidung einer Vielzahl verwaltungsgerichtlicher Verfahren zur Verfügung, in denen jeweils inzident die Gültigkeit der betroffenen untergesetzlichen Norm zu prüfen wäre[766]. Andererseits dient sie zumindest gleichberechtigt auch der Ge-

---

757 Vgl. *Kopp/Schenke*, VwGO, § 47 Rn. 125 ff.; *Schenke*, Verwaltungsprozessrecht, Rn. 915, jeweils m.w.N.

758 Dazu *Kopp/Schenke*, VwGO, § 47 Rn. 124.

759 S. dazu OVG Berlin, UPR 1992, 357 (358); VGH Mannheim, DVBl. 1979, 916 (923); näher *Ziekow*, in: Sodan/Ziekow (Hrsg.), VwGO, § 47 Rn. 357 ff. m.w.N.

760 Vgl. *Pache/Burmeister*, NVwZ 1996, 979 (980). Anerkannt ist dieser Grundsatz zudem im Verfassungsprozessrecht, vgl. dazu den Überblick bei *Klein*, in: Benda/Klein, Verfassungsprozeßrecht, Rn. 1267 ff. m.w.N.

761 Vgl. OVG Thüringen, ThürVGRspr. 2000, 120 ff., Rn. 87; *Pache/Burmeister*, NVwZ 1996, 979 (980); *Schmahl*, DÖV 1999, 852 (856 f.); *Schöbener*, in: Handbuch des Kammerrechts, Abschnitt L Rn. 140; *Pielow*, Verw. 32 (1999), 445 (475).

762 So *Dünchheim*, DÖV 2004, 137 (142).

763 *Schöbener/Scheidtmann*, WiVerw. 2006, 286 (306).

764 *Gellermann*, in: Rengeling/Middeke/Gellermann, Handbuch des Rechtsschutzes in der EU, § 36 Rn. 47; *Schöbener/Scheidtmann*, WiVerw. 2006, 286 (306).

765 Insbesondere beim Antrag einer Behörde nach § 47 Abs. 2 S. 1 VwGO a.E., vgl. *Schenke*, Verwaltungsprozessrecht, Rn. 873.

766 Vgl. dazu die Begründung des Regierungsentwurfs einer VwGO, BT-Drucks. 3/55 Anlage 1 zu § 46, nach der Zweck des Verfahrens nach § 47 VwGO ist, „durch eine einzige Entscheidung eine Reihe von Einzelklagen zu vermeiden und dadurch die Verwaltungsgerichte zu

währleistung individuellen Rechtsschutzes[767]. Letzterer kann gegenüber untergesetzlichen Rechtsvorschriften jedenfalls in bestimmten Fallkonstellationen nur durch ein prinzipales Normenkontrollverfahren effektiv sichergestellt werden[768].

Beide Funktionen erfordern, dass eine Norm im Rang unter einem Landesgesetz auch auf ihre Vereinbarkeit mit dem Gemeinschaftsrecht überprüft wird: Da aus der Unvereinbarkeit einer Norm mit dem Europarecht grundsätzlich ihre Unanwendbarkeit folgt, wäre bei Unbeachtlichkeit des Gemeinschaftsrechtsverstoßes im Rahmen der prinzipalen Normenkontrolle gerade die Vielzahl verwaltungsgerichtlicher Inzidentkontrollen (etwa im Rahmen einer Anfechtungsklage) zu erwarten, die mit Hilfe des Verfahrens nach § 47 VwGO vermieden werden soll[769]. Die Bündelungsfunktion des Normenkontrollverfahrens und die damit beabsichtigte Entlastung der Verwaltungsgerichte sowie die Vermeidung divergierender Inzidententscheidungen können nur erreicht werden, wenn auch die Europarechtskonformität untergesetzlicher Rechtsvorschriften Gegenstand der verwaltungsgerichtlichen Normenkontrolle ist[770]. Zudem spricht die subjektive Rechtsschutzfunktion des Verfahrens für die Einbeziehung europarechtlicher Bestimmungen als Prüfungsmaßstab: Auch sich aus dem Gemeinschaftsrecht ergebende subjektive Rechte bedürfen gegebenenfalls einer Geltendmachung im Wege gerichtlichen Rechtsschutzes. Bei einer europarechtskonformen Auslegung des § 47 VwGO kann man nicht davon ausgehen, dass das Normenkontrollverfahren subjektiven Rechtsschutz ausschließlich zugunsten unmittelbar aus dem nationalen Recht folgender subjektiver Rechte gewährleisten soll[771].

e) Der Gesichtspunkt der Verfahrensökonomie

Schließlich lässt sich zugunsten der Berücksichtigung von Verletzungen des Gemeinschafsrechts im verwaltungsgerichtlichen Normenkontrollverfahren der Grundsatz der Verfahrens- und Prozessökonomie anführen. Die Unbeachtlichkeit

---

entlasten"; zu dieser Bündelungsfunktion der prinzipalen Normenkontrolle, ihrer Aufgabe der Vermeidung voneinander abweichender Instanzentscheidungen und ökonomischer Verfahrensgestaltung der Verwaltungsgerichtsbarkeit s. BVerwGE 56, 172 (178) = NJW 1978, 2522; BVerwGE 80, 355 (363) = NJW 1989, 1495; BVerwGE 81, 128 (137) = NVwZ 1989, 458; ausführlich *Ziekow*, in: Sodan/Ziekow (Hrsg.), VwGO, § 47 Rn. 24 ff. m.w.N.

767 Vgl. BVerwGE 68, 12 (14); 69, 30 (33); *Pietzner/Ronellenfitsch*, Assessorexamen im Öffentlichen Recht, § 12 Rn. 3; *Hufen*, Verwaltungsprozessrecht, § 19 Rn. 6. Dies wird durch die Novellierung des § 47 Abs. 2 S. 1, 1. Alt. VwGO zusätzlich verdeutlicht, vgl. *Schenke*, Verwaltungsprozessrecht, Rn. 873 u. 889 ff.

768 Vgl. *Schenke*, Verwaltungsprozessrecht, Rn. 873; *Schmidt-Aßmann*, in; Maunz/Dürig, GG, Art. 19 Abs. 4 Rn. 75 u. 93.

769 Vgl. *Pache/Burmeister*, NVwZ 1996, 979 (980).

770 Vgl. *Pache/Burmeister*, NVwZ 1996, 979 (980).

771 Vgl. *Pache/Burmeister*, NVwZ 1996, 979 (980).

des Gemeinschaftsrechts würde den Oberverwaltungsgerichten nämlich ohnehin nicht die Befassung mit den einschlägigen europarechtlichen Bestimmungen ersparen und damit eine Arbeitserleichterung oder Verfahrensbeschleunigung bewirken. Um den Inhalt der zu überprüfenden Norm zutreffend bestimmen zu können, haben die Oberverwaltungsgerichte bei ihrer Interpretation den Grundsatz der gemeinschaftsrechtskonformen Auslegung zu beachten, wenn Europarecht einschlägig ist[772]. Somit müssen sie das maßgebliche europäische Gemeinschaftsrecht ohnehin ermitteln und anwenden und es so wenigstens mittelbar zur Grundlage ihrer Entscheidung machen, so dass auch der Gesichtspunkt der Verfahrensökonomie für die Beachtlichkeit von Verstößen gegen das Gemeinschaftsrecht im Normenkontrollverfahren gemäß § 47 VwGO spricht[773].

f) Weitere Begründungsansätze

aa) Europarechtsverstoß als Verletzung von Art. 2 Abs. 1 GG

Teilweise wird vertreten, den Anknüpfungspunkt zur Berücksichtigung des Gemeinschaftsrecht bei der Überprüfung untergesetzlicher Normen bilde Art. 2 Abs. 1 GG[774]. Art. 2 Abs. 1 GG schütze nämlich den Einzelnen vor Beeinträchtigungen durch Normen, die nicht mit dem Grundgesetz im Einklang stehen, mithin auch durch solche Vorschriften, die mit Art. 23 Abs. 1 GG unvereinbar sind. Wenn eine untergesetzliche Rechtsnorm nun mit dem Gemeinschaftsrecht kollidiere, sei darin ein Verstoß gegen Art. 23 Abs. 1 GG zu erblicken, so dass der Eingriff in den Schutzbereich des Art. 2 Abs. 1 GG nicht von der Schranke der verfassungsmäßigen Ordnung gedeckt sei, eine entsprechende Rechtfertigung also nicht in Betracht komme[775]. Eine derartige Verletzung des Grundgesetzes sei als solche berücksichtigungsfähig im Verfahren nach § 47 VwGO.

Es ist allerdings bereits zu bezweifeln, ob eine Kollision untergesetzlicher Rechtsnormen mit gemeinschaftsrechtlichen Vorgaben überhaupt eine Verletzung von Art. 23 Abs. 1 GG begründen kann. Dafür müsste sich Art. 23 Abs. 1 GG nämlich unmittelbar entnehmen lassen, dass dem Gemeinschaftsrecht Vorrang vor nationalem Recht zukommt. Erst in diesem Fall würde eine dem Gemeinschaftsrecht widersprechende Vorschrift zugleich gegen Art. 23 Abs. 1 GG ver-

---

772 Vgl. *Schwarze*, in: ders. (Hrsg.), Das Verwaltungsrecht unter europäischem Einfluß, S. 123 (133 Fn. 42 m.w.N.); *Pache/Burmeister*, NVwZ 1996, 979 (980).

773 Vgl. *Pache/Burmeister*, NVwZ 1996, 979 (980); *Schöbener/Scheidtmann*, WiVerw. 2006, 286 (307).

774 S. *Rengeling/Middeke/Gellermann*, Rechtsschutz in der EU, Rn. 1123.

775 Vgl. *Rengeling/Middeke/Gellermann*, Rechtsschutz in der EU, Rn. 1123; in diesem Sinne auch *Rengeling*, DVBl. 1986, 306 (311).

stoßen[776]. Dies ist jedoch nach ständiger Rechtsprechung des Bundesverfassungsgerichts nicht der Fall: Vielmehr ermächtigt danach Art. 23 GG die Europäische Gemeinschaft nur, dem Gemeinschaftsrecht Vorrang vor dem innerstaatlichen Recht einzuräumen, ohne diesen selbst anzuordnen[777].

Selbst wenn man einen „indirekten" Verstoß gegen Art. 2 Abs. 1 GG annehmen wollte, soweit nationale untergesetzliche Normen dem Gemeinschaftsrecht zuwiderlaufen, würde dies dem Gemeinschaftsrecht eine Wirkung auf das nationale Recht beimessen, die mit dem gemeinschaftsrechtlichen Subsidiaritätsgrundsatz nicht zu vereinbaren wäre. Berücksichtigt man die „Verschiedenheit beider Rechtsmassen", bestehen erhebliche Zweifel daran, ob Art. 2 Abs. 1 GG tatsächlich die freie Entfaltung der Persönlichkeit des Marktbürgers vor deutschen Vorschriften schützen soll, die ihrerseits in gemeinschaftsrechtlich verliehene Rechtspositionen eingreifen[778]. Jede europarechtswidrige, den Bürger belastende, Norm wäre dann wegen Verstoßes gegen Art. 2 Abs. 1 GG nicht nur unanwendbar, sondern nichtig. Dies widerspräche jedoch der Entscheidung für den Anwendungs- und gegen den Geltungsvorrang des Gemeinschaftsrechts, aus der gerade nicht die generelle Unwirksamkeit der betreffenden nationalen Norm folgt[779]. In diesem Zusammenhang wird noch die Rechtsprechung des Bundesverfassungsgerichts[780] herangezogen, das eine auf Art. 2 Abs. 1 GG wegen der Unvereinbarkeit nationalen Rechts mit begünstigendem Gemeinschaftsrecht gestützte Verfassungsbeschwerde für unbegründet hält und auf die sich aus dem supranationalen Recht ergebenden Prüfungs- und Verwerfungspflichten der nationalen Fachgerichte verweist[781].

bb) Die Zustimmungsgesetze zu den Gründungsverträgen als bundesrechtlicher Prüfungsmaßstab

Nach einer in der verwaltungsgerichtlichen Rechtsprechung vertretenen Ansicht[782] stellt das Zustimmungsgesetz die maßgebliche bundesrechtliche Norm dar, gegen die untergesetzliche Normen im Falle ihrer Europarechtswidrigkeit verstoßen, so dass auf die Besonderheiten des gemeinschaftsrechtlichen Anwendungsvorrangs nicht einzugehen sei.

---

776 *Dünchheim*, DÖV 2004, 137 (139).

777 BVerfGE 31, 145 (173); i.d.S. auch BVerfGE 73, 339 (375); 75, 223 (244); 82, 159 (191).

778 Vgl. *Dünchheim*, DÖV 2004, 137 (139); *Rinze*, NVwZ 1996, 458 (459 f.); *Meier*, RIW 1980, 850 (851).

779 Vgl. *Dünchheim*, Verwaltungsprozeßrecht unter europäischem Einfluß, S. 33; *ders.*, DÖV 2004, 137 (139).

780 BVerfGE 82, 159 (191).

781 Vgl. *Rinze*, NVwZ 1996, 458 (459 f.); *Dünchheim*, DÖV 2004, 137 (139).

782 S. VGH Mannheim, VBlBW 1992, 333 (335).

Die Auffassung, das Primärrecht entfalte erst über den Rechtsanwendungsbefehl des Zustimmungsgesetzes innerstaatliche Wirkung als Prüfungsmaßstab im Rahmen des § 47 VwGO, beruht auf der überkommenen völkerrechtlichen Sichtweise, wonach das europäische Primärrecht Völkerrecht darstelle, das erst mit Hilfe der Zustimmungsgesetze zu den Gründungsverträgen Bestandteil der nationalstaatlichen Rechtsordnung werde[783]. Nach der ständigen Rechtsprechung des EuGH und des BVerfG bilden jedoch Bundesrecht und Gemeinschaftsrecht zwei autonome, nebeneinander bestehende Rechtsordnungen, wobei die Gemeinschaftsrechtsordnung durch den unwiderruflichen Transfer staatlicher Funktionen und Kompetenzen über die „Brücke" des Art. 23 Abs. 1 S. 1 GG i.V.m. dem Zustimmungsgesetz[784] auf die Organe der Union begründet wurde[785]. Durch die Zustimmungsgesetze zu den Gründungsverträgen wurden lediglich Hoheitsrechte auf die Europäischen Gemeinschaften als supranationale Einrichtungen übertragen. Die unmittelbare Anwendbarkeit sowie die unmittelbare Berechtigung der Marktbürger entspringen originär der Gemeinschaftsrechtsordnung und nicht dem Zustimmungsgesetz zu den Römischen Verträgen von 1957[786]. Das Zustimmungsgesetz bildet daher nicht den Maßstab, an dem sich zu überprüfende untergesetzliche Rechtsnormen messen lassen müssen.

cc) Die Bindung an Recht und Gesetz gemäß Art. 20 Abs. 3 GG

Nach einer weiteren Ansicht hat das mit der Normenkontrolle befasste OVG aufgrund seiner Bindung an Recht und Gesetz gemäß Art. 20 Abs. 3 GG grundsätzlich alle in Betracht kommenden Bundes- und Landesgesetze einschließlich des unmittelbar geltenden Europarechts zu beachten[787]. Dass unmittelbar anwendbare Gemeinschaftsrechtsnormen unter den Begriff „Recht" in Art. 20 Abs. 3 Hs. 2 GG zu subsumieren sind, ist weitgehend anerkannt[788]. Aber auch wenn unmittelbar anwendbares Gemeinschaftsrecht volle innerstaatliche Bindungswirkung ent-

---

783 S. *Dünchheim*, DÖV 2004, 137 (140).

784 Zum „Brückenbild" vgl. *Kirchhof*, in: Isensee/Kirchhof (Hrsg.), HdbStR VII, § 183 Rn. 65; zur normativen Reichweite von Art. 23 Abs. 1 S. 1 GG und zum Staatsziel „Europäische Union" s. *Sommermann*, DÖV 1994, 596 ff.

785 Vgl. hierzu *Dünchheim*, DÖV 2004, 137 (140); ferner *ders.*, Verwaltungsprozeßrecht unter europäischem Einfluß, S. 21 f.; EuGH, Rs. 6/64, Costa/ENEL, Slg. 1964, I-1251 (1269); BVerfGE 22, 293 (296); 31, 145 (173 f.).

786 Vgl. *Dünchheim*, DÖV 2994, 137 (140); *ders.*, Verwaltungsprozeßrecht unter europäischem Einfluß, S. 23 ff.

787 Vgl. *Hufen*, Verwaltungsprozessrecht, § 30 Rn. 16.

788 S. *Jarass/Pieroth*, GG, Art. 20 Rn. 38; *Sachs*, in: ders. (Hrsg.), GG, Art. 20 Rn. 107 m.w.N.; *Schliesky*, DVBl. 2003, 631 (638); *Sommermann*, in: v. Mangoldt/Klein/Starck, GG II, Art. 20 Abs. 3 Rn. 255; *Schulze-Fielitz*, in: Dreier (Hrsg.), GG II, Art. 20 Rn. 84.

faltet, ist damit noch nichts über den Prüfungsmaßstab im Rahmen der verwaltungsgerichtlichen Normenkontrolle gesagt, denn dieser wird nicht durch die verfassungsrechtliche Bestimmung des Art. 20 Abs. 3 GG oder durch das Staatsziel des Art. 23 Abs. 1 S. 1 GG festgelegt, sondern durch den Wortlaut der einfachgesetzlichen Bestimmung des § 47 Abs. 1 und 3 VwGO vorgegeben. Art. 20 Abs. 3 GG verbietet dem Gesetzgeber nicht, neben die üblichen Individualklagemöglichkeiten eine besondere Klageart zu stellen, die in eng umgrenzten Fällen bei eingeschränktem Prüfungsmaßstab zwecks einer Verfahrensbündelung *inter omnes* greifen soll, so dass aus der Bindung an Recht und Gesetz keine Pflicht folgt, das Europarecht als Prüfungsmaßstab im Rahmen der Normenkontrolle heranzuziehen[789].

dd) Die Ermächtigungsnorm als indirekter Prüfungsgegenstand

Schließlich wird noch vertreten, dass „Europarecht aber jedenfalls im Hinblick auf die Ermächtigungsnorm zum Erlass der im Normenkontrollverfahren angegriffenen Norm" Prüfungsmaßstab sein sollte. Wenn nämlich die Ermächtigungsnorm (in ihrer Ausführung durch die angegriffene Rechtsvorschrift[790]) gegen Europarecht verstoße und somit unanwendbar sei, fehle es für den Erlass der angegriffenen Norm an einer Rechtsgrundlage[791].

Dieser Ansatz ist nicht nur unnötig kompliziert, sondern überstrapaziert auch das Institut des Anwendungsvorrangs des Gemeinschaftsrechts, denn dieser zielt nicht darauf ab, eine Satzungsbestimmung oder sonstige untergesetzliche Normen über den Umweg der Ermächtigungsnorm sogar in rein innerstaatlichen Fällen für unwirksam zu erklären[792]. Zudem ist nicht ersichtlich, weshalb die Kollision des Gemeinschaftsrechts mit dem untergesetzlichen Ausführungsrecht, um die es eigentlich geht, zu einer Verdrängung der Ermächtigungsnorm ermächtigen und zur Nichtigerklärung des Ausführungsrechts führen soll, anstatt als Folge den Ausspruch der Unanwendbarkeit der untergesetzlichen Ausführungsbestimmung zuzulassen[793]. Allein die untergesetzliche Norm ist Prüfungsgegenstand im Verfahren nach § 47 VwGO, und nur diese ist an den europarechtlichen Vorgaben zu

---

789 Vgl. *Dünchheim*, DÖV 2004, 137 (140).

790 Zu diesem Zusatz vgl. *Dünchheim*, DÖV 2004, 137 (140). Von diesem ist zwar bei *Redeker/v. Oertzen*, VwGO, § 47 Rn. 20, nicht die Rede, jedoch wird nur so erklärbar, warum die Ermächtigungsnorm gegen Gemeinschaftsrecht verstoßen soll, wenn eigentlich einer auf ihr beruhenden untergesetzlichen Bestimmung ein Gemeinschaftsrechtsverstoß vorgeworfen wird und diese Gegenstand der Normenkontrolle ist.

791 So *Redeker/v. Oertzen*, VwGO, § 47 Rn. 20.

792 Vgl. *Dünchheim*, DÖV 2004, 137 (140).

793 S. *Dünchheim*, DÖV 2004, 137 (140 f.).

messen[794], wenn die Ermächtigungsnorm nicht bereits selbst und unabhängig von der auf ihr beruhenden Bestimmung Anlass zu gemeinschaftsrechtlichen Bedenken gibt.

g) Zwischenergebnis zum nationalen Recht

Zwar vermögen nicht alle der vorstehend erörterten Begründungsansätze die Berücksichtigung des europäischen Gemeinschaftsrechts im verwaltungsgerichtlichen Normenkontrollverfahren zu begründen. Der Wortlaut und die Funktionen des § 47 VwGO ermöglichen und erfordern allerdings die Einbeziehung europarechtlicher Vorschriften in den Prüfungsmaßstab.

2. Europarecht

Ist somit die Überprüfung von Satzungen und anderen untergesetzlichen Normen am Maßstab des Europarechts nach deutschem Recht möglich und geboten, stellt sich die Frage, ob auch das Gemeinschaftsrecht entsprechende Anforderungen an das Verwaltungsprozessrecht der Mitgliedstaaten stellt[795].

a) Mitgliedstaatliche Autonomie bzgl. der Verfahrensausgestaltung

Den Ausgangspunkt bildet zunächst der Grundsatz der institutionellen und verfahrensmäßigen Autonomie der Mitgliedstaaten, wonach der Vollzug des Gemeinschaftsrechts und damit auch seine Anwendung und Durchsetzung durch die mitgliedstaatlichen Gerichte ausschließlich nach dem nationalen Recht des Staates erfolgt, in dem die betreffende gemeinschaftsrechtliche Norm vollzogen werden soll[796]. Das bedeutet, dass das Europarecht an sich nicht vorschreibt, dass das nationale Recht eine prinzipale Normenkontrolle untergesetzlicher Normen am Maßstab des Gemeinschaftsrechts ermöglichen muss. Entscheidend sind vielmehr die im Recht des Mitgliedstaats vorgesehenen Bedingungen und Verfahren.

Allerdings ergeben sich aus dem Gemeinschaftsrecht – insbesondere auch aus den in Art. 10 EG enthaltenen Rechtsgrundsätzen – bestimmte Anforderungen, denen der nationale Vollzug des Gemeinschaftsrechts genügen muss. Diese Vorgaben lassen sich zusammenfassend als Diskriminierungsverbot und Effektivi-

---

794 Vgl. *Dünchheim*, DÖV 2004, 137 (141).

795 Bejahend *Pache/Burmeister*, NVwZ 1996, 979 (980 f.); *Schmahl*, DÖV 1999, 852 (857); *Pielow*, Verw. 32 (1999), 445 (475).

796 Dazu *Hobe*, Europarecht, Rn. 356 ff.

tätsprinzip bezeichnen[797]. Aus ihnen wird teilweise gefolgert, dass die Berücksichtigung von Gemeinschaftsrechtsverstößen in der verwaltungsgerichtlichen Normenkontrolle nach § 47 VwGO auch europarechtlich geboten sei[798].

b) Diskriminierungsverbot

Nach dem europarechtlichen Diskriminierungsverbot[799] dürfen im Hinblick auf die Verwirklichung der gemeinschafsrechtlichen Gewährleistungen keine ungünstigeren Bedingungen bestehen als für vergleichbare, rein nationale Fallkonstellationen[800]. Teilweise wird es als unzulässige Diskriminierung angesehen, wenn im Verfahren nach § 47 VwGO ein Verstoß untergesetzlicher Vorschriften gegen deutsches Recht zur Nichtigerklärung führte, ein Verstoß gegen Europarecht hingegen im Rahmen desselben Verfahrens folgenlos bliebe[801]. Wenn zur Durchsetzung des Gemeinschaftsrechts und zum Schutz gemeinschaftsrechtlich begründeter Rechte eine Vielzahl einzelner verwaltungsgerichtlicher Verfahren mit inzidenter Überprüfung eines Gemeinschaftsrechtsverstoßes anstelle einer prinzipalen Normenkontrolle durchzuführen wäre, seien für die Verwirklichung des Gemeinschaftsrechts offensichtlich ungünstigere Bedingungen gegeben als für die Verwirklichung deutschen Rechts[802].

Dagegen wird eingewandt, dass erst dann gegen das Diskriminierungsverbot verstoßen werde, wenn sich die Ungleichbehandlung allein an gemeinschaftsrechtlichen Vollzugsbefehlen festmachen lasse, sie aber nicht auch sonstige Vollzugsbefehle des nationalen Rechts betreffen könne[803]. Gerade dies treffe aber auf

---

797 Ausführlich dazu *v. Bogdandy*, in: Grabitz/Hilf (Hrsg.), Das Recht der EU, Art. 10 EG Rn. 43 ff. m.w.N.; *Streinz*, in: ders. (Hrsg.), EUV/EGV, Art. 10 EG Rn. 17; *Kahl*, in: Calliess/Ruffert (Hrsg.), EUV/EGV, Art. 10 EG Rn. 23 f.; s. ferner die Falllösung zum europäischen Beihilferecht (§ 48 VwVfG) bei *Schöbener/Jahn*, Fälle zum Öffentlichen Wirtschaftsrecht, S. 93 ff.

798 So *Pache/Burmeister*, NVwZ 1996, 979 (981); *Schmahl*, DÖV 1999, 852 (857); *Pielow*, Verw. 32 (1999), 445 (475).

799 In diesem Zusammenhang ist nicht das Diskriminierungsverbot aus Art. 12 EG oder aus den Grundfreiheiten gemeint, sondern das aus Art. 10 EG folgende gemeinschaftsrechtliche Gleichbehandlungsgebot. Vgl. dazu *Kahl*, in: Calliess/Ruffert (Hrsg.), EUV/EGV, Art. 10 EG Rn. 24.

800 EuGH, Rs. 119/79, Lippische Hauptgenossenschaft, Slg. 1980, 1863 (1879) = NJW 1981, 510; EuGH, Rs. 205/82, Deutsche Milchkontor, Slg. 1983, 2633 (2666) = NJW 1984, 2024; zusammenfassend *v. Bogdandy*, in: Grabitz/Hilf (Hrsg.), Das Recht der EU, Art. 10 EG Rn. 45 m.w.N.

801 S. *Pache/Burmeister*, NVwZ 1996, 979 (981); *Schmahl*, DÖV 1999, 852 (856); *Pielow*, Verw. 32 (1999), 445 (475); *Gellermann*, in: Rengeling/Middeke/Gellermann, Handbuch des Rechtsschutzes in der EU, § 36 Rn. 47.

802 So *Pache/Burmeister*, NVwZ 1996, 979 (981); *Schmahl*, DÖV 1999, 852 (856).

803 *Dünchheim*, DÖV 2004, 137 (138); *ders.*, Verwaltungsprozeßrecht unter europäischem Einfluß, S. 39.

§ 47 VwGO nicht zu, da der Bundes- und die Landesgesetzgeber gemäß § 47 Abs. 1 VwGO eine Wahlmöglichkeit hinsichtlich der überprüfungsfähigen Normen und der Prüfungsmaßstäbe hätten, so dass auch eine Reihe denkbarer Kollisionen innerhalb des deutschen Rechts nicht durch die Normenkontrolle zu beheben seien. Während beispielsweise in Hessen eine kommunale Verpackungssteuersatzung zum Gegenstand einer Normenkontrolle gemacht werden könne[804], sei der Rechtsschutzsuchende in Nordrhein-Westfalen in der gleichen Situation auf die übrigen verwaltungsgerichtlichen Klagearten angewiesen. Solange nicht allein das Gemeinschaftsrecht von den zulässigen Prüfungsmaßstäben ausgenommen bleibe, ergebe sich aus dem Diskriminierungsverbot keine Notwendigkeit, entsprechende Normenkontrollen zu ermöglichen[805].

Dies kann aber nur gelten, *solange* nicht allein gemeinschaftsrechtliche Normen als Kontrollmaßstab ausgeklammert werden. Wenn ein Bundesland von seiner Wahlmöglichkeit dergestalt Gebrauch macht, dass als Prüfungsmaßstab sämtliche höherrangigen Normen des nationalen Rechts heranzuziehen sind, liegt bei einer Nichtberücksichtigung des Europarechts sehr wohl eine unzulässige Diskriminierung vor. Diejenigen Bundesländer, die die erweiterte Normenkontrolle gar nicht oder nur in beschränktem Umfang eingeführt haben, stellen die Ausnahme dar. In den übrigen Bundesländern ist davon auszugehen, dass das Diskriminierungsverbot die Einbeziehung des Gemeinschaftsrechts als Prüfungsmaßstab erfordert[806].

c) Effektivitäts- bzw. Effizienzgebot

Das Effizienzgebot gebietet, dass durch die Anwendung des nationalen Verfahrens- und Prozessrechts die Tragweite und Wirksamkeit des europäischen Gemeinschaftsrechts nicht beeinträchtigt wird[807]. Damit ist allerdings nicht jede für die Verwirklichung des Gemeinschaftsrechts nicht optimale Gestaltung des mitgliedstaatlichen Vollzugs ausgeschlossen, sondern lediglich solche Gestaltungen, die die Verwirklichung des Gemeinschaftsrechts praktisch unmöglich machen oder übermäßig erschweren[808]. Regelmäßig dürften auch ohne die Möglichkeit zur Geltendmachung eines Verstoßes gegen Gemeinschaftsrecht im Normenkontrollverfahren gemeinschaftsrechtlich begründete Rechte zu verwirklichen

804 Vgl. § 15 Abs. 1 HessAGVwGO.

805 *Dünchheim*, DÖV 2004, 137 (138).

806 *Schöbener/Scheidtmann*, WiVerw. 2006, 286 (309).

807 Siehe etwa EuGH, Rs. 205/82, Deutsche Milchkontor, Slg. 1983, 2633 (2666).

808 Vgl. EuGH, Rs. 199/82, San Giorgio, Slg. 1983, 3595 (3612); EuGH, verb. Rs. C-6/90 u. 9/90, Francovich, Slg. 1991, I-5357 (5416); *Pache/Burmeister*, NVwZ 1996, 979 (981); *Dünchheim*, DÖV 2004, 137 (138).

sein[809], beispielsweise im Wege einer Inzidentkontrolle. Die Verwirklichung des Gemeinschaftsrechts wird auf diese Weise zwar erschwert, aber grundsätzlich wohl nicht *übermäßig* erschwert oder gar unmöglich gemacht. In der Regel ist es daher jedenfalls aufgrund des Effizienzgebots nicht erforderlich, jede denkbare Überprüfungsmöglichkeit auf europarechtswidrige Akte zu erstrecken[810].

In denjenigen Fallgestaltungen, in denen effektiver Rechtsschutz gegen eine Rechtsnorm nur mit Hilfe einer allgemein verbindlichen Nichtigerklärung der betreffenden Vorschrift zu erlangen ist[811], erfordert allerdings auch das gemeinschaftsrechtliche Effektivitätsprinzip die Möglichkeit, im Wege der verwaltungsgerichtlichen Normenkontrolle gegen gemeinschaftsrechtwidrige Kammersatzungen (und sonstige untergesetzliche Normen) vorzugehen[812].

d) Grundsatz der Gemeinschaftstreue

Schließlich wird die sich aus Art. 10 EG ergebende Pflicht zu gemeinschaftstreuem Verhalten für die Beachtlichkeit von Gemeinschaftsrechtsverstößen im Verfahren nach § 47 VwGO angeführt[813]. Danach müssen die Organe der Mitgliedstaaten das nationale Recht gemeinschaftsrechtskonform auslegen und fortbilden[814]. Diese Pflicht richtet sich auch an die nationalen Gerichte, die das nationale Recht unter voller Ausschöpfung ihres richterlichen Interpretationsspielraums in Übereinstimmung mit den Erfordernissen des Gemeinschaftsrechts auszulegen und anzuwenden haben[815]. Daraus wird geschlossen, dass die Auslegung und Anwendung des § 47 VwGO diesen Anforderungen unter Berücksichtigung des Diskriminierungsverbots und gegebenenfalls des Effizienzgebots nur gerecht werde, wenn sie dahin gehe, dass im Rahmen der verwaltungsgerichtlichen Normenkontrolle auch die Unanwendbarkeit einer Rechtsnorm aufgrund eines Verstoßes gegen Gemeinschaftsrecht festgestellt werden könne[816].

---

809 Vgl. *Pache/Burmeister*, NVwZ 1996, 979 (981).

810 Vgl. *Dünchheim*, DÖV 2004, 137 (138 f.); *Schöbener/Scheidtmann*, WiVerw. 2006, 286 (309).

811 S. dazu *Schenke*, Verwaltungsprozessrecht, Rn. 873 m.w.N.; *Schmidt-Aßmann*, in: Maunz/Dürig, GG, Art. 19 Abs. 4 Rn. 75, 93.

812 *Schöbener/Scheidtmann*, WiVerw. 2006, 286 (309 f.).

813 Vgl. *Pache/Burmeister*, NVwZ 1996, 979 (981); *Schmahl*, DÖV 1999, 852 (857).

814 *Zuleeg*, VVDStRL 53 (1994), 154 (165 ff.); *Nettesheim*, AöR 119 (1994), 261 ff.

815 EuGH, Rs. C-116/89, Marleasing, Slg. 1990, I-4135 (4158); *v. Bogdandy*, in: Grabitz/Hilf (Hrsg.), Das Recht der EU, Art. 10 EG Rn. 55 m.w.N.

816 *Pache/Burmeister*, NVwZ 1996, 979 (981).

e) Ergebnis

Der Wortlaut des § 47 VwGO gestattet es, und die Funktionen der Normenkontrolle gebieten es, auch das nur mit einem Anwendungsvorrang ausgestattete Gemeinschaftsrecht zum Prüfungsmaßstab zu machen, an dem sich die Satzungsbestimmungen messen lassen müssen. Für das gemeinschaftsrechtliche Kartellverbot mit seiner Nichtigkeitsfolge gilt dies ohnehin. Somit ist bereits nach deutschem Recht die Berücksichtigung gemeinschaftsrechtlicher Vorschriften möglich und geboten.

Aus dem Europarecht ergeben sich entsprechende Vorgaben an das Normenkontrollverfahren nicht in allen Fallkonstellationen. Regelmäßig ist den gemeinschaftsrechtlichen Erfordernissen schon Genüge getan, wenn die Vereinbarkeit einer Satzungsbestimmung mit dem Gemeinschaftsrecht im Rahmen anderer Klagearten inzident überprüft werden kann.

C. Überprüfung nicht von § 47 Abs. 1 VwGO erfasster Rechtsnormen

I. Das Problem des begrenzten Anwendungsbereichs von § 47 VwGO

Ist nun der Prüfungsmaßstab zugunsten einer Einbeziehung des Gemeinschaftsrechts, auch soweit es lediglich mit Anwendungsvorrang ausgestattet ist, geklärt, erweist sich in manchen Fällen der Prüfungsgegenstand ebenfalls als problematisch.

Aufgrund seines begrenzten Anwendungsbereichs bildet § 47 VwGO einen „Torso“[817]: Kein tauglicher Gegenstand der prinzipalen Normenkontrolle nach § 47 VwGO sind einerseits Außenrechtssätze[818] des Bundes. So ist beispielsweise die Berufsordnung der Rechtsanwälte (BORA) dem Bund zuzurechnen, da die Bundesrechtsanwaltskammer beim Satzungserlass nach § 191e BRAO der Aufsicht des *Bundes*justizministeriums unterliegt, und daher nicht tauglicher Gegenstand des Normenkontrollverfahrens.

Ebenso wenig kommen für das Verfahren nach § 47 VwGO solche untergesetzlichen Normen auf Landesebene in Betracht, für die der Landesgesetzgeber von der Ermächtigung des § 47 Abs. 1 Nr. 2 VwGO keinen Gebrauch gemacht hat. Nicht, auch nicht analog anwendbar ist § 47 VwGO angesichts seiner spezifischen Ausgestaltung ferner in anderen Gerichtszweigen wie der Finanz- und

---

817 Vgl. *Renck*, DÖV 1996, 409 (412); *Pielow*, Verw. 32 (1999), 445 (463).

818 Zur – grundsätzlich zu verneinenden – Frage, ob Verwaltungsvorschriften im Wege der Normenkontrolle nach § 47 VwGO auf ihre Gültigkeit hin überprüft werden können, s. *Kopp/ Schenke*, VwGO, § 47 Rn. 29 m.w.N.

Sozialgerichtsbarkeit[819]. Soweit die verkammerten freien Berufe über eine eigene Berufsgerichtsbarkeit verfügen, ist für diese § 47 VwGO ebenso wenig einschlägig.

Dieses „Rudimentärsystem“[820] wirft die Frage auf, wie es sich mit dem Rechtsschutz gegenüber solchen Rechtsvorschriften verhält, von denen im Einzelfall eine in subjektiv-rechtlicher Hinsicht bedeutsame Wirkung ausgeht, für die jedoch das Normenkontrollverfahren nicht zur Verfügung steht, wenn keinerlei Anknüpfungspunkte für eine Anfechtungsklage ersichtlich sind oder dem Kläger mit der *inter partes*-Wirkung der gerichtlichen Entscheidung ausnahmsweise nicht gedient ist[821]. Erweist sich eine in einer Kammersatzung enthaltene Vorschrift als wegen eines Kartellrechtsverstoßes nichtig oder wegen einer Beschränkung der Grundfreiheiten unanwendbar, so ist äußerst fraglich, ob es dem betroffenen Kammermitglied zuzumuten ist, erst gegen die Satzungsbestimmung zu verstoßen und eventuelle Sanktionen der Kammer abzuwarten, um diese dann anzufechten und die Gültigkeit oder Anwendbarkeit der zugrunde liegenden Satzungsnorm inzident überprüfen zu lassen.

II. Lösungsmöglichkeiten

1. Verfassungsbeschwerde

Um vermeintliche sich aus dem begrenzten Anwendungsbereich des § 47 VwGO ergebende Rechtsschutzlücken zu schließen ist in der Vergangenheit wiederholt auf die (Rechtssatz-)Verfassungsbeschwerde vor dem Bundesverfassungsgericht (Art. 93 Abs. 1 Nr. 4a GG i.V.m. §§ 90 ff. BVerfGG) verwiesen worden[822]. Die Verfassungsbeschwerde scheidet allerdings nicht nur aufgrund ihrer Subsidiarität aus[823], sondern kommt im vorliegenden Zusammenhang schon deshalb nicht in

---

819 Eine planwidrige Regelungslücke kann nicht hinsichtlich eines Verfahrens bestehen, das aus Zweckmäßigkeitserwägungen nur für eine bestimmte Materie und über die ansonsten prinzipiell zur Verfügung stehenden übrigen Klagemöglichkeiten hinaus eingeführt wurde, vgl. *Gerhardt*, in: Schoch/Schmidt-Aßmann/Pietzner, VwGO, § 47 Rn. 11 unter Verweis auf BVerfGE 67, 26 = NJW 1984, 1805.

820 *Pielow*, Verw. 32 (1999), 445 (464).

821 Vgl. zum Individualrechtsschutz gegen Fluglärm, bei dem die Problematik aktuell geworden ist, *Pielow*, Verw. 32 (1999), 445 (464 f.) m.w.N.; *Pietzner/Ronellenfitsch*, Assessorexamen im Öffentlichen Recht, § 12 Rn. 6.

822 Vgl. nur *Schenke*, Verwaltungsprozessrecht, Rn. 883.

823 Dazu *Pielow*, Verw. 32 (1999), 445 (465 ff.) m.w.N.

Betracht, weil Gemeinschaftsrechtsverstöße nicht im Rahmen der Verfassungsbeschwerde geltend gemacht werden können[824].

2. Extensive Auslegung des § 47 VwGO

Eine Sicherstellung lückenlosen Rechtsschutzes nach Art. 19 Abs. 4 GG wäre zunächst mittels einer extensiven Interpretation des § 47 VwGO zu erreichen. Allerdings ließe die Annahme, Art. 19 Abs. 4 GG erfordere die Zulassung gerade dieses Verfahrens auch für untergesetzliche Normen auf Bundesebene und selbst dort, wo der Landesgesetzgeber von einer Erweiterung des Anwendungsbereichs gemäß § 47 Abs. 1 Nr. 2 VwGO abgesehen hat[825], außer acht, dass dem Antragsteller hiermit häufig mehr gegeben würde als ihm unter Rechtsschutzgesichtspunkten zustünde[826]. Auch aus der gemeinschaftsrechtlichen Perspektive ist die Ausdehnung des Anwendungsbereichs von § 47 VwGO nicht zu fordern. Zwar wäre sie unter Effektivitätsgesichtspunkten wünschenswert. Eine dementsprechende zwingende Forderung aufzustellen wäre aber mit der mitgliedstaatlichen Autonomie in der Verfahrensgestaltung nicht vereinbar.

3. Feststellungs- oder allgemeine Leistungsklage

Stattdessen wird vereinzelt ein Vorgehen im Wege der Feststellungs- oder der allgemeinen Leistungsklage[827] als „ersatzweises prinzipales Normenkontrollverfahren“ erwogen[828]. Die administrative Normsetzung falle in den Anwendungsbereich der allgemeinen Leistungsklage[829], so dass grundsätzlich auch das auf die Aufhebung einer untergesetzlichen Rechtsvorschrift gerichtete Klagebegehren möglich sei. Bei einem Betroffensein in subjektiven Rechten müsse allerdings die Aufhebung einer rechtswidrigen und damit regelmäßig nichtigen Norm im Zuge einer Gestaltungsklage verlangt werden können, da der von der Norm ausgehende Rechtsschein dies ebenso erfordere wie bei einer Anfechtungsklage gegen nichtige Verwaltungsakte[830].

---

824 Vgl. *Bethge*, in: Maunz/Schmidt-Bleibtreu/Klein/Bethge, BVerfGG, § 90 Rn. 73.

825 S. insbesondere *Frenz*, BayVBl. 1993, 483 (490 f.).

826 Dazu *Pielow*, Verw. 32 (1999), 445 (468); s. ferner die Kritik bei *Renck*, BayVBl. 1994, 457 (458 f.).

827 Zum Verhältnis von Feststellungsklage und allgemeiner Leistungsklage vgl. *Schöbener*, in: Kluth (Hrsg.), Handbuch des Kammerrechts, Abschnitt L Rn. 82.

828 *Pielow*, Verw. 32 (1999), 445 (472).

829 Vgl. *Pielow*, Verw. 32 (1999), 445 (469) unter Verweis auf *Hufen*, Verwaltungsprozessrecht, § 20 Rn. 12; *Pietzcker*, in: Schoch/Schmidt-Aßmann/Pietzner, VwGO, § 42 Abs. 1 Rn. 153, 160, deren Ausführungen sich jedoch auf die Normerlassklage beziehen.

830 So *Pielow*, Verw. 32 (1999), 445 (469); *Wysk*, ZLW 1998, 285 (295) m.w.N. zum Streitstand.

Der Forderung nach einer Gestaltungsklage, in deren Rahmen das Gericht selbst allgemeinverbindlich die Nichtigkeit einer Satzungsbestimmung feststellt, kann nicht gefolgt werden. Dadurch würde der Wille des Landesgesetzgebers umgangen, der von der Ermächtigung des § 47 Abs. 1 Nr. 2 VwGO bewusst keinen Gebrauch gemacht hat[831]. Zudem besteht danach im Falle rechtswidriger Normen auch kein Bedürfnis, da diese anders als rechtswidrige Verwaltungsakte nicht in Bestandskraft erwachsen können. Vielmehr ist im Wege der allgemeinen Leistungsklage ein von der Kammer zu erfüllender Anspruch auf Aufhebung oder Nichtanwendung der betreffenden Norm durchzusetzen. Ist eine gemeinschaftsrechtswidrige Satzungsbestimmung nur unanwendbar und nicht gleichzeitig wegen eines Kartellrechtsverstoßes nichtig, müsste das Klagebegehren auf die Nichtanwendung der betreffenden Vorschrift in grenzüberschreitenden Sachverhalten lauten[832]. Richtige Klageart wäre in derartigen Fällen eine Unterlassungsklage als Unterfall der allgemeinen Leistungsklage[833].

Ist ein bestimmter Leistungsantrag nur schwer zu formulieren, weil der Verwaltung noch ein Gestaltungs- bzw. Ermessensspielraum verbleibt, kann ein Ausweichen auf die Feststellungsklage erforderlich sein. Das streitige „Rechtsverhältnis“ ist dann in dem aus der angegriffenen Rechtsnorm folgenden konkreten Rechtsverhältnis zwischen dem Kläger und der normsetzenden Kammer zu erblicken[834]. Allerdings ist nur schwer vorstellbar, inwiefern bei einem Gemeinschaftsrechtsverstoß durch eine Kammersatzung noch ein Ermessensspielraum verbleiben sollte. Entweder die Satzung oder einzelne Bestimmungen sind (teilweise) nichtig, oder sie haben aufgrund des gemeinschaftsrechtlichen Anwendungsvorrangs unangewendet zu bleiben[835]. Für ein Ermessen bleibt kein Raum, so dass ein Ausweichen auf die Feststellungsklage bei einem Gemeinschaftsrechtsverstoß nicht erforderlich sein dürfte.

D. Zusammenfassung

Der Wortlaut des § 47 VwGO gestattet es, und die Funktionen der Normenkontrolle gebieten es, auch das nur mit einem Anwendungsvorrang ausgestattete Gemeinschaftsrecht zum Prüfungsmaßstab zu machen, an dem sich die Satzungs-

831 *Schöbener/Scheidtmann*, WiVerw. 2006, 286 (310 f.).
832 *Schöbener/Scheidtmann*, WiVerw. 2006, 286 (311).
833 Zur Unterlassungsklage als Fall der allgemeinen Leistungsklage s. *Kopp/Schenke*, VwGO, vor § 40 Rn. 4 m.w.N.; *Hufen*, Verwaltungsprozessrecht, § 16 Rn. 1; *Pietzner/Ronellenfitsch*, Assessorexamen im Öffentlichen Recht, § 10 Rn. 3.
834 Vgl. *Pielow*, Verw. 32 (1999), 445 (469 f.).
835 EuGH, Rs. 106/77, Simmenthal II, Slg. 1978, 629.

bestimmungen messen lassen müssen. Für das gemeinschaftsrechtliche Kartellverbot mit seiner Nichtigkeitsfolge gilt dies ohnehin. Somit ist bereits nach deutschem Recht die Berücksichtigung gemeinschaftsrechtlicher Vorschriften möglich und geboten. Aus dem Europarecht ergeben sich entsprechende Vorgaben an das Normenkontrollverfahren nicht in allen Fallkonstellationen. In der Regel ist den gemeinschaftsrechtlichen Erfordernissen schon Genüge getan, wenn die Vereinbarkeit einer Satzungsbestimmung mit dem Gemeinschaftsrecht im Rahmen anderer Klagearten inzident überprüft werden kann. Gemeinschaftsrechtsverstöße durch nicht von § 47 VwGO erfasste Satzungsbestimmungen können (außer einer Inzidentprüfung etwa im Rahmen einer Anfechtungsklage) mit Hilfe der allgemeinen Leistungsklage und ausnahmsweise der Feststellungsklage geltend gemacht werden.

Kapitel 5: Gemeinschaftsrechtliche Aspekte der wirtschaftlichen Betätigung von Kammern

Während im Bereich des Satzungserlasses Abgrenzungsschwierigkeiten hinsichtlich der Frage bestehen, ob eine Kammer hoheitlich oder wirtschaftlich handelt, sind manche Kammertätigkeiten zweifellos dem Bereich wirtschaftlicher Betätigung zuzuordnen. So können etwa die Industrie- und Handelskammern nach § 1 Abs. 2 IHKG Anlagen und Einrichtungen, die der Förderung der gewerblichen Wirtschaft oder einzelner Gewerbezweige dienen, begründen, unterhalten und unterstützen. Zur Förderung und zur Vertretung des Gesamtinteresses der gewerblichen Wirtschaft beschränken sich die Kammern aber nicht auf die in § 1 Abs. 2 IHKG genannten Möglichkeiten, sondern bieten zudem beispielsweise Informationsvermittlung[836], Standort-Marketing[837], Qualifizierungs-, Aus- und Weiterbildungsmaßnahmen[838] an. Damit die Regulierungsfunktion frei von Interessenkonflikten ausgeübt werden kann, wird teilweise verlangt, dass die Berufsorganisationen alle Aktivitäten einstellen, bei denen es um die Wahrnehmung und Förderung der wirtschaftlichen Interessen ihrer Mitglieder geht. „Regulatory function" und „representative function" müssten getrennt werden[839]. Die deutsche Monopolkommission prüft, ob diese beiden Funktionen, insbesondere bei Bestehen einer Pflichtmitgliedschaft, miteinander im Einklang stehen[840]. Fraglich ist die Relevanz wirtschaftsfördernder Maßnahmen einerseits im Hinblick auf das Verbot des Missbrauchs einer marktbeherrschenden Stellung (Art. 82 EG), andererseits hinsichtlich der gemeinschaftsrechtlichen Beihilfevorschriften (Art. 87 ff. EG).

A. Das Missbrauchsverbot des Art. 82 EG

I. Unternehmenseigenschaft der Kammern

In der *Wouters*-Entscheidung hat der EuGH die Niederländische Rechtsanwaltskammer nicht als Unternehmen i.S.d. Art. 82 EG qualifiziert, weil sie keine wirt-

836 *Fleckenstein*, WiVerw. 1989, 103 (110).
837 *Fleckenstein*, WiVerw. 1989, 103 (115).
838 *Fleckenstein*, WiVerw. 1989, 103 (117).
839 *Hellwig*, NJW 2005, 1217 (1224).
840 *Hellwig*, NJW 2005, 1217 (1224).

schaftliche Tätigkeit ausübt[841]. Diese Feststellung bezieht sich allerdings auf den Satzungserlass und lässt sich angesichts des funktionalen Unternehmensbegriffs nicht verallgemeinern. Im vorliegenden Zusammenhang, in dem von einer eindeutig wirtschaftlichen Tätigkeit auszugehen ist, kann von der Unternehmenseigenschaft wirtschaftlicher und freiberuflicher Kammern ausgegangen werden.

II. Marktbeherrschende Stellung der Kammern

Adressaten des in Art. 82 EG statuierten Missbrauchsverbots sind Unternehmen, die eine marktbeherrschende Stellung innehaben. Das Verbot des Art. 82 EG setzt eine beherrschende Stellung auf dem Gemeinsamen Markt oder auf einem wesentlichen Teil desselben voraus.

Schon die Kammern auf Bundesebene verfügen nicht über eine beherrschende Stellung auf dem Gemeinsamen Markt. Als wesentlicher Teil des Gemeinsamen Marktes werden allerdings die Mitgliedstaaten – auch die kleineren – angesehen[842]. Während es beim Satzungserlass in einigen Fällen die Bundeskammern sind, die für die Normsetzung zuständig sind, sind es regelmäßig regionale Kammern, die sich zugunsten ihrer Mitglieder wirtschaftlich betätigen. Zwar wurden auch schon Teilgebiete von Mitgliedstaaten als wesentlicher Teil des Gemeinsamen Marktes anerkannt, so z.B. Süddeutschland[843], London[844], Kopenhagen[845] und Rheinland-Pfalz[846]. Bei der großen Anzahl von Kammern (82 Industrie- und Handelskammern, 55 Handwerkskammern, 28 Rechtsanwaltskammern usw.) in Deutschland dürfte die beherrschende Stellung der einzelnen Kammern, die jeweils wirtschaftlich tätig werden, auf einem wesentlichen Teil des Gemeinsamen Marktes jedoch abzulehnen sein.

---

841 S. dazu oben, Kapitel 3 B. II.

842 *Eilmansberger*, in: Streinz (Hrsg.), EUV/EGV, Art. 82 EG Rn. 18. In Entscheidung 89/205/EWG, Magill TV Guide/ITP, BBC und RTE, ABl. 1989 L 78/43 Rn. 21 (bestätigt durch EuG, Rs. T-69/89, RTE/Kommission, Slg. 1991, II-485, Rn. 64 und EuGH, verb. Rs. C-241 u. 242/91 P, RTE und ITP/Kommission, Slg. 1995, I-743, Rn. 70) erachtete die Kommission den irischen Markt als hinreichend wesentlich i.S.d. Art. 82 EG.

843 EuGH, Rs. 40 bis 40, 50, 54 bis 56, 111, 113 u. 114/73, Suiker Unie u.a./Kommission, Slg. 1975, 1663, Rn. 448.

844 EuGH, Rs. 22/78, Hugin/Kommission, Slg. 1979, 1869, Rn. 19.

845 EuGH, Rs. C-209/98, Sydhavens Sten & Grus, Slg. 2000, I-3743, Rn. 64.

846 EuGH, Rs. C-475/99, Ambulanz Glöckner, Slg. 2001, I-8089, Rn. 38 (und zwar „angesichts der großen Fläche dieses Landes von fast 20 000 qkm und seiner hohen Einwohnerzahl von etwa vier Millionen, die über der einiger Mitgliedstaaten liegt").

Allerdings entfaltet Art. 82 EG keine Sperrwirkung gegenüber dem nationalen Missbrauchsverbot (§ 19 GWB), so dass hinsichtlich des deutschen Markts eine andere Beurteilung denkbar ist[847].

III. Ergebnis

Im Hinblick auf das Missbrauchsverbot des Art. 82 EG erweisen sich Förderungsmaßnahmen seitens der Kammern zugunsten ihrer Mitglieder nach vorstehenden Ausführungen als unbedenklich.

B. Wirtschaftsförderung als unerlaubte staatliche Beihilfe (Art. 87 EG)

Als problematisch erachtet wird die wirtschaftliche Betätigung wirtschafts- und berufsständischer Kammern mit Blick auf die beihilferechtlichen Bestimmungen des EG-Vertrages. Es ist fraglich, ob nach dem Beihilferecht der Europäischen Gemeinschaft öffentlich-rechtliche Beiträge, zumal Pflichtbeiträge, zur Finanzierung von wirtschaftlichen Aktivitäten, beispielsweise auf dem Gebiet der Fortbildung, verwendet werden dürfen[848]. Schon früher wurde die Hoffnung geäußert, dass die Kommission der Europäischen Gemeinschaften in diesem Zusammenhang „mehr Entschlossenheit beim Kampf gegen Subventionen" zeigen würde[849]. Auf einzelne Tatbestandsmerkmale des Art. 87 EG wird dabei allerdings nicht eingegangen. Dies soll im Folgenden geschehen.

I. Begriff der Beihilfe

Zunächst müssten Förderungsmaßnahmen seitens der Kammern zugunsten ihrer Mitglieder unter den Beihilfebegriff zu subsumieren sein. Der im Gemeinschaftsrecht nicht definierte Begriff der „Beihilfe" ist nach allgemeiner Ansicht weit auszulegen[850]. Unabhängig von ihrer Form und Ausgestaltung ist eine staatliche Maßnahme dann als Begünstigung i.S.d. Art. 87 EG anzusehen, wenn das Unternehmen eine Leistung ohne angemessene, d.h. marktübliche Gegenleistung er-

---

847 S. zum Verhältnis von Art. 82 EG und den nationalen Wettbewerbsregeln *Lettl*, Kartellrecht, Rn. 14, 516.

848 *Hellwig*, NJW 2005, 1217 (1224).

849 *Fleckenstein*, WiVerw. 1989, 103 (107).

850 *Koenig/Kühling*, in: Streinz (Hrsg.), EUV/EGV, Art. 87 EG Rn. 27 m.w.N.; *Cremer*, in: Calliess/Ruffert (Hrsg.), EUV/EGV, Art. 87 EG Rn. 7 m.w.N.; *Mähring*, JuS 2003, 448 (449).

langt[851]. Dabei ist unter einer Leistung jeder geldwerte Vorteil zu verstehen[852]. Einen geldwerten Vorteil erhalten Kammermitglieder beispielsweise, wenn sie Beratungs-, Fortbildungs- oder Informationsangebote in Anspruch nehmen. Aber auch, wenn sich etwa eine IHK z.B. an einer Flughafengesellschaft beteiligt[853], können die Kammermitglieder, wenn sie hiervon profitieren, als Letztbegünstigte angesehen werden. Denn Art. 87 EG erfasst nicht nur unmittelbare, sondern auch mittelbare Begünstigungen[854].

Eine Begünstigung liegt allerdings nur dann vor, wenn der Vorteilsgewährung keine angemessene Gegenleistung (Kompensation) gegenübersteht. Vom Vorliegen einer Beihilfe ist somit nicht nur bei einer einseitigen Vorteilsgewährung auszugehen, sondern auch dann, wenn das begünstigte Unternehmen zwar eine Gegenleistung erbringt, diese der staatlichen Leistung im Wert jedoch nicht entspricht. Leistung und Gegenleistung müssen nicht synallagmatisch miteinander verknüpft sein[855].

Die Vorteilsgewährung der Kammern an ihre Mitglieder erfolgt nicht ohne Gegenleistung. Die Kammern finanzieren ihre Tätigkeiten zu einem großen Teil durch die Erhebung von Kammerbeiträgen, die eine zentrale Stellung im Kammerfinanzierungssystem einnehmen[856]. Kammerdienstleistungen werden u.a. durch privatrechtliche Entgelte abgegolten[857]. Die Frage der Angemessenheit der Gegenleistung dürfte nur für den Bereich problematisch sein, in dem die Kammermitglieder nicht aufgrund eines privatrechtlichen Vertrages ein Entgelt für eine konkrete Dienstleistung zahlen, sondern Vorteile erlangen, die aus ihren nicht an einen bestimmten Zweck gebundenen Beiträgen finanziert werden. Dies ist dann für jeden Einzelfall gesondert zu beurteilen.

---

851 *Koenig/Kühling*, in: Streinz (Hrsg.), EUV/EGV, Art. 87 EG Rn. 27.

852 *Koenig/Kühling*, in: Streinz (Hrsg.), EUV/EGV, Art. 87 EG Rn. 28.

853 Vgl. dazu BVerwGE 112, 69 ff. = DVBl. 2001, 139 ff.; zur Beteiligung einer IHK an der Errichtung einer Museumsstiftung s. OVG Münster, GewArch. 2003, 418 ff. = NWVBl. 2003, 62 ff.

854 *Koenig/Kühling*, in: Streinz (Hrsg.), EUV/EGV, Art. 87 EG Rn. 30.

855 *Koenig/Kühling*, in: Streinz (Hrsg.), EUV/EGV, Art. 87 EG Rn. 31.

856 *Franz*, in: Kluth (Hrsg.), Handbuch des Kammerrechts, Abschnitt K Rn. 4 f.

857 *Franz*, in: Kluth (Hrsg.), Handbuch des Kammerrechts, Abschnitt K Rn. 4; vgl. auch die Informationen auf den Internet-Seiten der IHK Köln (www.ihk-koeln.de): „Neben den IHK-Beiträgen erhebt die IHK Gebühren und Entgelte. Das Gesamtaufgabenspektrum der IHK umfasst Pflichtaufgaben und freiwillige Serviceleistungen. Unser Informations- und Beratungsangebot für beide Bereiche entspricht in erster Linie dem gesetzlichen Auftrag und den am Bedarf der Unternehmen orientieren Erwartungen und Erfordernissen an die Dienstleistungen der IHK. Die Leistungen, die wir direkt für unsere Mitgliedsunternehmen erbringen, werden durch Gebühren und Entgelte abgegolten."

II. Staatlichkeit

Sollte im Einzelfall mangels angemessener Gegenleistung des Kammermitglieds eine Beihilfe zu bejahen sein, ist Art. 87 EG nur verletzt, wenn diese staatlich oder aus staatlichen Mitteln gewährt worden ist. Unter dem Begriff Staat sind neben dem Staat im engeren Sinne alle dem Staat eingeordneten juristischen Personen des öffentlichen Rechts, also neben dem Bund die Länder, Gemeinden, Gemeindeverbände, öffentliche Anstalten oder Stiftungen zu verstehen. Aus staatlichen Mitteln wird die Beihilfe durch eine öffentliche oder private Einrichtung gewährt, wenn der Staat sie mit der Durchführung der Beihilfengewährung beauftragt oder sogar eigens zu diesem Zweck eingerichtet hat[858]. Einerseits handelt es sich bei den Kammern um öffentlich-rechtliche Körperschaften, andererseits bereitet es aufgrund ihrer Eigenschaft als Träger funktionaler Selbstverwaltung Schwierigkeiten, sie im Sinne der Definition als „dem Staat eingeordnet" zu betrachten.

1. Die Entscheidung des EuGH in der Rechtssache „Pearle"

In diesem Kontext ist die Entscheidung des Gerichtshofs in der Rechtssache *Pearle*[859] von Interesse.

a) Sachverhalt

Der HBA (Hoofbedrijfschap Ambachten) ist der auf gesetzlicher Grundlage eingerichtete niederländische Berufsverband der Optiker, dem Letztere aufgrund gesetzlich angeordneter Pflichtmitgliedschaft angehören. Neben Abgaben zur Deckung ihrer eigenen Ausgaben konnten Berufsverbände wie der HBA nach den einschlägigen Gesetzesbestimmungen auch Regelungen erlassen, wonach Unternehmen ihres Tätigkeitssektors „zweckgebundene Zwangsabgaben" für besondere Zwecke vorgeschrieben wurden.

Auf Antrag einer privaten Vereinigung von Optikern in den Niederlanden entschloss sich der HBA dazu, seine Mitglieder zu einer zweckgebundenen Zwangsabgabe zu verpflichten, die der Finanzierung einer kollektiven Werbekampagne zugunsten der Unternehmen der Optikerbranche dienen sollte und dabei streng zweckgebunden war. Einige niederländische Optiker waren der Mei-

858 *Bleckmann/Koch*, in: Bleckmann, Europarecht, Rn. 2057.

859 EuGH, Rs. C-345/02, Pearle u.a./Hoofbedrijfschap Ambachten, Slg. 2004, I-7139 = EuZW 2004, 571 ff.; dazu *Jaeger*, EuZW 2004, 558 ff.; *Heidenhain*, EuZW 2005, 6.

nung, dass die Erhebung dieser Beiträge in den Jahren 1988 bis 1993 gegen Art. 87 EG verstoße und forderten deren Rückerstattung.

Dabei konnten sich die Klägerinnen auf eine umfangreiche und anscheinend für sie vorteilhafte Rechtsprechung des EuGH[860] aus jüngerer Zeit stützen, wonach die Erhebung von Zwangsbeiträgen durch staatliche oder vom Staat zur Abgabenerhebung ermächtigte Einrichtungen wiederholt als unzulässig bewertet wurde[861]. Die Kommission vertrat ebenfalls die Auffassung, diese Vorjudikatur des EuGH stütze die Annahme, dass die Abgabenerhebung durch den HBA als unzulässige Beihilfemaßnahme betrachtet werden müsse. Beiträge, die der HBA als vom Staat errichtete öffentliche Einrichtung zwangsweise erhebe, seien sowohl als staatliche Mittel anzusehen als auch ihre Verwendung durch den HBA dem Staat zuzurechnen[862]. Die Verwendung solcher Mittel zur Finanzierung einer staatlichen Werbekampagne zugunsten bestimmter Unternehmen sei mithin als Beihilfe einzustufen. Der beihilferelevante Vorteil von Marketingbeiträgen kann generell darin bestehen, dass einzelne Unternehmen von der Maßnahme stärker profitieren als andere, indem sie mehr erhalten, als sie investiert haben[863].

b) Schlussanträge des Generalanwalts

Generalanwalt *Colomer* schloss sich der Argumentation der Klägerinnen und der Kommission nicht an. Er lehnte die Zuordnung aufgrund von Zwangsmitgliedschaft und Zwangsbeiträgen zum Staat ab, wenn die Entscheidung der betreffenden öffentlich-rechtlichen Einrichtung zur Abgabenerhebung von staatlicher Einflussnahme frei ist. Dies soll etwa dann vermutet werden, wenn eine Berufsvertretung von ihren eigenen Mitgliedervertretern geleitet wird, da dann nicht anzunehmen sei, „dass der Staat sich in die Angelegenheiten [der Berufsvertretung] in irgendeiner Weise einmischen könnte, wenn man einmal von der Möglichkeit absieht, gegen Entscheidungen, die dem Allgemeininteresse zuwiderlaufen, ein Verbot auszusprechen“[864]. Der Generalanwalt sprach sich für eine „funktionelle Betrachtungsweise“ der Aufgaben von Berufsverbänden aus, nach der zu prüfen

860 Eingehend zu dieser Rechtsprechung *Schmid-Kühnhöfer*, Die Staatlichkeit von Beihilfen, S. 61 ff.

861 *Jaeger*, EuZW 2004, 558.

862 Rn. 62 der Schlussanträge des Generalanwalts, EuGH, Rs. C-345/02, Pearle u.a./Hoofbedrijfschap Ambachten, Slg. 2004, I-7139.

863 *Jaeger*, EuZW 2004, 558 (559).

864 Rn. 68 der Schlussanträge des Generalanwalts, EuGH, Rs. C-345/02, Pearle u.a./Hoofbedrijfschap Ambachten, Slg. 2004, I-7139.

sei, ob diese jeweils hoheitlich tätig geworden sind. Wenn dies nicht gegeben ist, sollen auch etwaige Zuwendungen nicht dem Staat zuzurechnen sein[865].

Unabhängig von der Frage der Mittelzurechnung wendet sich der Generalanwalt auch dagegen, Entscheidungen der Berufsvertretung über die Mittelverwendung dem Staat zuzurechnen. Fehle der Berufsvertretung, z.B. wegen einer strikten Zweckwidmung, jede Dispositionsfreiheit bezüglich der Verwendung der Mittel, könne auch nicht angenommen werden, dass eine eventuelle Beihilfe aufgrund staatlicher Verfügung gewährt worden sei. Der HBA etwa habe bloß als „Instrument für die Erhebung und Verwendung der eingenommenen Mittel zugunsten eines von den Mitgliedern des betreffenden Berufszweigs im Voraus festgelegten Zieles" gehandelt[866].

c) Entscheidung des Gerichtshofs

Der EuGH ist den Ausführungen des Generalanwalts im Wesentlichen gefolgt. Ausschlaggebend ist für den Gerichtshof allerdings die mangelnde staatliche Verfügungsgewalt über die eingenommenen Mittel. So führt er eingangs aus, dass es zur Einordnung einer Maßnahme als Beihilfe zunächst unerheblich sei, ob sie von einer öffentlichen oder einer privaten Einrichtung gewährt werde[867]. Würden die fraglichen Mittel allerdings von den Mitgliedern einer Berufsvereinigung selbst beschafft und kämen sie streng zweckgebunden wieder diesen Mitgliedern selbst zugute, so könne nicht angenommen werden, dass es sich um Mittel handle, „die staatlichen Stellen zur Verfügung belassen wurden"[868]. Feststehen müsse aber, dass „der öffentlich-rechtliche Berufsverband zu keinem Zeitpunkt frei" über diese Mittel verfügen konnte[869]. Zudem könne bei einer vollständigen Deckung der Aufwendungen der die Erhebung der Abgabe und die Werbekampagne organisierenden Berufsvertretung in der Übernahme dieser Tätigkeiten durch eine öffentliche Stelle zugunsten der privaten Unternehmer keine Beihilfe erblickt werden[870].

---

865 Rn. 70-73 der Schlussanträge des Generalanwalts, EuGH, Rs. C-345/02, Pearle u.a./Hoofbedrijfschap Ambachten, Slg. 2004, I-7139.

866 Rn. 76 der Schlussanträge des Generalanwalts, EuGH, Rs. C-345/02, Pearle u.a./Hoofbedrijfschap Ambachten, Slg. 2004, I-7139.

867 EuGH, Rs. C-345/02, Pearle u.a./Hoofbedrijfschap Ambachten, Slg. 2004, I-7139, Rn. 34; unter Verweis auf Rs. 57/86, Griechenland/Kommission, Slg. 1988, 2855, Rn. 12; Rs. C-379/98, PreussenElektra, Slg. 2001, I-2099, Rn. 58; Rs. C-126/01, GEMO, Slg. 2003, I-13769, Rn. 23.

868 EuGH, Rs. C-345/02, Pearle u.a./Hoofbedrijfschap Ambachten, Slg. 2004, I-7139, Rn. 36.

869 EuGH, Rs. C-345/02, Pearle u.a./Hoofbedrijfschap Ambachten, Slg. 2004, I-7139, Rn. 41.

870 EuGH, Rs. C-345/02, Pearle u.a./Hoofbedrijfschap Ambachten, Slg. 2004, I-7139, Rn. 36.

2. Folgen für die wirtschaftliche Betätigung deutscher Kammern

Zwar beruht die Befugnis zur Beitragserhebung durch die wirtschaftlichen und freiberuflichen Kammern auf gesetzlicher Ermächtigung. Dies könnte zunächst für die Staatlichkeit der von den Kammern als öffentlich-rechtliche Körperschaften eingenommenen Mittel sprechen. Allerdings verfügen staatliche Stellen mangels fachaufsichtlicher Befugnisse nicht über die Möglichkeit, Einfluss auf die Verwendung dieser Mittel zu nehmen. Vielmehr sind die Aufsichtsbehörden auf die Überprüfung der Rechtmäßigkeit der Mittelverwendung beschränkt. Soweit lediglich eine hoheitliche Kontrolle der Rechtmäßigkeit bestimmter Maßnahmen besteht und somit weder allgemeine noch Einzelweisungen[871] ergehen können, gilt eine Vermutung der Nichtzurechenbarkeit zum Staat[872].

Problematisch ist jedoch die vom Gerichtshof geforderte strenge Zweckgebundenheit. Die Kammern haben in Form der Förderung der wirtschaftlichen Interessen ihrer Mitglieder eine konkrete Aufgabe zu erfüllen. In der Art und Weise, wie sie diese Aufgabe erfüllen, sind sie jedoch frei. Der recht weit gesteckte Rahmen, innerhalb dessen sich die von den Kammern ergriffenen Maßnahmen bewegen müssen, um nicht wegen einer Kompetenzüberschreitung als rechtswidrig angesehen zu werden, dürfte kaum als strenge Zweckbindung anzusehen sein. Auch kann unter diesen Umständen nicht davon die Rede sein, dass die Kammern zu keinem Zeitpunkt frei über ihre Mittel verfügen könnten.

Trotzdem erscheint es nicht sachgerecht, im Zusammenhang mit der wirtschaftlichen Tätigkeit von Trägern funktionaler Selbstverwaltung von einer hoheitlichen Tätigkeit und somit von der staatlichen Zurechenbarkeit von etwaigen Beihilfemaßnahmen auszugehen. Sonst entstünde ein Wertungswiderspruch zur kartellrechtlichen Beurteilung des Satzungserlasses[873]. Zwar handelt es sich bei der Normgebung durch Kammern und Wirtschaftsförderungsmaßnahmen um verschiedene Tätigkeitsbereiche, so dass angesichts der funktionalen Betrachtungsweise eine unterschiedliche Bewertung im Hinblick auf die Staatlichkeit grundsätzlich in Betracht kommt. Nachdem allerdings hinsichtlich des Satzungserlasses trotz einiger Abgrenzungsschwierigkeiten keine hoheitliche, sondern eine wirtschaftliche Tätigkeit bejaht worden ist, muss bei eindeutig wirtschaftlicher Betä-

---

871 Zum Unterschied *Groß*, DVBl. 2002, 793 (797).

872 *Schmidt-Kühnhöfer*, Die Staatlichkeit von Beihilfen, S. 213; vgl. auch *Koenig/Kühling*, NJW 2000, 1065 (1068), die im Falle eines unter Fachaufsicht stehenden Finanzinstituts jedenfalls die Mittelzurechnung bejahen.

873 Im Verhältnis zu den anderen Wettbewerbsvorschriften des EG-Vertrages gilt der Grundsatz, dass die Anwendung der Art. 87 ff. EG nicht zu einem Widerspruch mit diesen Vorschriften führen darf, s. *Koenig/Kühling*, in: Streinz (Hrsg.), EUV/EGV, Art. 87 EG Rn. 26.

tigung zur Vermeidung von Wertungswidersprüchen erst recht der hoheitliche Charakter der Tätigkeit verneint werden.

C. Ergebnis

Danach verstößt die wirtschaftliche Betätigung wirtschaftlicher und berufsständischer Kammern in Form von Förderungsmaßnahmen zugunsten der Kammermitglieder weder gegen das Verbot des Art. 82 EG, da sie nicht über eine beherrschende Stellung auf dem Gemeinsamen Markt verfügen, noch gegen das Verbot staatlicher Beihilfen nach Art. 87 EG, da etwaige Begünstigungen nicht dem Staat zugerechnet werden können.

Zusammenfassung und Ausblick

Das deutsche Kammerwesen stellt mit seinem Pflichtmitgliedschaftsmodell und der Ausgestaltung der Kammern als öffentlich-rechtliche Selbstverwaltungskörperschaften innerhalb der EU keinen Einzelfall dar. Auch der Aufgabenbereich der Kammern anderer Mitgliedstaaten ähnelt teilweise dem der deutschen. Ein einheitliches europäisches Kammerrecht existiert nicht. Lediglich der Grundsatz der Bürgernähe und vor allem auch das Subsidiaritätsprinzip vermögen das die Kammern tragende Selbstverwaltungsprinzip rechtlich zu stützen, wobei die Auswirkungen dieser Grundsätze allerdings nicht unmittelbar sind.

Die Kammern nehmen wichtige Aufgaben wahr, die der Durchsetzung des Gemeinschaftsrechts und der Verwirklichung der Ziele der Europäischen Union dienen. Sie integrieren Unionsbürger in die nationale Verwaltungsorganisation und räumen diesen demokratische Partizipationsrechte ein. Zudem bewirken die Kammern einen Distanzabbau im Staat-Bürger-Verhältnis und wirken als „European Agencies“ beim innerstaatlichen Vollzug des Gemeinschaftsrechts mit.

Die Ausgestaltung der Pflichtmitgliedschaft in den deutschen Kammern der wirtschaftlichen und berufsständischen Selbstverwaltung ist mit dem Gemeinschaftsrecht vereinbar. Weder bestehen Konflikte mit den Gemeinschaftsgrundrechten, noch verstößt die Pflichtmitgliedschaft gegen die in Art. 43 und 49 EG verankerten Grundfreiheiten oder das Kartellverbot des Art. 81 EG. Auch mit der Dienstleistungsfreiheit wäre die Pflichtmitgliedschaft vereinbar, solange sie keine Pflicht zur Beitragszahlung oder sonstige weitere Belastungen für Dienstleistungserbringer aus anderen Mitgliedstaaten nach sich zöge. Die Zulässigkeit einer derartigen Pro-Forma-Mitgliedschaft ist nunmehr auch in der Berufsanerkennungsrichtlinie geregelt.

Satzungen der deutschen berufsständischen Kammern müssen sich ebenso am Maßstab des Kartellverbots nach Art. 81 EG wie an den Grundfreiheiten des EG-Vertrags messen lassen. Sie erfüllen nicht die in der *Wouters*-Entscheidung entwickelten Kriterien der wesentlichen Grundsätze, der Berücksichtigung von Allgemeinwohlkriterien und der staatlichen Letztentscheidungsbefugnis, so dass nicht von einer kartellrechtsimmunen staatlichen Normsetzung ausgegangen werden kann. Allerdings besteht auch in dem Fall, dass alle Voraussetzungen des Art. 81 EG erfüllt sind, die Möglichkeit, dass die in einer wettbewerbsbeschränkenden Kammersatzung enthaltenen Regelungen gerechtfertigt sind. Die Rechtfertigungsmöglichkeiten im Hinblick auf das Kartellverbot gleichen denjenigen im Bezug auf die Grundfreiheiten. Das Verbot des Missbrauchs einer marktbeherrschenden Stellung ist im Hinblick auf den Satzungserlass durch Kammern nicht einschlägig. Mangels Ausübung einer wirtschaftlichen Tätigkeit können Kammern nicht als Unternehmen i.S.d. Art. 82 EG qualifiziert werden. Für die Einstufung als Gruppe von Unternehmen fehlt es an einer hinreichend engen Bindung und Homogenität zwischen den in den Kammern vereinigten Unternehmen.

Verstößt eine Kammersatzung (teilweise) gegen gemeinschaftsrechtliche Vorgaben, bietet grundsätzlich das verwaltungsgerichtliche Normenkontrollverfahren die Möglichkeit, dies verbindlich feststellen zu lassen. Der Wortlaut des § 47 VwGO gestattet es, und die Funktionen der Normenkontrolle gebieten es, auch das nur mit einem Anwendungsvorrang ausgestattete Gemeinschaftsrecht zum Prüfungsmaßstab zu machen, an dem sich die Satzungsbestimmungen messen lassen müssen. Für das gemeinschaftsrechtliche Kartellverbot mit seiner Nichtigkeitsfolge gilt dies ohnehin. Somit ist bereits nach deutschem Recht die Berücksichtigung gemeinschaftsrechtlicher Vorschriften möglich und geboten. Aus dem Europarecht ergeben sich entsprechende Vorgaben an das Normenkontrollverfahren nicht in allen Fallkonstellationen. Regelmäßig ist den gemeinschaftsrechtlichen Erfordernissen schon Genüge getan, wenn die Vereinbarkeit einer Satzungsbestimmung mit dem Gemeinschaftsrecht im Rahmen anderer Klagearten inzident überprüft werden kann. Gemeinschaftsrechtsverstöße durch nicht von § 47 VwGO erfasste Satzungsbestimmungen können (außer einer Inzidentprüfung etwa im Rahmen einer Anfechtungsklage) mit Hilfe der allgemeinen Leistungsklage und ausnahmsweise der Feststellungsklage geltend gemacht werden.

Die wirtschaftliche Betätigung wirtschafts- und berufsständischer Kammern in Form von Förderungsmaßnahmen zugunsten der Kammermitglieder stellt weder eine Verletzung des in Art. 82 EG verankerten Verbots des Missbrauchs einer marktbeherrschenden Stellung dar, da die Kammern auf dem Gemeinsamen Markt keine marktbeherrschende Stellung innehaben, noch verstößt sie gegen das Verbot staatlicher Beihilfen nach Art. 87 EG, weil von den Kammern gewährte Begünstigungen nicht dem Staat zuzurechnen sind.

Abzuwarten bleiben die Auswirkungen der Dienstleistungsrichtlinie[874] auf die Kammern[875]. Mit ihrer Umsetzung könnte ein Aufgabenzuwachs der Träger wirtschaftlicher und freiberuflicher Selbstverwaltung einhergehen. Die Kammern könnten als „einheitliche Ansprechpartner" für EU-Dienstleister dienen und so

---

874 KOM (2006) 160 endg.

875 Dazu *Kluth*, in: ders. (Hrsg.), Jahrbuch des Kammerrechts 2003, S. 94 ff.; *Schliesky*, in: Kluth (Hrsg.), Jahrbuch des Kammer- und Berufsrechts 2004, S. 33 ff.

den Dienstleistern aus dem EU-Ausland als einzige Anlaufstelle zur Erledigung notwendiger Formalitäten zur Verfügung stehen. Zudem könnte ihnen die Aufgabe zufallen, die Wirtschaftsaufsicht über Dienstleistungserbringer aus anderen Mitgliedstaaten zu führen[876]. Ob der Gesetzgeber bei der Umsetzung der Richtlinie von der Möglichkeit Gebrauch macht, die Kammern mit diesen Aufgaben zu betrauen, ist allerdings noch offen.

876 Zum Einfluss der Dienstleistungsrichtlinie auf die Wirtschaftsüberwachung s. *Möstl*, DÖV 2006, 281 ff.

Beiträge zum nationalen und internationalen öffentlichen Recht

Herausgegeben von Burkhard Schöbener

- Band 1 Solveig Haß: Die Urteile des Europäischen Gerichtshofs für Menschenrechte. Charakter, Bindungswirkung und Durchsetzung. 2006.
- Band 2 Angela Werner: Die Grundrechtsbindung der Bundeswehr bei Auslandseinsätzen. 2006.
- Band 3 Florian Stork: Das Anti-Diskriminierungsrecht der Europäischen Union und seine Umsetzung in das deutsche Zivilrecht. 2006.
- Band 4 Regine Gerards: Die Europäische Menschenrechtskonvention im Konstitutionalisierungsprozess einer gemeineuropäischen Grundrechtsordnung. 2007.
- Band 5 Christian Baudewin: Der Schutz der öffentlichen Ordnung im Versammlungsrecht. 2007.
- Band 6 André Scheidtmann: Wirtschafts- und berufsständische Kammern im europäischen Gemeinschaftsrecht. 2007.

www.peterlang.de

Sandra Flatscher

Der Bayerische Industrie- und Handelskammertag 1909–1936

Entstehung – Entwicklung – Tätigkeit

Frankfurt am Main, Berlin, Bern, Bruxelles, New York, Oxford, Wien, 2007.
493 S.
Europäische Hochschulschriften: Reihe 3, Geschichte und ihre Hilfswissenschaften. Bd. 1037
ISBN 978-3-631-56014-3 · br. € 74.50*

Trotz ihrer langen Geschichte bilden die deutschen Industrie- und Handelskammern eine Art „terra incognita relicta" innerhalb der Verbandsforschung. Noch weniger Beachtung finden die Kammerverbände auf Landesebene, die insbesondere den kleineren Kammern ein wirksames Auftreten gegenüber Regierung und Verwaltung erst ermöglichten. Diese Arbeit möchte diese Forschungslücke für Bayern schließen, indem sie einer Vielzahl von Fragen nachgeht, die bisher in der Forschung unbeantwortet blieben: Wie kam es zur Gründung des Bayerischen Kammertages? Wie organisierten die bayerischen Kammern ihre Zusammenarbeit? Welche Themen wurden besprochen? Wie gestalteten sich die Beziehungen zu Behörden und Fachverbänden? Wie reagierte der Kammertag auf politische Entwicklungen? Was führte zu seiner Auflösung?

Aus dem Inhalt: Die Entwicklung der bayerischen Wirtschaft vom Zollverein bis 1939 · Die bayerischen Handelskammern und die Gründung des Bayerischen Handelskammertages 1909 · Entwicklung und Tätigkeit des Bayerischen Handelskammertages bis 1936 · Die Wiedergründung des Bayerischen Industrie- und Handelskammertages als „Arbeitsgemeinschaft der Bayerischen Industrie- und Handelskammern" 1946

FSC
www.fsc.org
MIX
Papier | Fördert gute Waldnutzung
FSC® C083411

Kolibri 360 GmbH
Ferdinand-Jühlke-Straße 7
99095 Erfurt, Deutschland
produktsicherheit@kolibri360.de

Druck:
CPI Druckdienstleistungen GmbH
im Auftrag der
Kolibri 360 GmbH
Ferdinand-Jühlke-Str. 7
99095 Erfurt